# A elite do atraso

*Jessé Souza*

# A elite do atraso
Da escravidão à ascensão da extrema direita

1ª edição

CIVILIZAÇÃO BRASILEIRA

Rio de Janeiro
2025

Copyright © Jessé Souza, 2025

*Crédito das imagens de capa:* Jean-Baptiste Debret (1768-1848), "Retour à la ville, d'un propiétaire de chácara; Litière pour voyager dans l'interieur", 1834-1839 (The Miriam and Ira D. Wallach Division of Art, Prints and Photographs: Print Collection, The New York Public Library); © Joédson Alves/Agência Brasil, "Manifestantes fazem ato contra governo no dia 8 de janeiro de 2023" [fotografia], 2023.

Todos os direitos reservados. É proibido reproduzir, armazenar ou transmitir partes deste livro, através de quaisquer meios, sem prévia autorização por escrito.

*A elite do atraso: da escravidão à Lava Jato* foi publicado pela Leya em 2017. Sua versão revista e ampliada foi publicada em 2019, pela Estação Brasil, como *A elite do atraso: da escravidão a Bolsonaro.*

Texto revisado segundo o Acordo Ortográfico da Língua Portuguesa de 1990.

Direitos desta edição adquiridos pela
EDITORA CIVILIZAÇÃO BRASILEIRA
Um selo da
EDITORA JOSÉ OLYMPIO LTDA.
Rua Argentina, 171 – 3o andar – São Cristóvão
Rio de Janeiro, RJ – 20921-380
Tel.: (21) 2585-2000.

Seja um leitor preferencial Record.
Cadastre-se no site www.record.com.br
e receba informações sobre nossos lançamentos e nossas promoções.

Atendimento e venda direta ao leitor:
sac@record.com.br

---

CIP-BRASIL. CATALOGAÇÃO NA PUBLICAÇÃO
SINDICATO NACIONAL DOS EDITORES DE LIVROS, RJ

S715e    Souza, Jessé, 1960-
          A elite do atraso : da escravidão à ascensão da extrema direita / Jessé Souza. - 1. ed. - Rio de Janeiro : Civilização Brasileira, 2025.

          ISBN 978-65-5802-187-2

          1. Elites (Ciências sociais) - Brasil. 2. Classes sociais - Brasil. 3. Brasil - Condições sociais. 4. Escravidão. 5. Brasil - Política e governo. I. Título.

25-96319         CDD: 320.981
                   CDU: 32(81)

Meri Gleice Rodrigues de Souza - Bibliotecária - CRB-7/6439

---

Impresso no Brasil
2025

# Sumário

*Prefácio*  7

*Introdução*
O racismo de nossos intelectuais: o brasileiro como vira-lata  13

**Parte 1: A escravidão é nosso berço**  37

1.  O mundo que a escravidão criou  39

2.  Freyre contra ele mesmo  45

3.  *Sobrados e mucambos* ou o campo na cidade  63

**Parte 2: As classes sociais do Brasil moderno**  79

4.  A criação da ralé de novos escravos como continuação da escravidão no Brasil moderno  81

5.  Os conflitos de classe do Brasil moderno  93

6.  O pacto antipopular da elite com a classe média  115

7.  A classe média e a esfera pública colonizada pelo dinheiro  123

8.  O moralismo patrimonialista e a crítica ao populismo como núcleo do pacto antipopular  137

9.  O pacto elitista e sua violência simbólica  153

10. A elite do dinheiro e seus motivos   163

11. A classe média e suas frações   175

**Parte 3: A corrupção real e a corrupção dos tolos**   189

12. A corrupção real e a corrupção dos tolos: uma reflexão sobre o patrimonialismo   191

13. Normalizando a exceção: o conluio entre a grande mídia e a Lava Jato   219

*Posfácio*   245

## Prefácio

O presente livro, publicado pela primeira vez em 2017, foi um dos maiores best-sellers das ciências sociais brasileiras de todos os tempos. Quase 400 mil pessoas compraram o livro até hoje e, somando os que leem em cópia e por meios pirateados, certamente foi lido por alguns milhões. Isso é muito para um livro de sociologia política. O que explica seu sucesso, a meu ver, está na ambição primeira do livro: ele procura, nada mais, nada menos, criticar o paradigma dominante para a explicação do país e de suas mazelas vigentes nos últimos cem anos; e apresentar, ao mesmo tempo, uma leitura alternativa da história e do funcionamento da sociedade brasileira de maneira mais crítica e mais profunda.

*A elite do atraso* representa, desse modo, o produto de quarenta anos de trabalho e leitura com o intuito de reinterpretar o Brasil e sua história a partir da perspectiva dos humilhados. No entanto, a possibilidade de ultrapassar os muros da academia e penetrar e influenciar o debate público nacional se deveu à situação peculiar que o Brasil atravessava depois do golpe de 2016. O dispositivo de poder elitista de chamar de corruptos – por meio da imprensa privada venal, que é seu porta-voz – os líderes populares eleitos pelos mais pobres para criminalizar o voto e o sufrágio universal, e assim "moralizar" os golpes de Estado em favor do saque elitista, tinha sido aplicado mais uma vez. E isso vem acontecendo entre nós pelo menos desde 1954.

Por conta disso, elegi Sérgio Buarque de Holanda como meu interlocutor principal. Afinal, ele é o pensador brasileiro mais importante do século XX e exerce extraordinária influência até hoje. Erra feio a visão

# A ELITE DO ATRASO

míope que imagina que seu pensamento ficou nos longínquos anos 1930 e que hoje teríamos coisas muito distintas mandando na nossa percepção de mundo. Como não apenas o público leigo, mas também a imensa maioria dos intelectuais não percebe nem o alcance nem a importância dos grandes intelectuais na vida social e política cotidiana de uma sociedade, vale aqui uma explicação.

Com a decadência da visão de mundo religiosa nos últimos duzentos anos, quem vai ocupar o vazio deixado pela religião é a ciência. Ela herda o prestígio das antigas grandes religiões mundiais para separar o verdadeiro do falso e o bem do mal, ou seja, as duas principais questões, seja para o indivíduo, seja para a sociedade. Os grandes intelectuais são aqueles, portanto, que produzem uma interpretação totalizadora para explicar o mundo social ao público leigo, de modo semelhante ao realizado pelos grandes profetas e suas teodiceias em todas as religiões importantes.

No mundo moderno dos Estados nacionais é precisamente a "identidade nacional", refletindo supostamente a singularidade de dada cultura e dado povo, que vai explicar o mundo social e a história de dada sociedade para o público leigo. A perspectiva histórica implica, por outro lado, responder três questões fundamentais para os seres humanos, as quais estão, não por acaso, presentes em todas as teodiceias religiosas: de onde viemos, quem somos e para onde vamos. Vão ser as mesmas questões centrais das antigas grandes religiões mundiais que vão presidir agora a formulação de uma "identidade nacional".

E quem constrói as identidades nacionais modernas são precisamente os intelectuais treinados para tal. O que vai separar os grandes intelectuais criadores da imensa maioria de intelectuais reprodutores do conhecimento alheio é precisamente a abrangência e a amplitude de sua reflexão. Quanto maior a amplitude da reflexão e a profundidade do conhecimento, maior a sua possibilidade de responder às questões existenciais por sentido – de onde viemos, quem somos e para onde vamos – que devora todo ser humano por dentro desde nossas origens.

Quando digo que Sérgio Buarque é o mais influente pensador do Brasil até hoje, isso se deve ao fato de ele ter criado as bases da "identidade

## PREFÁCIO

nacional" hegemônica. Que identidade é essa? É aquela que diz que a nossa herança cultural – ou seja, a versão secular da questão acerca "de onde viemos" – possui seu núcleo em um suposto patrimonialismo, uma suposta confusão entre o público e o privado criando o povo e o país da corrupção, a qual teria vindo desde o medievo português até hoje. Como o povo é definido como inconfiável e corrupto, culpa-se – de modo muito conveniente para as elites – a própria vítima pela pobreza e desigualdade que assolam o nosso país. Ou seja, nossos problemas não seriam causados pelo secular saque elitista de nossas riquezas, mas, sim, por conta de uma "falha cultural e moral" do próprio povo sofrido e abandonado.

Essa "culpa da vítima" foi vista pelos intérpretes e seguidores como, pasmem, uma prova de coragem do autor em mostrar a verdade, doa a quem doer. Um intelectual dominado por ideias colonizadas que põe, por má sociologia, o próprio povo na lata de lixo foi, desse modo, incensado entre nós como o nosso grande pensador crítico. Assim, o que foi produzido de mais elitista passa a valer como "crítica social" ensinada em todas as universidades e todas as escolas. Nossas universidades, portanto, jamais foram de esquerda, mas sim elitistas, quer os professores saibam disso ou não. E a imensa maioria não sabe.

Embora as universidades sejam muito importantes, posto que formam todas as elites que vão comandar uma sociedade, foi a transformação da teoria de Buarque no material diário da imprensa venal elitista que virou munição para bombardear o público indefeso com o falso moralismo da classe média branca e da elite. Assim se cria o mais perfeito equivalente do racismo racial explícito que existia antes de 1930, o qual se metamorfoseia, agora, em "superioridade moral" daqueles supostamente preocupados com a "moralidade pública".

No entanto, a classe média branca que saiu às ruas aos milhões em 2015 e 2016 não tem, nem nunca teve, qualquer problema com a corrupção, desde que seja dela própria e da elite que ela admira e inveja. Basta comparar, caros leitores, a reação dessa classe social à corrupção filmada e gravada de Aécio Neves e de Michel Temer no episódio das malas. Nunca a corrupção tinha ficado tão explícita entre nós. Mas alguém viu algum branquinho hipócrita e histérico nas ruas das cidades brasileiras depois disso? Isso prova, ao se examinar a diferença de resposta para estímulos iguais, que o problema desse pessoal nunca foi a corrupção. Se a corrupção fosse problema para alguém, por que então só a suposta corrupção de Dilma e Lula provocou reações tão histéricas? Foram milhões de branquinhos bem-vestidos, como eu próprio presenciei na avenida Paulista em março de 2016, que saíram para saudar o juiz – esse, sim, corrupto – incensado pela mídia elitista.

O problema real da classe média branca e da elite jamais foi, portanto, a corrupção, mas a inclusão popular. O branquinho histérico da avenida Paulista estava gritando, na verdade, contra o fato de o governo petista ter enchido as universidades públicas de pretos, ameaçando, desse modo, a reprodução do privilégio de classe mais importante para a classe média verdadeira e branca, que é o monopólio do capital cultural legítimo.

Nesse desiderato, a classe média se uniu objetivamente aos interesses da elite financeira dominante, que também não quer ascensão popular, embora por outras razões. A elite constrói o dispositivo de poder do falso moralismo da corrupção para garantir, apesar do sufrágio universal, o controle do Estado. E por que a elite precisa tanto do Estado? Para roubar, que é o que ela sempre fez e faz. Roubar o orçamento público, as empresas estatais, assaltar a população com juros extorsivos etc. Para isso ela precisa controlar o Banco Central e os Poderes do Estado – além da imprensa venal – em suas mãos.

Na contraposição que fiz no presente livro com o livro *Raízes do Brasil*, de Sérgio Buarque, eu procurei desconstruir um por um todos os seus argumentos e mostrar a real intenção que permitiu à elite construir uma identidade nacional fabricada com precisão de alfaiate para seus interesses. De posse dessas ideias envenenadas, a elite agora pode distribuir essa mensagem todos os dias, por meio de sua mídia privada. A elite já possuía todos os meios materiais e simbólicos em suas mãos, mas faltavam, no entanto, as "ideias". Foi isso que Buarque e, depois dele, 90% dos intelectuais nas universidades e na esfera pública (que seguem suas

## PREFÁCIO

ideias até o dia de hoje) entregaram em bandeja de prata para a elite que nos domina há séculos. Por conta disso, procurei reconstruir a "identidade nacional" a partir da perspectiva dos humilhados por ela. O tema da escravidão passa, no presente livro, a ocupar o lugar central na explicação da sociedade brasileira no lugar da suposta e fraudulenta versão culturalista da herança ibérica e da corrupção inata do povo brasileiro, como no cânone criado por Sérgio Buarque. Eu procurei transformar o legado da escravidão na chave explicativa de toda a sociedade, não de trezentos anos atrás, mas do Brasil de hoje. Também essa ênfase vai de encontro ao cânone dominante. Alguns críticos me lembram sempre que outros já haviam "dito" que a escravidão era importante e que ela continua até hoje. É verdade, muitos intuíram e "disseram" antes de mim. O que esse pessoal ingênuo não compreende é que "dizer" é muito diferente de "explicar". Nomear algo não significa compreender, porque o "nome", ao contrário do conceito científico, não é unívoco. A palavra "escravidão" vai evocar em cada um uma percepção muito distinta. Para um vai ser a feijoada, para outro o samba, o quarto de empregada e assim por diante. Cada um vai usar a mesma palavra, mas vão estar pensando em coisas muito distintas. Aí se instaura um "diálogo de doidos", que pensam estar falando da mesma coisa só porque usam o mesmo nome, e então a confusão reina. Boa parte do debate público, infelizmente, se resume a essa confusão.

O contrário do mero nome e da confusão que ele instaura é o conceito e a explicação científica. Repito: dizer não é explicar. A explicação implica reconstruir em pensamento uma realidade confusa, na qual reina precisamente o senso comum leigo. E, nessa reconstrução, identificar os aspectos essenciais que permitem esclarecer dada realidade social. Para mim – assim como para alguns dos clássicos mais importantes das ciências sociais, como Max Weber e Pierre Bourdieu –, os dois aspectos interligados mais importantes para a compreensão de dada realidade social, que, por sua vez, vai hierarquizar todos os outros aspectos mais secundários, são a legitimação da ordem social, por um lado, e a reprodução dos privilégios de classe, por outro. Se conhecermos isso, conhecemos como funciona a sociedade como um todo.

A influência da escravidão se mantém, posto que tanto a legitimação da ordem social como um todo bem como a reprodução das classes sociais são explicadas precisamente por meio das máscaras modernas do racismo, que permitem a continuidade da ordem escravocrata. Uma legitimação que criminaliza o voto e a participação popular para permitir o controle elitista; e classes sociais construídas para serem exploradas como mão de obra desqualificada e animalizada, assim como os antigos escravizados. Isso não é apenas "dizer" que a escravidão foi e é o principal. Isso é "explicar" como a escravidão se produz, apesar das máscaras convenientemente criadas para que o principal jamais seja percebido.

O que mostra a extraordinária penetração popular deste livro é não apenas a sua transformação em roteiro da escola de samba que ganhou vários prêmios de júri popular no carnaval carioca de 2018,[1] mas precisamente o aumento exponencial, desde sua publicação, dos que veem a escravidão como o núcleo da nossa história e da nossa sociedade atual, e não mais a herança de corrupção ibérica como construída pelo cânone dominante. Outros temas importantes como o nosso "viralatismo" cultural – que também havia sido "dito" por Nelson Rodrigues, mas sem a explicação de como se forma e como funciona – também ganharam a esfera pública.

Eu escolhi me dedicar à ciência e ao debate de ideias porque sempre confiei na sua força e no seu poder transformador da realidade. Nesse sentido, a minha maior alegria com o sucesso deste livro é precisamente constatar a sua contribuição para uma mudança de mentalidade que possa transformar uma sociedade tão hipócrita e desigual como a nossa.

*Fevereiro de 2025*

---

1  Refiro-me à escola de samba Paraíso do Tuiuti, que apresentou a tese presente em *A elite do atraso* no enredo "Meu Deus, meu Deus, está extinta a escravidão?".

# Introdução

## O racismo de nossos intelectuais: o brasileiro como vira-lata

A primeira coisa a se fazer quando se reflete sobre um objeto confuso e multifacetado como o mundo social é perceber as hierarquias das questões a serem esclarecidas. Sem isso, nos perdemos na confusão. O poder é a questão central de toda sociedade. A razão é simples. É ele que vai nos dizer quem manda e quem obedece, quem fica com os privilégios e quem é abandonado e excluído. O dinheiro, que é uma mera convenção, só pode exercer seus efeitos porque está ancorado em acordos políticos e jurídicos que refletem o poder relativo de certos estratos sociais. Assim, para se conhecer uma sociedade, é necessário reconstruir os meandros do processo que permite a reprodução do poder social real.

O exercício do poder social real tem de ser legitimado. Ninguém obedece sem razão. No mundo moderno, quem cria a legitimação do poder social, que será a chave de acesso a todos os privilégios, são os intelectuais. Pensemos na Lava Jato, a grande responsável por destapar o bueiro da extrema direita, e em sua avassaladora influência na vida do país. A "limpeza da política" que o procurador Deltan Dallagnol, o intelectual da operação, preconizou para o país foi uma mera continuidade da reflexão de Sérgio Buarque e Raymundo Faoro, como veremos em detalhe mais adiante. Certamente Faoro não seria tão primário e oportunista, mas, independentemente de suas virtudes pessoais, são suas ideias – de que o Estado abriga uma elite corrupta que vampiriza a nação – que legitimaram toda a ação predadora do direito e das riquezas nacionais comandada

# A ELITE DO ATRASO

pela Lava Jato. A Lava Jato e seus cúmplices na mídia e no aparelho de Estado representaram o jogo de um capitalismo financeiro internacional e nacional ávido por "privatizar" a riqueza social em seu bolso. Destruir a Petrobras, como o consórcio Lava Jato e grande mídia, a mando da elite do atraso, fez, significa empobrecer o país inteiro de um recurso fundamental, apresentando, em troca, resultados de recuperação de recursos ridículos de tão pequenos e principalmente levando à eliminação de qualquer estratégia de reerguimento internacional do país. A reboque, pavimentou o caminho para que Bolsonaro fosse eleito presidente da República, fato que colocou o país, anos depois, à beira de um golpe de Estado com as tintas reeditadas da ditadura militar.

Essas ideias do Estado corrupto e da política corrupta servem para que se repassem, a baixo custo, empresas estatais e nossas riquezas do subsolo para nacionais e estrangeiros que se apropriam privadamente dessas riquezas – que deveriam ser de todos. Essa é a corrupção real. Uma corrupção legitimada e tornada invisível por uma leitura distorcida e superficial de como a sociedade e seus mecanismos de poder funcionam.

A construção de uma elite todo-poderosa que habitaria o Estado só existe, na realidade, para que não vejamos a elite real, que está fora do Estado, ainda que sua captura seja fundamental. É uma ideia que nos imbeciliza, já que desloca e distorce toda a origem do poder real. Nesse esquema, se fizermos uma analogia com o narcotráfico, os políticos são os "aviõezinhos" e ficam com as sobras do saque realizado na riqueza social de todos em proveito de uma meia dúzia. Combater a corrupção de verdade seria combater a rapina, pela elite do dinheiro, da riqueza social e da capacidade de compra e de poupança de todos nós para proveito dos oligopólios e atravessadores financeiros.

O "imbecil perfeito" é criado quando ele, o cidadão espoliado, passa a apoiar a venda subfaturada desses recursos a agentes privados imaginando que assim evita a corrupção estatal. Como se a maior corrupção – no sentido de enganar os outros para auferir vantagens ilícitas – não fosse precisamente permitir que uma meia dúzia de super-ricos ponha no bolso

# INTRODUÇÃO

a riqueza de todos, deixando o restante na miséria. Essa foi a história da Vale, que paga royalties ridículos para se apropriar da riqueza que deveria ser de todos, e essa será, muito provavelmente, a história da Petrobras. Esse é o poder real que rapina trilhões, e ninguém percebe a tramoia porque foi criado o espantalho perfeito com a ideia de Estado corrupto.

É por conta disso que a crítica às ideias dominantes é tão importante. Para combatê-las, é preciso um processo de aprendizado para nos libertarmos da situação de imbecilidade e idiotia à qual fomos, todos nós, levados pela estratégia de legitimação do poder real no Brasil. Por conta disso, temos que examinar de que modo a interpretação dominante do país ajudou e pavimentou o trabalho sujo de distorção sistemática da realidade feito pela mídia. Sem essa ajuda dos intelectuais mais respeitados entre nós, que produziram uma interpretação falsamente crítica de nossa realidade, a mídia não poderia ter feito seu trabalho de modo tão fácil, criando um ponto de vista que penetrou tão profundamente no imaginário da população.

Como não quero repetir argumentos já explicitados em outros livros, muito especialmente em *Brasil dos humilhados*,[1] farei aqui algo distinto. Como a falsa interpretação dominante, vendida como crítica social entre nós, se baseia na efetiva negação da escravidão como nossa semente societária, vou procurar reconstruir os principais elementos da gênese escravista e apontar sua influência até hoje.

O presente não se explica sem o passado, e apenas a interpretação que reconstrói a gênese efetiva da realidade vivida pode, de fato, ter poder de convencimento. Essa é, inclusive, a razão da força do culturalismo conservador entre nós. Ele supostamente explica tudo sem lacunas. Mas, antes de qualquer coisa, vamos explicitar, brevemente que seja, como a semente escravista foi silenciada e substituída por uma interpretação cientificamente falsa e politicamente conservadora. Foi isso que a fez

---

1 Jessé Souza, *Brasil dos humilhados: uma denúncia da ideologia elitista*, Rio de Janeiro: Civilização Brasileira, 2022.

## A ELITE DO ATRASO

servir tão bem de pressuposto implícito para todo o ataque midiático que nos legou recentemente traumas significativos – como o impeachment de Dilma Rousseff e a prisão de Luiz Inácio Lula da Silva – e que ainda hoje continua operante.

O trabalho de distorção sistemática da realidade feito pela mídia na última década foi extremamente facilitado pelo trabalho prévio de intelectuais que forjaram a visão até hoje dominante da sociedade brasileira. Como os pensadores que estudam as regras da produção de conhecimento e da ciência sabem muito bem, todo conhecimento humano é limitado historicamente. Isso significa que, no espaço de décadas e até de séculos, todo conhecimento humano é dominado por um "paradigma" específico.[2] Um paradigma é o horizonte histórico que define os pressupostos para qualquer tipo de conhecimento. Normalmente, todas as pessoas são influenciadas pelo paradigma na qual estão inseridas e ninguém, em condições normais, pensa além de seu tempo.

Isso acontece tanto nas ciências exatas quanto nas ciências humanas. Na medicina, por exemplo, antes do conhecimento da ação de microrganismos na produção das doenças, imaginava-se que elas eram causadas por fluidos misteriosos que se apoderavam do corpo, daí o uso das sangrias e das ventosas no tratamento dos doentes. O avanço efetivo do conhecimento se dá, portanto, mais pela superação de paradigmas envelhecidos do que pelo mero acréscimo de conhecimentos dentro do contexto de paradigmas superados.

O mesmo acontece no campo das ciências humanas ou sociais. Uma das teses fundamentais que venho defendendo nos meus livros há trinta anos é a de que a percepção da sociedade brasileira é dominada por uma interpretação que se traveste de científica e que constitui um paradigma específico. Como dentro de um mesmo paradigma convivem interpretações

---

2 O filósofo francês Gaston Bachelard é um dos grandes pensadores dessa visão da ciência que teve extraordinária influência em figuras como Michel Foucault e uma infinidade de autores importantes. Ver Gaston Bachelard, *A formação do espírito científico*, Rio de Janeiro: Tempo Brasileiro, 1968; *Idem, O racionalismo aplicado*, Rio de Janeiro: Zahar, 1977.

## INTRODUÇÃO

que parecem, inclusive, opostas (quando são, no máximo, uma imagem invertida no espelho), a questão principal para a superação dos paradigmas científicos é perceber seus pressupostos. É necessário ganhar distância em relação àquilo que é percebido como óbvio e evidente por todos.

Se o pressuposto da medicina diz que as doenças são causadas por fluidos misteriosos que se apoderam do corpo, a mera substituição ou até a inversão de práticas consagradas de cura em nada muda o paradigma dominante. Ao contrário, a crítica dentro de um mesmo paradigma só o torna ainda mais forte como referência fundamental, seja para quem concorda com ele ou para quem quer inovar. A inovação possível dentro de um mesmo paradigma é sempre superficial e nunca toca o aspecto principal.

As ciências sociais também se formaram através de seus paradigmas históricos. Apenas para citar uma modificação mais recente e importante para nossos objetivos, é interessante notar a passagem do paradigma "racista" para o "culturalista" nas ciências sociais. Até a década de 1920, o racismo fenotípico, baseado na cor da pele e nos traços fisionômicos, era reconhecido como ciência tanto internacional quanto nacionalmente. Era ele que esclarecia, por exemplo, a diferença fundamental de desenvolvimento entre os diversos povos. Pouco a pouco, esse tipo de racismo foi criticado e substituído pelo culturalismo. O culturalismo julgava ter vencido o paradigma racista e tê-lo superado por algo não só cientificamente superior, mas também moralmente melhor.

Afinal, o que explicaria o comportamento das pessoas não seria mais simplesmente habitar um corpo com certa cor da pele ou outras características fenotípicas, mas, sim, o estoque cultural que elas herdam. Essa explicação tornou-se tão dominante que rapidamente saiu dos círculos científicos e tomou o senso comum – que compõe o conjunto de crenças dominantes compartilhadas pela esmagadora maioria de indivíduos de uma sociedade.

O culturalismo tornou-se uma espécie de "senso comum internacional" para a explicação das diferenças sociais e de desenvolvimento relativo no mundo inteiro. O instante de ouro do culturalismo foi a entronização

A ELITE DO ATRASO

da teoria da modernização, produzida especialmente nos Estados Unidos do segundo pós-guerra e disseminada no mundo inteiro. Ela explicava precisamente o porquê de algumas sociedades serem ricas e adiantadas e outras pobres e atrasadas. Os Estados Unidos foram, assim, transformados em modelo exemplar para o mundo, e comparações empíricas[3] com outros países foram realizadas em escala massiva para demonstrar que eram o paraíso na Terra, e todos os outros países, realizações imperfeitas desse modelo.

Na base desse argumento estava a herança cultural do protestantismo individualista americano como paradigma insuperável para a constituição de uma sociedade rica e democrática. Talcott Parsons mobilizou seu prestígio e sua inteligência para esse fim, e as melhores cabeças nos Estados Unidos e no mundo se prestaram a esse serviço, que foi regiamente financiado pelo governo americano tanto lá quanto nos outros países, inclusive no Brasil.[4]

Ainda que a teoria da modernização, enquanto conhecimento de vanguarda, tenha deixado de ser sexy com o tempo, sendo criticada pelos seus seguidores mais conscientes,[5] ela ainda é um pressuposto implícito de tudo que se faz nessa área até hoje. E embasa as análises não só do Banco Mundial e do FMI e de todos os órgãos internacionais, mas também de todas as teorias dominantes no mundo. Mesmo os pensadores mais críticos e talentosos nunca a criticaram enquanto pressuposto intocável da percepção da diferença de desenvolvimento entre os países.[6]

---

3 Ver Gabriel Almond e Sidney Verba, *The Civic Culture: Political Attitudes and Democracy in Five Nations*, Londres: SAGE, 1989.

4 Ver Wolfgang Knöbl, *Spielräume der Modernisierung*, Weilerswist: Velbrück, 2001.

5 Ver Shmuel Eisenstadt, *Tradition, Change and Modernity*, Nova Jersey: John Wiley and Sons, 1983.

6 Jürgen Habermas, por exemplo, diz que sua teoria comunicativa só se aplica ao "Atlântico Norte", sem explicar por que não se aplicaria ao resto do mundo. Ver Jürgen Habermas, *Die Theorie des Kommunikativen Handelns*, Frankfurt: Suhrkamp, 1986. Acerca de situação semelhante em Pierre Bourdieu, ver também Jessé Souza, *Brasil dos humilhados, op. cit.*

## INTRODUÇÃO

A mídia no mundo todo repete, reproduz e amplia esse tipo de percepção, como se fosse conhecimento real e incontestável. Afinal, ela não produz conhecimento. Apenas distribui e, eventualmente, como no nosso caso, em um contexto de total desregulação de seu trabalho, enfatiza alguns aspectos e encobre outros tantos de acordo com seus objetivos comerciais e políticos. Mas ninguém na mídia "cria" conhecimento. O prestígio do conhecimento percebido como autêntico é sempre produto de especialistas treinados. A mídia está condenada a se utilizar desse material, daí uma percepção adequada e crítica do conhecimento tido como científico ser tão importante para uma análise não só de seu papel político, mas das crenças que as pessoas compartilham na vida cotidiana, sem qualquer defesa contra seus efeitos.

Minha tese, no entanto, não é apenas a de que as ciências sociais no mundo todo ainda estão sob o domínio total – na área da produção científica dominante – ou parcial – na área da produção científica crítica – do paradigma da teoria da modernização. Minha segunda tese, nesse contexto, é a de que o paradigma culturalista é, na verdade, uma falsa ruptura com o racismo científico "racial". E minha terceira tese é a de que as ciências sociais dominantes no Brasil repetem esse mesmo esquema e esse mesmo falso rompimento com o "racismo científico" da cor da pele. Ou seja, caro leitor e cara leitora, em resumo: ainda estamos tratando as doenças nas ciências sociais brasileiras como se fossem produto de "fluidos misteriosos" no corpo, e não causadas pela ação de microrganismos.

O falso rompimento com o racismo científico é de fácil comprovação. Quando se apela para o "estoque cultural" para explicar o comportamento diferencial de indivíduos ou de sociedades inteiras, um aspecto central dessa ideia nunca é discutido ou percebido: seu racismo implícito. Em outras palavras, o culturalismo da teoria da modernização – e de nosso culturalismo doméstico também, como veremos – é uma continuação, por outros meios, do racismo científico da cor da pele, não a sua superação. Os dois fazem parte, portanto, do mesmo paradigma – e continuam a achar que fluidos misteriosos causam as doenças. Onde reside o racismo

## A ELITE DO ATRASO

implícito do culturalismo? Ora, precisamente no aspecto principal de todo racismo, que é a separação ontológica entre seres humanos de primeira classe e seres humanos de segunda classe. Iremos, no decorrer deste livro, usar o termo "racismo" não apenas no seu sentido mais restrito de preconceito fenotípico ou racial. Iremos utilizá-lo também para outras formas de hierarquizar indivíduos, classes e países sempre que o mesmo procedimento e a mesma função de legitimação de uma distinção ontológica entre seres humanos sejam aplicados. Afinal, essas hierarquias existem para servir de equivalente funcional do racismo fenotípico, realizando o mesmo trabalho de legitimar pré-reflexivamente a suposta superioridade inata de uns e a suposta inferioridade inata de outros.

Quando os teóricos da modernização de ontem e de hoje dizem que o protestantismo individualista, tipicamente americano, cria seres excepcionais, mais inteligentes, produtivos e moralmente superiores, esvai-se qualquer diferença entre essa visão e o racismo científico que separa as pessoas pela cor da pele. Pior ainda. Ao substituir a raça pelo estoque cultural, cria-se uma impressão de cientificidade, reproduzindo-se os piores preconceitos. Os seres superiores seriam mais democráticos e mais honestos do que os inferiores, como os latino-americanos, por exemplo. Tornam-se invisíveis os processos históricos de aprendizado coletivo e criam-se distinções tão naturalizadas e imutáveis quanto a cor da pele ou supostos atributos raciais.

O culturalismo, cientificamente falso como é, cumpre, assim, exatamente as mesmas funções do racismo científico da cor da pele. Presta-se a garantir uma sensação de superioridade e de distinção para os povos e países que estão em situação de domínio e, desse modo, legitima-se e torna-se merecida a própria dominação. Hoje em dia, na Europa e nos Estados Unidos, absolutamente ninguém deixa de se achar superior aos latino-americanos e africanos. Entre os melhores americanos e europeus, ou seja, aqueles que não são conscientemente racistas, nota-se o esforço politicamente correto de se tratar um africano ou um latino-americano como se este fosse efetivamente igual. Ora, o mero esforço já mostra a

## INTRODUÇÃO

eficácia do preconceito que divide o mundo entre pessoas de maior e de menor valor. A desigualdade ontológica efetivamente sentida, na dimensão mais imediata das emoções, tem que ser negada por um esforço do intelecto que se policia. Os rituais do politicamente correto são explicáveis em grande medida por esse fato.

Isso ajuda as camadas dominantes dos países centrais a legitimar seu próprio sistema social para seu povo, que deve ser aceito sem reclamações, posto que seria superior aos outros. E ajuda as mesmas camadas superiores internacionalmente, já que é mais fácil expropriar riquezas de povos que se acham mesmo inferiores e desonestos. O raciocínio do tipo "entregar a Petrobras para os estrangeiros é melhor que deixá-la para nossos políticos corruptos" se torna justificável precisamente nesse contexto – apesar de absurdo.

Cria-se, com isso, uma mentalidade de "senhor", nos países que mantêm uma divisão internacional do trabalho que os beneficia como "merecimento", e uma mentalidade de "escravo" naqueles povos criados para a obediência e para a subordinação. Esse dado da superioridade dos outros é percebido por todos como tão óbvio quanto o fato de que o sol se põe todos os dias para nascer de novo no dia seguinte. É um pressuposto tão óbvio para os indivíduos comuns como o é para os especialistas.

O racismo culturalista passa a ser uma dimensão não refletida do comportamento social, seja na relação entre os povos, seja na relação entre as classes de um mesmo país. Um brasileiro de classe média que não seja abertamente racista também se sente, em relação às camadas populares do próprio país, como um alemão ou um americano se sente em relação a um brasileiro: ele se esforça para tratar essas pessoas como se fossem gente igual a ele. O que antes era ciência passa a ser, por força dos meios de aprendizado, como escolas e universidades, e dos meios de divulgação, como jornais, televisão e cinema, crença compartilhada socialmente. Em razão tanto da legitimidade e do prestígio da ciência quanto do poder de repetição e convencimento midiático, as pessoas passam a pensar o mundo de tal modo que favorece a reprodução de todos os seus privilégios.

# A ELITE DO ATRASO

Que pressuposto é esse de que todos, especialistas ou não, se utilizam implicitamente, sem jamais refletir sobre ele? O pressuposto nunca refletido, no caso, é a separação, dentro da raça humana, entre aqueles que possuem espírito e aqueles que não o possuem, sendo, portanto, animalizados e percebidos como apenas corpo. A distinção entre espírito e corpo é tão fundamental porque a instituição mais importante da história do Ocidente, a Igreja Cristã, escolheu, como caminho para o bem e para a salvação das pessoas, a noção de virtude como definida por Platão. Este, por sua vez, definia a virtude nos termos da necessidade de o espírito disciplinar o corpo, percebido como o território de paixões incontroláveis – o sexo e a agressividade à frente de todas – que levariam o indivíduo à escravidão do desejo e à loucura.[7]

Note bem, leitor e leitora, que não foi a leitura de Platão – em uma época em que pouquíssimos sabiam ler – que fez com que essa hierarquia nos penetrasse de tal modo que hoje a percebamos como tão óbvia e a consideremos tão natural quanto o ato de respirar. Foi o trabalho diário, secular e silencioso de milhares de padres e monges que, todos os dias, primeiro na Europa e depois nas regiões mais remotas do globo, incutia nos camponeses e nos citadinos essa noção muito particular de virtude necessária para a salvação. E isso em uma época histórica na qual as pessoas tinham a salvação no outro mundo como ponto fundamental de suas vidas.

É assim, afinal, que as ideias dominantes passam a determinar a vida das pessoas comuns e seu comportamento cotidiano sem que elas tenham qualquer consciência refletida disso. A ideia une-se a interesses – no caso o interesse religioso de angariar fiéis –, passa pela ação institucional que cria os seus agentes, sacerdotes e monges, e tem uma atuação continuada no tempo em uma dada direção e com um conteúdo específico. É precisamente essa ação continuada no tempo, atuando sempre em um

---

7 Ver Charles Taylor, *As fontes do self: a construção da identidade moderna*, São Paulo: Loyola, 2001.

## INTRODUÇÃO

mesmo sentido, que logra mudar a percepção da vida e, em consequência, o comportamento prático e a vida real e concreta como um todo para uma enorme quantidade de pessoas.

Foi por conta dessa ação institucional, primeiro da religião, e depois, hoje em dia, da mídia e da indústria dos bens de consumo cultural, como o cinema e livros populares, que essa hierarquia moral, que separa os homens e as mulheres entre seres de primeira e de segunda classe, ganhou nossos corações e nossas mentes. Ela manda em nossas ações e em nossos pensamentos, ainda mais pelo fato de nunca sequer termos refletido acerca de sua influência no nosso comportamento diário e na nossa vida como um todo. Sem a consciência crítica da ação dessas ideias sobre nosso comportamento, somos todos vítimas indefesas de uma concepção que nos domina sem que possamos sequer esboçar reação.

Como jamais refletimos sobre essa ideia-força e suas consequências, ela se presta como nenhuma outra a separar e hierarquizar o mundo de modo prático e muito diferente da regra jurídica da igualdade formal. Ela é, inclusive e por conta disso, muito mais eficaz que todos os códigos jurídicos juntos. A separação não só entre povos e países, mas também entre as classes sociais, entre os gêneros e entre as "raças", é construída e passa a ter extraordinária eficácia prática precisamente por seu conteúdo aparentemente óbvio e irrefletido.

Afinal, as classes superiores são as do espírito, do conhecimento valorizado, enquanto as classes trabalhadoras são do corpo, do trabalho braçal e muscular que as aproxima dos animais. O homem é percebido como espírito, em oposição à mulher, definida como afeto. Daí a divisão sexual do trabalho, que a relega ao trabalho invisibilizado e desvalorizado na casa e no cuidado dos filhos. Nós nunca refletimos acerca dessas hierarquias, assim como não refletimos sobre o ato de respirar. É isto que as faz tão poderosas: elas se tornam naturalizadas. Esquecemos que tudo que foi criado por seres humanos também pode ser refeito por nós.

Como não percebemos essas hierarquias, elas mandam em nós todos de modo absoluto e silencioso. O fato de não as notarmos facilita

A ELITE DO ATRASO

enormemente seu efeito perverso. No caso das mulheres, das quinhentas maiores empresas do mundo, 492 são dirigidas por homens. De algum modo, essa hierarquia perversa está na cabeça também dos que escolhem os CEOs das grandes corporações, fazendo com que os homens sejam maioria esmagadora.

Se essa hierarquia moral é invisível para nós, seus efeitos, ao contrário, são muitíssimo visíveis. O mesmo esquema possibilita que o branco se oponha ao negro como superior também pré-reflexivamente. Até as supostas virtudes do negro são ambíguas, posto que o animalizam com a força física e o apetite sexual. O grande problema dessas hierarquias que se tornam invisíveis e pré-reflexivas é sua enorme eficácia para colonizar a mente e o coração também de quem é inferiorizado e oprimido.

Nos Estados Unidos e na Europa, essas ideias que os elevam e dignificam servem para espalhar um sentimento de superioridade difuso que abrange toda a sociedade. Elas funcionam, portanto, como legitimação interna nesses países e são uma espécie de equivalente do colonialismo anterior: servem para justificar e sacralizar todas as relações fáticas de dominação na ordem mundial. O culturalismo do mais forte serve também, muito especialmente nos Estados Unidos, a prestar o mesmo serviço que o racismo contra os negros sempre possibilitou por lá: dotar a classe baixa dos brancos do Sul do país de um orgulho racial para compensar a sua pobreza material relativa se comparada aos brancos mais ricos do Norte.

A vantagem comparativa do culturalismo racista sobre o racismo clássico é que, como não se vincula à cor da pele, até os negros americanos podem se sentir superiores, por exemplo, aos latinos e estrangeiros. A utilidade prática desse racismo ocultado, que é o culturalismo para os países dominantes e, muito especialmente, para suas classes dominantes, é muito maior que a do racismo explícito que vigorava antes.

Como se deu a construção do paradigma racista/culturalista entre nós? Como é possível que alguns de nossos indivíduos mais inteligentes tenham construído concepções de mundo que nos humilham, nos rebaixam e nos animalizam? Isso tudo pensado como se fosse destino imutável? Que

## INTRODUÇÃO

americanos e europeus se deixem colonizar por esse tipo de concepção de mundo que os dignifica é lamentável, mas compreensível. Afinal, conseguem vantagens bem concretas a partir desse fato. Que os latino--americanos em geral e os brasileiros em particular tenham se deixado e ainda se deixem, até os dias de hoje, colonizar por uma concepção racista e arbitrária que os inferioriza e lhes retira a autoconfiança e a autoestima não é apenas lamentável. É uma catástrofe social de grandes proporções. Como as ideias são fundamentais para a ação prática, jamais seremos um povo altivo e autoconfiante enquanto permanecermos vítimas indefesas desse preconceito absurdo.

Não se teria realizado tamanho ataque midiático baseado nesse racismo contra si mesmo, na noção de corrupção como dado cultural brasileiro, como fundamento de todos os golpes de Estado, e jamais se teria realizado um embuste de proporções gigantescas como a operação Lava Jato sem esse pressuposto conferido pelas ideias dominantes, contra as quais não temos defesa consciente. Afinal, é preciso convencer todo um povo de que ele é inferior não só intelectualmente, mas, tão ou mais importante, também moralmente. Que é melhor entregar nossas riquezas a quem sabe melhor utilizá-las, já que outros são honestos de berço, enquanto nós seríamos corruptos de berço.

Além disso, se juntarmos o preconceito do suposto patrimonialismo congênito com o Estado como lugar da elite corrupta e com a noção antipopular e preconceituosa de "populismo" – também produto de intelectuais, que diz que nosso povo é desprezível e indigno de ajuda e redenção, contaminando toda a política feita em seu favor –, explicamos em boa parte a miséria da população brasileira. A colonização da elite brasileira mais mesquinha sobre toda a população só foi e ainda é possível pelo uso, contra a própria população indefesa, de um racismo travestido em culturalismo que possibilita a legitimação de todo ataque contra qualquer governo popular.

Todo racismo, inclusive o culturalismo racista dominante no mundo inteiro, precisa escravizar o oprimido no seu espírito, e não apenas no seu

## A ELITE DO ATRASO

corpo. Colonizar o espírito e as ideias de alguém é o primeiro passo para controlar seu corpo e seu bolso. De nada adianta americanos e europeus proclamarem suas supostas virtudes inatas se africanos, asiáticos e latino-americanos não se convencerem disso. Do mesmo modo, de nada adianta nossa elite do dinheiro construir uma concepção de país e de nação para viabilizar seus interesses venais se a classe média e a população como um todo não se convencerem disso.

É aí que entram os intelectuais com seu prestígio e a mídia com seu poder de amplificar e reproduzir mensagens com duplo sentido: mensagens que fazem de conta que esclarecem o mundo como ele é, mas que, no fundo, existem para retirar das pessoas toda compreensão e toda defesa possível.

Ninguém na mídia cria nenhuma ideia. Falo aqui, obviamente, de ideias-força, aquele tipo de pensamento que conduz uma sociedade em um sentido ou em outro e é restrito a intelectuais e especialistas treinados. A mídia retira seu poder de fogo desse reservatório de ideias dominantes e consagradas. Ela é limitada no seu alcance pelo prestígio que essas ideias e seus autores, que são veiculados, desfrutam em uma sociedade.

Daí que seja fundamental perceber como as ideias são criadas e qual o seu papel na forma como a sociedade vai definir seu caminho específico. Não apenas a mídia, mas também os indivíduos e as classes sociais vão definir sua ação prática, quer tenham ou não consciência disso, a partir desse mesmo repositório de ideias. Novamente, não somos formigas. Em vez de um código genético que define por antecipação nosso comportamento, nós só podemos construir e reproduzir um padrão de comportamento por força de ideias que nos ajudam a interpretar o mundo. Afinal, são essas ideias que vão esclarecer os indivíduos e as classes sociais acerca de seus objetivos, interesses e conflitos. Como não somos abelhas nem formigas, mas um tipo de animal que interpreta a própria ação, toda a nossa atuação no mundo é influenciada, quer saibamos disso ou não, por ideias. São elas que nos fornecem o material que nos permite interpretar nossa própria vida e dar sentido a ela.

## INTRODUÇÃO

Por conta disso, quem controla a produção das ideias dominantes controla o mundo. E também por isso, as ideias dominantes são sempre produto das elites dominantes. É necessário, para quem domina e quer continuar dominando, se apropriar da produção de ideias para interpretar e justificar tudo o que acontece de acordo com seus interesses.

No mundo moderno, a dominação de fato tem que ser legitimada cientificamente. Quem atribui prestígio hoje em dia a uma ideia é a ciência, assim como antes era a religião. É a ciência hoje, mais que a religião, que decide o que é verdadeiro ou falso no mundo. Por conta disso, toda informação midiática, no jornal ou na TV, procura se legitimar com algum especialista na matéria que esteja sendo discutida.

Nessa estratégia de dominação que é mais simbólica que material, é a posse do que é tido como verdadeiro que permite também se apoderar do que é percebido como justo ou injusto, honesto ou desonesto, correto ou incorreto, bem ou mal, e assim por diante. Controla-se a partir do prestígio científico, portanto, tudo que importa na nossa vida.

Essa é a raiz também, como não poderia deixar de ser, do culturalismo racista que discutimos anteriormente e que manda na nossa interpretação e justificação do mundo hoje em dia. Não por acaso, a dominância do culturalismo racista é um efeito da dominação americana a partir do século XX, muito especialmente a partir da Segunda Guerra Mundial. O racismo cultural americano substitui – com enormes vantagens – o fenotípico do racismo científico que vigorou na fase do colonialismo europeu do século XIX e do começo do século XX.

O novo racismo culturalista americano foi implementado como política de Estado, não foi deixado à ação espontânea de ninguém. A teoria da modernização recebeu dinheiro pesado do Departamento de Estado americano, sob o comando de Harry Truman no pós-guerra, para se tornar paradigma universal. A partir daí, virou uma espécie de coqueluche mundial. Milhares de trabalhos foram realizados nas duas décadas seguintes com o intuito de mostrar como os Estados Unidos eram o modelo universal para o planeta. Todos os outros países eram

## A ELITE DO ATRASO

uma espécie de realização incompleta desse modelo. Depois, todos os países colonizados receberam também dinheiro de fundações americanas para veicularem essa teoria e seus pressupostos implicitamente racistas no mundo inteiro, inclusive no Brasil.

Mas aqui, onde a comparação com os Estados Unidos foi a obsessão de todos os intelectuais desde o começo do século XIX, a elaboração de nosso culturalismo racista invertido, contra nós mesmos, foi realizada por mãos nativas antes mesmo da coqueluche mundial do paradigma culturalista racista da teoria da modernização. Somos, por assim dizer, escravos tão subservientes que antecipamos os desejos do nosso senhor antes mesmo que ele os tenha expressado. Somos escravos de casa, escravos de confiança, daqueles que se candidatam a ser um agregado da família, sonho que nossos intelectuais compartilham com nossa elite e nossa classe média em relação aos Estados Unidos. Daí que a elaboração de teorias racistas que nos rebaixam e humilham tenha sido paralela e relativamente independente desse movimento internacional e político mais óbvio da estratégia americana de dominação política por meio da ciência no pós-guerra.

Assim, na década de 1930, enquanto Talcott Parsons dava os primeiros passos em seu engenhoso esquema que o tornaria a influência máxima da teoria da modernização no mundo, se desenhava no Brasil a sua contraparte "vira-lata", produto mais típico do pensamento do escravizado dócil, ponto a ponto a imagem invertida daquilo que Parsons construía como autoimagem da superioridade dos americanos no mundo.[8] Se Parsons e seus seguidores iriam construir a imagem dos americanos como objetivos, pragmáticos, antitradicionais, universalistas e produtivos, nossos pensadores mais influentes iriam construir o brasileiro como pré-moderno, tradicional, particularista, afetivo e, para completar, portador de uma tendência irresistível à desonestidade.

---

8 Ver Talcott Parsons e Edward Shills, *Toward a General Theory of Action: Theoretical Foundations for the Social Sciences*, Nova York: Harper, 1962.

# INTRODUÇÃO

O começo dessa aventura brasileira no pensamento, no entanto, não se saiu tão mal assim. Gilberto Freyre foi a figura demiúrgica desse período. Intelectual ambíguo e contraditório – aos meus olhos o brasileiro mais genial na esfera do pensamento, ainda que conservador na política –, Freyre construiu todo o enredo do Brasil moderno prenhe de ambiguidade e de contradições, como o seu criador. Como homem de seu tempo, era prisioneiro do racismo científico. Tendo sido exposto, no entanto, nos anos 1920, ao culturalismo, à época de vanguarda, de Franz Boas, que influenciou decisivamente a antropologia e as ciências sociais americanas críticas do racismo científico,[9] Freyre elaborou uma interpretação culturalista que procurou levar o culturalismo vira-lata ao seu limite lógico.

Como não percebia o principal, que é a assimilação de pressupostos implicitamente racistas no coração do próprio culturalismo, Freyre lutou bravamente dentro do paradigma do culturalismo racista para tornar ao menos ambígua e contraditória a condenação prévia das sociedades ditas periféricas em relação às virtudes reservadas aos americanos e europeus. Ele procurou e conseguiu criar um sentimento brasileiro de identidade nacional que permitisse algum orgulho nacional como fonte de solidariedade interna. Foi nesse contexto que nasceu a ideia de uma cultura única no mundo, luso-brasileira, percebida como abertura cultural ao diferente e encontro de contrários. Daí também todas as virtudes dominadas, posto que associadas ao corpo e não ao espírito, que singularizam o brasileiro para ele mesmo e para o estrangeiro: a sexualidade, a emotividade, o calor humano, a hospitalidade etc. Antes de Freyre, inexistia uma identidade nacional compartilhada por todos os brasileiros.

Ele procurou, na realidade, utilizar-se de todas as ambiguidades implícitas no paradigma que define o espírito na sua virtualidade de inteligência e moralidade superior contra o corpo animalizado. O corpo em Freyre é percebido como domínio das emoções reprimidas pelo espírito que não apenas pensa e moraliza, mas que também controla, higieniza e segrega.

---

9 Ver George Stocking, *Race, Culture and Evolution*, Chicago: Chicago Press, 1982.

A ELITE DO ATRASO

A segregação racial explícita dos americanos seria um símbolo da ausência de emoção como defeito e doença. A emoção, afinal, que pode ser sádica, pode também aproximar e permitir o aprendizado de contrários, criando combinações originais que eram, nos seus sonhos, o que o Brasil já era e ainda poderia melhorar.

Freyre foi o criador do paradigma culturalista brasileiro vigente até hoje, dominado pelas falsas ideias da continuidade com Portugal e da emotividade como traço singular dessa cultura. No entanto, com o tempo, sua leitura foi criticada e derrotada dentro desse mesmo paradigma culturalista racista de se pensar o Brasil e sua singularidade. Sua influência, importante ainda com Getúlio Vargas, foi declinando na política para se retirar à esfera da cultura. Darcy Ribeiro talvez seja o seguidor mais influente daquela corrente que enxerga o Brasil como potencial portador de uma mensagem original para o mundo. Muitos são freyrianos sem o saber. Lembro artistas como Glauber Rocha ou Jorge Mautner e até Caetano Veloso, que imaginam perscrutar essa mesma originalidade pela intuição artística. São seguidores, como todos nós em certo sentido, de uma ideia a que Freyre deu corpo e materialidade.

Independentemente da questão de esse conjunto de atributos ser verdadeiro ou falso – a identidade nacional não é definida pelo seu valor de verdade e sim por sua eficácia na produção de uma comunidade imaginária que se percebe como singular –, foi Freyre quem sistematizou e literalmente construiu a versão dominante da identidade nacional em um país que, antes dele, não tinha produzido nada realmente eficaz nesse sentido.

Sua versão, no entanto, foi logo criticada por Sérgio Buarque de Holanda. Buarque vai se aproveitar de todas as ideias fundamentais de Freyre – ainda que todas as citações dele desapareçam paulatinamente nas versões subsequentes de seu clássico *Raízes do Brasil* –,[10] mas vai utilizá-las de modo muito pessoal. Todo o esforço de Freyre em identificar aspectos positivos ou pelo menos ambíguos no que ele via como "legado brasileiro" foi invertido e

---

10 Sérgio Buarque de Holanda, *Raízes do Brasil*, São Paulo: Companhia das Letras, 2001.

## INTRODUÇÃO

transformado em traços unicamente negativos. Não obstante, foi o mesmo homem plástico e emotivo de Freyre como representação da singularidade brasileira que se tornou a matéria-prima para a construção da ideia de "homem cordial" como expressão mais acabada do brasileiro para Sérgio Buarque.

Sérgio Buarque opera duas transformações essenciais no paradigma inventado por Freyre que irão possibilitar que o culturalismo racista, agora na versão vira-lata de Buarque, se torne o porta-voz oficial do liberalismo conservador brasileiro. Essa versão vira-lata, por servir precisamente de legitimação perfeita para o tipo de interesse econômico e político da elite econômica que manda no mercado, se tornaria a interpretação dominante da sociedade brasileira para si mesma até hoje.

A primeira transformação é a mutação radical do brasileiro pensado genericamente, sem distinções de classe, enquanto pura negatividade na noção de homem cordial. A segunda é o prolongamento da noção de homem cordial na noção de Estado patrimonial. As duas noções conjugadas constroem a ideia do brasileiro como vira-lata da história, sendo a imagem invertida no espelho do protestante americano transformado em herói.

Detalharemos essa crítica no fim do livro, quando comprovarmos que é essa a ideia que está por trás de tudo que se diz hoje em dia no Brasil da direita à esquerda do espectro político, de Pablo Marçal a Fernando Haddad. Mas algumas noções são importantes já agora para sabermos o que criticamos e como essa concepção cria uma interpretação falsa de fio a pavio sobre a sociedade brasileira.

Muitos imaginaram, ingenuamente, inclusive intelectuais reconhecidos, que o simples fato de o homem cordial ser definido como negatividade seria marca de uma concepção crítica que se contraporia ao conteúdo afirmativo e celebratório de Freyre. Nada mais ingênuo. A real crítica a Freyre exigiria a crítica aos pressupostos culturalistas/racistas do paradigma que o influenciou, coisa que Sérgio Buarque jamais fez, muito pelo contrário. Ele, na realidade, regrediu em relação a Freyre, que havia, ao menos, procurado criticar, ainda que de dentro do paradigma culturalista/racista, a tese do americano e do europeu como seres divinamente superiores. Sérgio Buarque nem isso tentou. Aceita a viralatice do brasileiro como lixo da história de bom grado, e distorce a percepção de todo um povo como intrinsecamente inferior. Além disso, "tira onda" de crítico referente, seguido por cerca de 90% da intelectualidade brasileira, por ter supostamente descoberto as razões da fraqueza nacional.

O embuste se torna completo por ter também inventado o conceito mais fajuto e ao mesmo tempo mais influente de todo o pensamento social brasileiro, que é a noção de patrimonialismo. O patrimonialismo defende que o Estado no Brasil é um alongamento institucionalizado do homem cordial e é tão vira-lata quanto ele, abrigando elites que roubam o povo e privatizam o bem público. Isso é bem menos que uma meia-verdade. Mostrarei em detalhe, ao final deste livro, que essa noção, inclusive, é um contrabando malfeito de uma noção weberiana inutilizável no caso brasileiro. Essa ideia é central para a legitimação do liberalismo conservador brasileiro e se tornou, pela própria defesa dos interesses econômicos e políticos conservadores envolvidos, a interpretação dominante dos brasileiros sobre si mesmos, seja na direita do espectro político, seja na esquerda – que, aliás, se deixa colonizar intelectualmente pela direita.

A interpretação de Sérgio Buarque, que logra ser a cobertura perfeita para todos os interesses e privilégios, se torna dominante por fazê-lo dando a impressão de crítica radical, daí sua genialidade e perpetuação no tempo. Os discípulos, que são maioria tanto na direita quanto na esquerda, apenas repetem o paradigma. Essa interpretação torna invisíveis todos os nossos conflitos reais ao construir a singularidade brasileira a partir do homem cordial, do homem emotivo como negativo e potencialmente corrupto, já que dividiria o mundo entre amigos e inimigos, e não de modo "impessoal" – o que ele imagina, em uma idealização descabida e infantil, existir em algum lugar. O Estado patrimonialista seria a principal herança do homem cordial e o maior problema nacional.

Está criada a ideologia do vira-lata brasileiro. Inferior, posto que percebido como afeto e, portanto, como corpo, em oposição ao espírito do americano e europeu idealizados. Como se nos Estados Unidos e na Europa não houvesse também privilégios fundados no personalismo e em

## INTRODUÇÃO

relações pessoais. A emoção nos animalizaria, enquanto o espírito tornaria divinos americanos e europeus. Como tal, os americanos seriam seres especiais que põem a impessoalidade acima de suas preferências, explicando com isso a excelência de sua democracia, assim como sua honestidade e incorruptibilidade. As falcatruas globais do mercado financeiro americano, que se tornaram públicas na crise de 2008, construídas para iludir e enganar os próprios clientes e drenar o excedente mundial em seu favor, são, certamente, invenção de algum brasileiro cordial que passou por lá e inoculou o vírus da desonestidade nessas almas tão puras.

Mas Sérgio Buarque também esconde a nossa hierarquia social, já que se esquece de explicar a gênese daquele tipo de capital que, para ele, singularizaria o Brasil. O capital do homem cordial é o das relações pessoais, ou aquilo que Roberto DaMatta, discípulo dele como quase todos, chamaria mais tarde de "jeitinho brasileiro", uma suprema bobagem infelizmente naturalizada pela repetição e usada como explicação fácil em todos os botecos de esquina do país.

Ora, caro leitor, quem tem acesso a relações pessoais importantes é quem já tem capital econômico ou capital cultural sob alguma forma. Ou você conhece alguém que desfrute desse tipo de privilégio sem dinheiro ou conhecimento incorporado? Essa explicação nega, portanto, a origem de toda desigualdade que separa classes com acesso privilegiado aos capitais econômico e cultural das classes que foram excluídas de todo o acesso a esses capitais. E são precisamente esses caras, que escondem os mecanismos sociais responsáveis pela exclusão de tantos, os que se passam por críticos sociais.

Mas Sérgio Buarque não para por aí. Sua análise é totalizante e explica tudo. Ele cria muito especialmente a "Geni" brasileira – para usar um termo de seu filho, este, sim, verdadeiramente genial –, que seria o Estado sempre corrupto. O mercado é divinizado pela mera oposição ao Estado, e sua corrupção tornada invisível – tanto "legal" (quando "compra" o Legislativo para passar leis de seus interesses, impor juros altos a toda a população e privatizar o orçamento público e as empresas estatais) quanto ilegal (quando manda para o exterior valores de evasão fiscal que superam em muito toda a corrupção estatal somada). É verdade que essa contraposição explícita não é obra de Sérgio Buarque, e sim de outra "vaca sagrada" do panteão de grandes intelectuais brasileiros, que é Raymundo Faoro. Mas Sérgio Buarque já abre essa possibilidade ao demonizar o Estado e poupar o mercado.

Buarque, ao localizar a "elite maldita" no Estado, torna literalmente invisível a verdadeira elite de rapina que se encontra no mercado. Um mercado capturado por oligopólios e atravessadores financeiros. Como a elite que vampiriza a sociedade está, segundo ele, no Estado, abre-se caminho – vazio esse que foi logo preenchido por seus discípulos – para uma concepção do mercado que é o oposto do Estado corrupto. Com isso, não só o poder real, do mercado e dos endinheirados, é tornado invisível, como o Estado é tornado o suspeito preferido – como os mordomos nos filmes policiais – de todos os malfeitos. Essa ideia favorece os golpes de Estado baseados no pretexto da corrupção seletiva, mote que sempre é levado à baila quando o Estado hospeda integrantes não palatáveis pelo mercado ávido por capturá-lo apenas para si.

Não existe ideologia melhor para os interesses da elite econômica. A leitura de Sérgio Buarque foi ensinada nas escolas e nas universidades de todo o país – como acontece até hoje – e tornou possível fazer do mote da corrupção apenas do Estado o núcleo de uma concepção de mundo que permite à elite mais mesquinha fazer todo um povo de tolo. Essa concepção não é apenas de Sérgio Buarque nem é algo dos longínquos anos 1930. Ela é Brasil dos anos 2020 na veia! Todos os pensadores de prestígio a seguiram desde então, como Raymundo Faoro (que a esquerda colonizada intelectualmente pela direita adora), Fernando Henrique Cardoso, Roberto DaMatta e uma infinidade de discípulos menores. Quem fala sobre o país na imprensa, seja de direita ou de esquerda, repete os truísmos dessa visão arcaica e vazia. O culturalismo racista e liberal conservador é a única teoria explicativa abrangente e totalizadora que o Brasil possui e que, antes de meu próprio trabalho crítico, jamais havia sido efetivamente criticada nos seus pressupostos fundamentais.

## INTRODUÇÃO

Ela, no entanto, influencia a sociedade como um todo na formação escolar desde tenra idade. Toda criança brasileira aprende a perceber o Brasil com os pressupostos envenenados da teoria culturalista e sua cantilena das três raças formadoras, da continuidade com Portugal e da necessidade pseudocrítica de combate à corrupção só do Estado. Nas universidades, em todos os cursos, são as vacas sagradas do culturalismo conservador, Sérgio Buarque à frente, que ensinam o jovem a (não) perceber e a (não) compreender os reais problemas brasileiros. Depois, são os profissionais do direito, da mídia, das empresas, da administração do Estado etc. que irão comandar suas ações sob a égide mais ou menos consciente dessas ideias. Essa teoria se tornou o pano de fundo não discutido, de tão óbvio e de tão repetido por todos, de como o país é percebido.

Afinal, nós não vemos a sociedade em que vivemos com olhos imaculados, como se tivéssemos nascido hoje. Nós (não) a percebemos sempre por meio do acúmulo de noções e ideias que nos foram transmitidas por pessoas dignas de nossa confiança. É por meio desses "óculos", compostos por ideias que se tornam tão óbvias que não mais refletimos sobre elas, que nós (não) percebemos o mundo que nos rodeia. Daí ser de suma importância refletir sobre esse conjunto de ideias fundamentais que comanda nosso comportamento e nossas avaliações do mundo. Isso é decisivo para qualquer ação consciente e para que não sejamos enganados por todos os interesses encobertos e que visam a nossa desinteligência.

Foi, afinal, esse conjunto de ideias falsas que nos amesquinham e retiram nossa autoestima que tornou possível a grande farsa do golpe de 2016 e de todos os outros golpes – supostamente contra a corrupção. Foi e ainda é essa teoria vira-lata e falsa de fio a pavio, por último, mas não menos importante, que forneceu à mídia todos os subsídios, que já estavam previamente na cabeça de seu público leitor e telespectador desde a escola primária, para sua obra de distorção sistemática da realidade.

Restou à mídia apenas o trabalho facilitado de selecionar contra quem seria mobilizado o ataque moralista conservador que nossos intelectuais construíram contra o povo e em benefício de uma ínfima elite. Sem esse

## A ELITE DO ATRASO

consenso intelectual/conservador prévio, a mídia não poderia ter sido tão eficaz na sua obra de fraudar sistematicamente a realidade para a legitimação da trama do golpe de 2016 e para justificar o injustificável assalto ao bolso coletivo pela elite financeira – a verdadeira corrupção tornada invisível – em nome do falso e seletivo combate à corrupção dos feitos de tolos: só do Estado e de suas empresas.

Quando empresas brasileiras e empresários brasileiros entram em cena, como na operação Lava Jato, isso só acontece pelo mais descarado viralatismo: para chantagear politicamente essas empresas em delações que criminalizem a esquerda ou políticos que não cumpram a agenda corporativa dos órgãos de controle. Assim como para, consciente ou inconscientemente, atender a interesses geopolíticos americanos que visam à permanência do Brasil como mero exportador de matéria-prima.

**PARTE I**
# A ESCRAVIDÃO É NOSSO BERÇO

# 1. O mundo que a escravidão criou

A explicação dominante do brasileiro emotivo e corrupto, e da corrupção só do Estado – que sempre possibilitou toda a manipulação midiática e política contra a democracia e contra os interesses populares – tem sua força na história e na sociologia do vira-lata. Uma explicação, para ser dominante, tem que esclarecer a totalidade da realidade social. Ou seja, ela tem que esclarecer as três questões principais tanto para os indivíduos quanto para as sociedades: de onde viemos, quem somos e para onde vamos. A teoria que responde a essas três questões de forma convincente é aquela que se candidata à interpretação dominante, definindo a forma como toda uma sociedade vê a si mesma. Não por acaso, essas eram também as três questões que todas as religiões bem-sucedidas respondiam a seus fiéis.

A única teoria brasileira que responde a essas três questões de modo convincente é a implicitamente racista do culturalismo conservador entre nós. Não existe nenhuma outra teoria nacional com essa abrangência. A esquerda, por exemplo, jamais desenvolveu uma concepção crítica em relação a ela e, por conta disso, sempre foi colonizada no coração e na mente pelo culturalismo racista conservador, com efeitos práticos devastadores, como os recorrentes golpes de Estado mostram tão bem. Como muita gente inteligente – inclusive especialistas – não percebe a

## A ELITE DO ATRASO

importância da noção de totalidade para a eficácia de uma explicação, se imagina que qualquer interpretação sobre tópicos específicos – por mais geniais e importantes que sejam – constitua uma teoria abrangente que daria conta da totalidade referida acima.

Assim se imagina, por exemplo, que o grande Celso Furtado teria criado uma teoria alternativa por ter desenvolvido a teoria das trocas desiguais entre países industrializados e exportadores de matéria-prima. Ele é um dos pioneiros de uma explicação fundamental e muito importante, mas ela é localizada e está muito longe de construir o sentido de totalidade do culturalismo racista conservador. O mesmo acontece com grandes figuras como Florestan Fernandes e outros tantos.[1] Como a totalidade histórica e social não é reconstruída de tal modo que possa substituir a visão dominante, é o próprio culturalismo conservador que entra por todos os poros nos espaços vazios da explicação que se pretende alternativa. O caso de Florestan, como já mostrei em detalhe em outros livros, exemplifica bem o que acontece com todas as explicações alternativas que não reconstroem a totalidade.

Assim, para criticar o Brasil de hoje e compreender o que está em jogo na política e na manipulação da política como forma de dominação econômica e simbólica, é necessário reconstruir uma totalidade alternativa que desconstrua o culturalismo racista conservador e reconstrua a sociedade brasileira em um sentido novo e crítico. Esse é o desafio que pretendo realizar nesta primeira parte do livro, ainda que resumidamente. Será uma etapa necessária, mesmo que não suficiente, para desconstruir o trabalho de manipulação simbólica em favor da elite do atraso entre nós e esclarecer por que ele foi tão bem-sucedido. Ao mesmo tempo, esse esforço parece-me também fundamental para apontar os caminhos de uma nova crítica social entre nós que não se deixe colonizar pelo culturalismo conservador e seu racismo implícito.

---

1 Jessé Souza, *A construção social da subcidadania: uma leitura alternativa do Brasil moderno*, Rio de Janeiro: Civilização Brasileira, 2023.

## O MUNDO QUE A ESCRAVIDÃO CRIOU

A ambição deste livro é dotar a esquerda, ou seja, a visão que expressa os interesses da maioria esquecida, de uma reflexão que supere a mera proposição de um programa econômico alternativo, que tem sido o que as esquerdas apresentam quando chegam ao poder. É necessária uma reflexão independente também acerca do Estado e da sociedade para que o culturalismo conservador de direita não colonize a esquerda como acontece até hoje. Todos os golpes de Estado contra a esquerda se baseiam na dominância de uma interpretação totalizante e conservadora que a contamina e fragiliza mortalmente.

Para evitar que isso aconteça no futuro, é necessário desconstruir a leitura conservadora dominante e construir uma teoria explicativa nova tão abrangente quanto a versão conservadora. Daí a importância de as três questões serem respondidas, agora refletindo os interesses da crítica social que a esquerda pretende representar. Interesses que tenham a ver com a crítica da desigualdade e da injustiça social, e não com sua reprodução.

Para responder às três questões essenciais para a compreensão da singularidade de qualquer sociedade – de onde viemos, quem somos e para onde vamos –, o culturalismo racista constrói a fantasia da continuidade cultural com Portugal, que é falsa da cabeça aos pés. Ela se baseia em uma tese clássica do senso comum – que é uma espécie de sociologia espontânea dos leigos – que imagina que a transmissão cultural se dá de modo automático, como o código genético. Nessa leitura de senso comum, imagina-se que alguém é, por exemplo, italiano apenas porque o avô era italiano. Depende. Se as condições sociais forem outras, essa pessoa não tem nada de italiano, a não ser o código genético.

A influência cultural não se transmite, afinal, pelas nuvens nem pelo simples contato corporal. Os seres humanos são construídos por influência de instituições. É fácil perceber isso com simples exemplos cotidianos. Pensemos na família, na escola ou no mercado de trabalho. Disposições fundamentais para o comportamento, como a disciplina, o autocontrole, o pensamento prospectivo, são ensinadas por meio de prêmios e castigos institucionais não necessariamente físicos, muito menos conscientes.

## A ELITE DO ATRASO

Na família, desde a tenra idade, são os olhares de aprovação e reprovação dos pais – ou de quem exerça esse papel – que mostram aos filhos os comportamentos apropriados e as disposições que eles devem reprimir ou desenvolver. A agressividade, por exemplo, uma disposição fundamental que todos temos, deve ser reprimida e controlada para que a criança possa ter sucesso na sua socialização. A disciplina, por outro lado, é incutida dos mais variados modos, como a partir da imposição de horários para dormir, comer e brincar.

A escola prolonga e aprofunda a socialização familiar com os mesmos métodos. Depois, no indivíduo adulto, seu sucesso no mercado de trabalho vai depender do mesmo mecanismo de formatação e disciplina da personalidade em um sentido ainda mais aprofundado. As instituições fundamentais para qualquer um de nós nos amoldam e, em certo sentido, nos constroem, seja pelo direcionamento explícito, seja pelo incentivo para a criação de disposições que irão constituir o comportamento prático. Isso tudo não vem com o código genético, como imagina o senso comum e nossa interpretação "científica" dominante. Embora todos nasçamos com uma pulsão sexual, por exemplo, será o conjunto de instituições, especialmente a familiar nesse caso, que vai determinar a singularidade e a direção específica desse impulso em cada um de nós. É assim que somos construídos. Não pelo sangue ou por heranças fantasiosas que desconsideram todo efeito institucional.

No Brasil, desde o ano zero, a instituição que englobava todas as outras era a escravidão, que não existia em Portugal, a não ser de modo muito tópico e passageiro. Nossa forma de família, de economia, de política e de justiça foi toda baseada na escravidão. Mas nossa autointerpretação dominante nos vê como continuidade perfeita de uma sociedade que jamais conheceu a escravidão, a não ser de modo muito datado e localizado. Como tamanho efeito de autodesconhecimento foi possível? Não é que os criadores e discípulos do culturalismo racista nunca tenham falado de escravidão. Ao contrário, todos falam. No entanto, dizer o nome não significa compreender o conceito.

# O MUNDO QUE A ESCRAVIDÃO CRIOU

A diferença entre nome e conceito é o que separa o senso comum da ciência. Pode-se falar de escravidão e depois retirar da consciência todos os seus efeitos reais, e fazer de conta que somos continuação de uma sociedade não escravista. É como tornar secundário e invisível o que é principal e construir uma fantasia que servirá maravilhosamente não para conhecer o país e seus conflitos reais, mas sim para reproduzir todo tipo de privilégio escravista, ainda que sob condições modernas. E, com um toque satânico, demonizar o Estado como repositório da suposta herança maldita portuguesa e, sempre que ele for ocupado pela esquerda, reverberar seletivamente a acusação moralista já pronta. Vejamos mais de perto como isso foi feito e como estamos até hoje sob a égide de tamanha farsa.

Utilizarei a obra de Gilberto Freyre, o criador do culturalismo racista, contra ele mesmo para demonstrar como, a partir de suas descrições históricas, podemos ter acesso a uma interpretação muito mais verdadeira acerca de quem somos e de onde viemos. Embora Freyre tenha pavimentado o caminho para a construção de uma identidade luso-brasileira como nenhum outro, seu talento de historiador e sua genial descrição do Brasil colonial e imperial podem nos ensejar uma interpretação no caminho contrário daquela que ele mesmo engendrou.

## 2. Freyre contra ele mesmo

Quando iniciei o estudo sistemático dos grandes intérpretes brasileiros, na década de 1990, Freyre foi o primeiro ao qual me dediquei. Armado de meus 15 anos anteriores de estudo devotados a alguns dos grandes clássicos da sociologia, seus textos me pareceram frágeis em seus pressupostos e generalizações cheias de preconceitos pré-científicos. Como, aliás, a bem da verdade, a imensa maioria dos nossos clássicos, salvo pouquíssimas exceções como Florestan Fernandes. Por outro lado, suas observações pontuais quase sempre brilhantes e suas descrições e reconstruções históricas cheias de talento e atenção ao detalhe me fascinaram e me ajudaram a pensar a história e a modernização brasileira de modo novo e mais crítico.

Imaginei, então, como jovem pesquisador, um experimento: e se fosse retirada toda a síntese teórica de Freyre e todo fardo avaliativo de seus textos e se prestasse atenção tão somente à sua empiria, ou seja, às suas impecáveis reconstruções históricas e observações tópicas e pontuais? E se, além disso, fosse usado o que aprendi com os grandes clássicos para rearticular de modo teoricamente novo seu belo trabalho empírico? Esse passo foi a semente, acrescida pelos trabalhos empíricos sobre as classes sociais realizados nos anos 2000,[1] que me possibilitou, acredito, forjar

---

1 Refiro-me aos argumentos que se encontram nos meus livros *A construção social da subcidadania: uma leitura alternativa do Brasil moderno*, Rio de Janeiro: Civilização Brasileira, 2023; e *A ralé brasileira: quem é e como vive*, Rio de Janeiro: Civilização Brasileira, 2022. Ver também *Os batalhadores brasileiros: nova classe média ou nova classe trabalhadora*, Belo Horizonte: UFMG, 2010.

# A ELITE DO ATRASO

uma nova forma de pensar o Brasil, sua história e seus conflitos contemporâneos principais.

Pensemos de início naquele que foi talvez o livro mais importante e influente do Brasil no século XX: *Casa-grande & senzala*.[2] Deixaremos de lado seu objetivo principal, que foi construir um "romance da identidade nacional" brasileira, e, dado seu retumbante sucesso, construir a autocompreensão que hoje em dia todo brasileiro tem. Aqui nos interessa a leitura reprimida de *Casa-grande & senzala* que faz da escravidão sadomasoquista o ponto principal, e não o congraçamento de raças e culturas que foi o que o próprio Freyre privilegiou.

Como ele afirma nas primeiras páginas da obra, em 1532, data da organização econômica e civil do Brasil, os portugueses, que já possuíam cem anos de experiência colonizadora em regiões tropicais, assumiram o desafio de mudar a empreitada comercial e extrativista no sentido de torná-la mais permanente e estável pela atividade agrícola. Os alicerces dessa empreitada seriam, no aspecto econômico, a agricultura de monocultura baseada no trabalho escravo e, no aspecto social, a família patriarcal fundada na união do português com a mulher indígena.

Para Gilberto Freyre, em termos políticos e culturais, essa sociedade estaria fundamentada no particularismo da família patriarcal. O chefe da família e senhor de terras e escravos era autoridade absoluta nos seus domínios, obrigando até "El Rei" a compromissos, dispondo de altar dentro de casa e exército particular nos seus territórios.[3] O patriarcalismo de que nos fala Freyre tem esse sentido de apontar para a extraordinária influência da família patriarcal como alfa e ômega da organização social do Brasil colonial. Dado o caráter mais ritual e litúrgico do catolicismo português, acrescido no Brasil do elemento de dependência política e econômica do padre leigo em relação ao senhor de terras e escravos, o patriarcalismo familiar pôde desenvolver-se sem limites nem resistências materiais ou simbólicas.

---

2  Gilberto Freyre, *Casa-grande & senzala*, Lisboa: Livros do Brasil, 1957.

3  *Ibidem*, pp. 17-18.

A família patriarcal reunia em si toda a sociedade. Não só o elemento dominante, formado pelo senhor e sua família nuclear, mas também os elementos intermediários constituídos pelo enorme número de bastardos e dependentes, além da base de escravos domésticos e, na última escala da hierarquia, os escravos da lavoura. Embora todos os sistemas escravistas guardem semelhanças entre si, Freyre pensa a escravidão brasileira como uma mistura da escravidão semi-industrial das *plantations* típicas do continente americano com a escravidão familiar e sexual moura e muçulmana.

Embora muitos não saibam, a escravidão sexual, cujo epicentro eram os países muçulmanos do Norte da África, escravizou 7,5 milhões de mulheres do século VII ao século XIX. Isso sem contar os cerca de 1 milhão de eunucos para guardar os haréns.[4] Se pensarmos que a escravidão americana é estimada em 10 milhões de almas, as grandezas são comparáveis.

O dado familiar e sexual é o mais interessante, por engendrar uma forma de sociabilidade entre desiguais que mistura cordialidade, sedução, afeto, inveja, ódio reprimido e praticamente todas as nuances da emoção humana. Em *Novo mundo nos trópicos*, esse ponto é referido com toda a clareza:

> Em toda parte, fiquei impressionado pelo fato de que o parentesco sociológico entre os sistemas português e maometano de escravidão parece responsável por certas características do sistema brasileiro. Características que não são encontradas em nenhuma outra região da América onde existiu a escravidão.[5]

E mais adiante:

> Sabemos que os portugueses, apesar de intensamente cristãos – mais do que isso até, campeões da causa do cristianismo

---

4  John Ralph Willis, *Slaves and Slavery in Muslim Africa*, Londres: Frank Cass, 1985.
5  Gilberto Freyre, *Novo mundo nos trópicos*, São Paulo: Edusp, 1969, p. 180.

contra a causa do Islã –, imitaram os árabes, os mouros, os maometanos em certas técnicas e em certos costumes, assimilando deles inúmeros valores culturais. A concepção maometana da escravidão, como sistema doméstico ligado à organização da família, inclusive às atividades domésticas, sem ser decisivamente dominada por um propósito econômico-industrial, foi um dos valores mouros ou maometanos que os portugueses aplicaram à colonização predominantemente, mas não exclusivamente cristã, do Brasil.[6]

Sendo uma espécie de instituição total no Brasil, a forma peculiar da escravidão traria consigo a semente da forma social que se desenvolveria mais tarde. Qual seria essa semente? Ao se referir a uma conversa sobre o assunto com seu mestre Franz Boas, Freyre nos dá uma pista interessante para a questão:

> Quando, em 1938, falei ao meu velho professor da Universidade Columbia, o grande Franz Boas, sobre as ideias que tinha a esse respeito, ele me disse que as mesmas poderiam servir de base a nova compreensão e mesmo interpretação da situação brasileira; e que eu devia continuar minhas pesquisas relativas à conexão existente entre a cultura portuguesa e a moura – ou maometana – particularmente entre seus sistemas de escravidão. Argumentou ainda que os maometanos, árabes e mouros, durante muitos séculos, haviam sido superiores aos europeus e cristãos em seus métodos de assimilação de culturas africanas à sua civilização.[7]

---

6 *Ibidem*, p. 180.
7 *Ibidem*, p. 180.

Essa influência cultural, não obstante, parece não ter agido sozinha. Um outro fator sociológico estrutural teria agido combinadamente, qual seja: a necessidade de povoamento de tão grandes terras por um país pequeno e relativamente pouco populoso:

> Daí a forma de escravidão que os portugueses adotaram no Oriente e no Brasil ter se desenvolvido mais à maneira árabe que à maneira europeia; e haver incluído, a seu modo, a própria poligamia, a fim de aumentar-se, por esse meio maometano, a população.[8]

O tema da família aumentada é aqui a chave da especificidade que Freyre pretende construir. Para ele, essa instituição não estava ligada primeiramente à necessidade funcional e instrumental de aumentar o número de escravizados. A família polígama maometana tinha uma característica muito peculiar: bastava ao filho da ligação de árabe com mulher escravizada adotar a fé, os rituais e os costumes do seu pai para se tornar igual ao pai, socialmente falando.[9]

Sobre a versão portuguesa da aplicação desse princípio cultural, Freyre discorre:

> Os portugueses [...] assim que se estabeleceram no Brasil começaram a anexar ao seu sistema de organização agrária de economia e de família uma dissimulada imitação de poligamia, permitida pela adoção legal, por pai cristão, quando este incluía, em seu testamento, os filhos naturais, ou ilegítimos, resultantes de mães índias e também de escravas negras. Filhos que, nesses testamentos, eram socialmente iguais, ou quase iguais, aos filhos legítimos. Aliás, não raras

---

8  *Ibidem*, p. 180.
9  *Ibidem*, p. 181.

## A ELITE DO ATRASO

vezes, os filhos naturais, de cor, foram mesmo instruídos na casa-grande pelos frades ou pelos mesmos capelães que educavam a prole legítima, explicando-se assim a ascensão social de alguns desses mestiços.[10]

O ponto principal aqui é o fato de que o filho da escrava africana com o senhor europeu poderia, ou seja, existia a possibilidade real, quer ela fosse atualizada ou não, ser aceito como europeizado, no caso de aceitação da fé, dos rituais e dos costumes do pai.

Meu experimento sociológico parte dessa ideia de uma escravidão peculiar, ao mesmo tempo semi-industrial e sexual, como semente das relações de classe e de gênero no Brasil. A noção de sadomasoquismo é essencial aqui. Qualquer leitor com paciência suficiente poderia contar às dezenas as referências de Freyre a relações sadomasoquistas, seja em *Casa-grande & senzala*, seja em *Sobrados e mucambos*, ou ainda em livros como *Nordeste*. No entanto, esse esforço pode ser também seguido segundo um princípio antes sistemático do que tópico, tentando-se perceber, acima de tudo, o alcance analítico dessa noção para a empreitada interpretativa a que Freyre se propõe.

O fim do primeiro capítulo de *Casa-grande & senzala* fornece uma interessante chave explicativa social-psicológica do patriarcalismo. Esse capítulo é um esforço de síntese que abrange o período de formação e consolidação do patriarcalismo familiar brasileiro – que constitui o período histórico analisado no livro. De certa forma, dada a distância do Estado português e de suas instituições, Freyre retira da formação brasileira todas as consequências do fato de que a família é a unidade básica e interpreta o drama social da época sob a égide de um conceito psicanalítico: o de sadomasoquismo.[11]

---

10 *Ibidem*, p. 181.

11 Para Freud, tanto o sadismo quanto o masoquismo são componentes de toda relação sexual "normal", desde que permaneçam como componentes subsidiários. É apenas quando infligir ou receber a dor transforma-se em componente principal, ou seja, passa a ser o objetivo mesmo da relação, que temos o papel determinante do componente patológico.

Na construção desse conceito, ele se concentra em condicionamentos estritamente macrossociológicos, semelhantes àqueles que guiariam a reflexão de Norbert Elias (apenas seis anos mais tarde) acerca do processo civilizatório europeu na passagem da alta à baixa Idade Média. No contexto da teoria sociológica desenvolvida por Norbert Elias a partir do seu estudo clássico sobre o processo civilizador do Ocidente,[12] interessa a esse autor demonstrar a interdependência entre a forma peculiar de organização social e a forma correspondente de uma específica economia emocional do indivíduo, assim como das relações intersubjetivas que se estabelecem na sociedade.

O que Elias quer compreender, antes de tudo, é como surgiu historicamente o elemento mais importante e diferenciador do sujeito moderno como percebido por Sigmund Freud: o indivíduo que internaliza a instância da culpa moral – o superego –, tornando ociosa, na maioria dos casos, a repressão violenta e externa das pulsões internas. Esse aprendizado exige a consideração das instituições externas – que levam ao desenvolvimento do Estado moderno – que, de certa maneira, logram se representar dentro do próprio indivíduo.

Elias, não por acaso, parte da tese de que a especificidade do desenvolvimento europeu e ocidental influenciado pela Europa é precisamente a ruptura com o escravismo do mundo antigo. O argumento é que a escravidão e sua necessidade de violência explícita e permanente inibiria como desnecessário o processo interdependente de uma regulação externa da conduta que levasse à inibição interna de pulsões. Assim, para Elias, a noção de cidadania como conhecemos hoje nasce, por um lado, da internalização, em cada indivíduo, de uma instância disciplinarizadora que torna dispensável, em grande medida, a repressão externa e policial. Por outro lado, o reverso da moeda dessa instância de disciplina que se torna reflexo automático em todos nós é o aumento da sensibilidade em relação à dor e ao sofrimento, tanto o próprio quanto o alheio.

---

12 Norbert Elias, *Über den Prozeß der Zivilisation: Soziogenetische und Psychogenetische Untersuchungen*, vols. I e II, Frankfurt: Suhrkamp, 1976.

Como, nesse caso, inexiste o corte ontológico típico do escravismo entre "gente e não gente" ou "humano e sub-humano", passa a operar um mecanismo que permite generalizar esse novo tipo de sensibilidade emocional em relação ao sofrimento, quer ele seja dor e sofrimento alheio ou próprio. As garantias universais que a noção de cidadania vai proteger sob a forma de direitos individuais genéricos e intercambiáveis pressupõem esse processo de aprendizado social de uma nova sensibilidade, que passa, de modo crescente, a reagir com repulsa a qualquer forma de violência e humilhação excessiva ou gratuita. O que acontece ao outro poderia acontecer comigo, levando à possibilidade de se reviver, como próprio, o sofrimento alheio. Desenvolve-se um tipo de sensibilidade antes inexistente historicamente. A empatia com a alteridade possibilita solidariedade e compaixão, e sentimentos e emoções como remorso, vergonha e culpa passam a fazer parte de uma economia emocional de novo tipo.

Nosso desenvolvimento histórico foi diferente do europeu, portanto, não pela ação de "estoques culturais imutáveis" ou por supostas "heranças malditas", mas porque nossa sociedade foi forjada segundo relações sociais de outro tipo. Vejam o leitor e a leitora que não estamos lidando com "estoques culturais" misteriosos, que se transmitem pelo ar como a gripe e que nunca mudam, como é o caso do nosso culturalismo racista de origem pretensamente ibérica e lusitana. Ao contrário, lidamos com dinâmicas sociais que constroem padrões de comportamento concreto passíveis de mudança e de aprendizado. O aprendizado aqui é a consideração paulatina da existência das necessidade do outro, ainda que este seja hierarquicamente um "inferior social". O indivíduo europeizado e democrático moderno que hoje conhecemos é fruto desse aprendizado de levar em consideração e perceber em alguma medida a alteridade.

Para Elias, apenas na passagem da alta à baixa Idade Média, ou melhor, na passagem da sociedade de cavaleiros guerreiros para a sociedade incipientemente cortesã, temos uma primeira forma de regulação externa significativa[13] da conduta, ainda que estejamos muito longe do tipo de

---

13  Para Elias, um "ponto zero", um início absoluto, nesse tema, não existe. *Ibidem*, vol. 1, p. 75.

regulação interna exigida por uma sociedade industrial democrática moderna. A forma social anterior, no entanto, a sociedade guerreira medieval, como descrita por Elias, é em muitos aspectos semelhante à brasileira colonial como vista por Gilberto Freyre. Antes de tudo, pelo caráter autárquico do domínio senhorial condicionado pela ausência de instituições acima do senhor territorial imediato.

Uma tal organização societária, especialmente quando o domínio da classe dominante é exercido pela via direta da violência armada (como era o caso nos dois tipos de sociedade), não propicia a constituição de freios sociais ou individuais aos desejos primários de sexo, agressividade, concupiscência ou avidez. As emoções são vividas em suas reações extremas, são expressadas diretamente, e a convivência de emoções contrárias em curto intervalo de tempo – como o assassinato seguido de culpa intensa – é um fato natural.

Na dimensão social, as rivalidades entre vizinhos também tomam por completo todos os seres que se identificam em linha vertical com os respectivos senhores. Elias relata, nesse sentido, a espessa rede de intrigas, invejas, ódios e afetos contraditórios que é congênita a esse tipo de organização social.[14] O "excesso" de que nos falam muitos comentadores de Freyre é um atributo desse tipo de sociedade, portanto, e não só da brasileira colonial.

No caso da sociedade colonial brasileira, o isolamento social era ainda maior pela ausência de relações de vassalagem, as quais, ao menos em tempo de guerra, exigiam prestação de serviços e, portanto, a manutenção de um mínimo de disciplina necessário à empresa militar. Estamos lidando, no caso do escravismo brasileiro, na verdade, com um conceito limite de sociedade, onde a ausência de instituições intermediárias faz com que o elemento familístico seja seu componente principal. Daí que o drama específico dessa forma societária possa ser descrito a partir de categorias social-psicológicas cuja gênese aponta para as relações sociais ditas primárias.

---

14 *Ibidem*, vol. 1, p. 278.

# A ELITE DO ATRASO

É precisamente como uma sociedade constitutiva e estruturalmente sadomasoquista – no sentido de uma patologia social específica, em que a dor alheia, o não reconhecimento da alteridade e a perversão do prazer transformam-se em objetivo máximo das relações interpessoais – que Gilberto Freyre interpreta a semente essencial da formação brasileira. Ele percebe, claramente, que a direção dos impulsos agressivos e sexuais primários depende "em grande parte de oportunidade ou chance, isto é, de influências externas sociais. Mais do que predisposição ou perversão inata".[15]

A verdade, porém, é que nós é que fomos os sadistas; o elemento ativo na corrupção da vida de família; e moleques e mulatas, o elemento passivo. Na realidade, nem o branco nem o negro agiram por si, muito menos como raça, ou sob a ação preponderante do clima, nas relações de sexo e de classe que se desenvolveram entre senhores e escravos no Brasil. Exprimiu-se nessas relações o espírito do sistema econômico que nos dividiu, como um Deus todo-poderoso, em senhores e escravos. Dele se deriva a exagerada tendência para o sadismo característica do brasileiro, nascido e criado em casa-grande, principalmente em engenho; e à que insistentemente temos aludido neste ensaio. Imagine-se um país com os meninos armados de faca de ponta! Pois foi assim o Brasil do tempo da escravidão.[16]

Ou ainda, ao discorrer sobre a permanência dessa semente de sociabilidade nacional, mesmo depois de abolida a escravatura:

> Não há brasileiro de classe mais elevada, mesmo depois de nascido e criado, depois de oficialmente abolida a escravidão, que não se sinta aparentado do menino Brás Cubas na malvadez e no gosto de judiar com negros. Aquele mórbido deleite em ser mau com os inferiores e com os animais é bem nosso: é de todo o menino brasileiro atingido pela influência do sistema escravocrata.[17]

---

15 Gilberto Freyre, *Casa-grande & senzala, op. cit.*, p. 59.

16 *Ibidem*, p. 361.

17 *Ibidem*, p. 354.

# FREYRE CONTRA ELE MESMO

E ainda uma última citação, para não abusar da paciência do leitor e da leitora, esta de Machado de Assis, usada aqui por Freyre para esclarecer de que maneira os valores do sadomasoquismo social se transmitiam (e se transmitem até hoje) de pai para filho pelos mecanismos sutis da "educação":

> Um dia quebrei a cabeça de uma escrava, porque me negara uma colher de doce de coco que estava fazendo, e, não contente com o malefício, deitei um punhado de cinza ao tacho, e, não satisfeito da travessura, fui dizer a minha mãe que a escrava é que estragara o doce "por pirraça"; e eu tinha apenas seis anos. Prudêncio, um moleque de casa, era meu cavalo de todos os dias; punha as mãos no chão, recebia um cordel nos queixos, à guisa de freio, eu trepava-lhe ao dorso, com uma varinha na mão, fustigava-o, dava-lhe mil voltas a um e outro lado, e ele obedecia – algumas vezes gemendo –, mas obedecia sem dizer palavra, ou, quando muito, um – "ai, nhonhô!" – ao que eu retorquia. – cala a boca, besta!" – Esconder os chapéus das visitas, deitar rabos de papel a pessoas graves, puxar pelo rabicho das cabeleiras, dar beliscões nos braços das matronas, e outras muitas façanhas deste jaez, eram mostras de um gênio indócil, mas devo crer que eram também expressões de um espírito robusto, porque meu pai tinha-me em grande admiração; e se às vezes me repreendia, à vista de gente, fazia-o por simples formalidade: em particular dava-me beijos.[18]

Para Gilberto Freyre, a explicação sociológica para a origem desse "pecado original" da formação social brasileira exige a consideração da necessidade objetiva de um pequeno país como Portugal solucionar o problema de

---

18 Machado de Assis *apud* Gilberto Freyre, *Casa-grande & senzala, op. cit.*, p. 361. Ver também Machado de Assis, *Memórias póstumas de Brás Cubas*, in: *Obra completa*, vol.1, Rio de Janeiro: Nova Aguillar, 1992, pp. 526-528.

# A ELITE DO ATRASO

como colonizar terras gigantescas: pela delegação da tarefa a particulares, antes estimulando do que coibindo o privatismo, o mandonismo e a ânsia de posse. Para o autor, é de fundamental importância para a compreensão da singularidade cultural brasileira a influência continuada e marcante dessa semente original.

Os teóricos da primeira fase da Escola de Frankfurt,[19] também na mesma década de 1930, procuravam, com a ajuda do mesmo conceito de sadomasoquismo, explicar a ascensão do nazismo em um contexto onde a obediência acrítica em relação aos estratos superiores possuía uma conexão estrutural com o despotismo em relação aos grupos mais passíveis de estigmatização. Para os frankfurtianos, o dado original era uma sociedade fortemente hierárquica. Gilberto Freyre, ao contrário, enfatiza o elemento personalista.

Patriarcalismo, para ele, tem a ver com o fato de que não existem limites à autoridade pessoal do senhor de terras e escravos. Não existe justiça superior a ele, como em Portugal era o caso da justiça da Igreja, que decidia, em última instância, querelas seculares. Não existia também poder policial independente que lhe pudesse exigir cumprimentos de contrato, como no caso das dívidas impagáveis de que fala Freyre. Não existia ainda, por último, mas não menos importante, poder moral independente, posto que a capela era uma mera extensão da casa-grande.

Sem dúvida, a sociedade cultural e racialmente híbrida de que nos fala Freyre não significa de modo algum igualdade entre as culturas e "raças". Houve domínio e subordinação sistemática. Melhor – ou pior, no caso –, houve perversão do domínio no conceito limite do sadismo. Nada mais longe de um conceito idílico ou róseo de sociedade. Foi sádica a relação do homem português com as mulheres nativas e negras. Era sádica a relação do senhor com suas próprias mulheres brancas, as

---

19 Ver especialmente a contribuição de Erich Fromm, no contexto dos estudos realizados na década de 1930, em Max Horkheimer *et al.*, *Studien Über Autorität und Familie*, Hanôver: Dietrich zu Klampen, 1987.

bonecas para reprodução e sexo unilateral de que nos fala Freyre.[20] Era sádica, finalmente, a relação do senhor com os próprios filhos, os seres que mais sofriam e apanhavam depois dos escravizados.

O senhor de terras e de escravizados era um hiperindivíduo, não o super-homem futurista nietzscheano que obedece aos próprios valores que cria, mas o super-homem do passado, o bárbaro sem qualquer noção internalizada de limites em relação a seus impulsos primários. As condições socioeconômicas específicas ajudam a compreender o caráter despótico e segregador do patriarcalismo como umbilicalmente ligado à proximidade e à intimidade, especialmente de caráter sexual e familiar. O próprio conceito de sadomasoquismo implica proximidade e alguma forma de intimidade. Intimidade do corpo e distância do espírito, sem dúvida, mas de qualquer modo proximidade. E, efetivamente, grande parte da relação entre senhores brancos e escravos negros se realizava sob essa forma de contato íntimo.

Como a participação no manto protetor paterno depende da discrição e do arbítrio deste último, todas as modalidades de protetorado pessoal são possíveis. O leque de possibilidades vai desde o reconhecimento privilegiado de filhos ilegítimos ou naturais em desfavor dos filhos legítimos, como nos exemplifica Freyre em numerosos casos de divisão de herança, até a total negação da responsabilidade paterna nos casos dos pais que vendiam os filhos ilegítimos. A proteção patriarcal é, portanto, pessoalíssima, sendo uma extensão da vontade e das inclinações emocionais do patriarca.

Interessante é o passo imediatamente posterior, ou seja, a transformação da dependência pessoal em relação ao patriarca em familismo. Como sistema, o familismo tende a instaurar alguma forma de bilateralidade, ainda que incipiente e instável, entre favor e proteção, não só entre o pai e seus dependentes, mas também entre famílias diferentes, criando um sistema complexo de alianças e rivalidades.

---

20 Gilberto Freyre, *Casa-grande & senzala, op. cit.*, pp. 60, 326 e 332.

No tipo de sociedade analisado em *Casa-grande & senzala*, o patriarcalismo familial se apresenta em forma praticamente pura, com o vértice da hierarquia social ocupado pela figura do patriarca. A especificidade do caso brasileiro é representada pela possibilidade (influência maometana para Freyre) sempre incerta, mas real, de identificação do patriarca com seus filhos ilegítimos ou naturais com escravos ou nativos. A ênfase norte-americana na pureza da origem, por exemplo, retirava de início essa possibilidade.

O peso do elemento tradicional – ou seja, o conjunto de regras e costumes que com o decorrer do tempo vão se consolidando em uma espécie de direito consuetudinário regulando as relações de dependência e que serve de limitação ao arbítrio do patriarca – parece, no entanto, ter sido, no caso brasileiro, reduzido ao mínimo. Daí a ênfase no elemento sadomasoquista em Gilberto Freyre. O maior isolamento e consequente aumento do componente autárquico de cada sistema casa-grande e senzala pode aqui ter sido o elemento principal. A ausência de limitações externas de qualquer tipo engendra relações sociais em que as inclinações emotivas da pessoa do patriarca desempenham o papel principal.

Esse ponto não me parece um aspecto isolado ou pitoresco da reflexão gilbertiana. Ao contrário, ele dá conta da singularidade de nossa formação social e cultural sem que os temas dominantes do culturalismo racista – como continuidade com Portugal, corrupção como doença cultural sem remédio etc. – sejam sequer mencionados.

São relações sociais e instituições concretas que produzem a semente social do Brasil que herdamos sob forma modificada até hoje. O sadismo transformado em mandonismo, como Freyre irá analisar em *Sobrados e mucambos,*[21] que sai da esfera privada e invade a esfera pública, inaugurando uma dialética profundamente brasileira de privatização do público pelos poderosos, é o exato contrário da balela da cantilena do patrimonialismo. Afinal, no patrimonialismo de Raymundo Faoro e Sérgio Buarque,

---

21 Gilberto Freyre, *Sobrados e mucambos*, Rio de Janeiro: Record, 1990.

## FREYRE CONTRA ELE MESMO

a elite vampiresca e má está no Estado, tornando literalmente invisível o mandonismo real, primeiro dos proprietários rurais e depois dos urbanos. As consequências política e social dessas tiranias privadas, quando se transmitem da esfera da família e da atividade sexual para a esfera pública das relações políticas e sociais, tornam-se evidentes na dialética de mandonismo e autoritarismo de um lado – mais precisamente no lado das elites – e abandono e desprezo das massas por outro. Dialética essa que iria, mais tarde, assumir formas múltiplas e mais concretas nas oposições entre doutores e analfabetos, grupos e classes mais europeizadas e as massas ameríndia e africana, e assim por diante.

Do ponto de vista do patriarca, existe, também, uma série de motivos racionais para aumentar na maior medida possível seu raio de influência por meio da família poligâmica. Existe toda uma gama de funções de confiança, no controle do trabalho e na caça a escravizados fugidos, além de serviços militares em brigas por limites de terra etc. que seriam mais bem exercidas por membros da família ampliada do patriarca. E aqui já temos uma primeira versão da ambígua confraternização entre raças e culturas distintas que a família ampliada patriarcal ensejava. Enquanto esse tipo de serviço de controle e guarda era exercido nos Estados Unidos exclusivamente por brancos, no Brasil havia predomínio de mestiços.[22] Nota-se, desde aí, a ambiguidade da possibilidade de ascensão social para os mestiços no familismo patriarcal em troca de identificação com os valores e interesses do opressor.

É certamente possível se escrever toda uma sociologia do agregado no Brasil, um tema fundamental inclusive na literatura machadiana. Se pensarmos na passagem das formas pessoais que o agregado assume desde o contexto da família ampliada do patriarca às formas impessoais que se desenvolvem historicamente, podemos lograr reconstruir a genealogia das classes médias entre nós. Já no contexto da incipiente urbanização e

---

22 Carl Degler, *Neither Black nor White: Slavery and Race Relations in Brazil and United States*, Madison: Wisconsin University Press, 1971, p. 84.

# A ELITE DO ATRASO

modernização do século XIX, em algumas grandes cidades, temos um passo importante nesse processo que se consolida com a formação de uma classe média moderna e diferenciada no século XX. Sua função de capataz da elite, no entanto, é preservada em algumas frações modernizadas. As frações mais conservadoras assumirão, como função sua, por exemplo, a manutenção da distância social em relação aos setores populares.

Além dos motivos econômicos e políticos que favoreciam o familismo patriarcal rural brasileiro, tínhamos ainda uma interessante forma religiosa também familial. O componente mágico, da proximidade entre o sagrado e o profano, constitutivo de toda espécie de catolicismo, foi levado aqui a seu extremo. Havia impressionante familiaridade entre os santos e os homens, cumprindo aqueles, inclusive, funções práticas dentro da ordem doméstica e familiar. Nesse contexto, mais importante ainda é que o culto aos santos se confundia também com o culto aos antepassados, conferindo ao familismo como sistema uma base simbólica e religiosa própria.

A família era o mundo e até, em grande medida, o além-mundo. Além da base econômica e política material, o catolicismo familial[23] lançava os fundamentos de uma base imaterial e simbólica referida às suas próprias necessidades de interpretar o mundo a partir de seu ponto de vista tópico e local. Acredito que o patriarcalismo familial rural e escravocrata para Freyre envolvia a definição de uma instituição total, no sentido de um conjunto articulado em que as diversas necessidades ou dimensões da vida social encontravam uma referência complementar e interdependente.

O componente sadomasoquista era constitutivo na medida em que inclinações pessoais do patriarca (ou de seus representantes), com um mínimo de limitações externas materiais ou simbólicas, decidiam em última instância sobre a amplitude do núcleo familiar e como, a quem e em que proporção seriam distribuídos seu favor e proteção. A construção de um elemento que se oponha ao privatismo e ao mandonismo sadista

---

23 Gilberto Freyre, *Casa-grande & senzala*, *op. cit.*, pp. 34, 153, 222 e 223.

não é contemplada em *Casa-grande & senzala* e exige a consideração de outra obra fundamental de Gilberto Freyre, que é *Sobrados e mucambos.*

O próprio Freyre não interpreta *Sobrados e mucambos* de modo distinto de *Casa-grande & senzala.* Para ele, existe uma linha de continuidade na herança lusitana que se transforma em luso-brasileira. Mas não é apenas Freyre que não percebe a novidade que ele próprio produz. *Sobrados e mucambos* é utilizado pelo antropólogo conservador Roberto DaMatta para criar suas oposições fictícias entre casa e rua, por exemplo, e modernizar o culturalismo racista para os dias de hoje.[24] Isso acontece embora sua leitura, a partir de olhos sociologicamente treinados, preste-se para fundamentar precisamente a tese contrária.

---

24 Ver Jessé Souza, *Brasil dos humilhados: uma denúncia da ideologia elitista*, Rio de Janeiro: Civilização Brasileira, 2022.

# 3. *Sobrados e mucambos* ou o campo na cidade

O que Gilberto Freyre reconstrói em *Sobrados e mucambos* é o início do Brasil moderno, ou seja, o país que, a partir de 1808, passa a ser o centro do império português e se abre comercialmente à Europa. *Sobrados e mucambos* reflete o embate entre a lógica sadomasoquista do mandonismo escravocrata e a chegada, ainda que incipiente, das duas instituições mais importantes das sociedades modernas: o mercado capitalista competitivo e o Estado burocrático centralizado.

O culturalismo racista nunca percebeu ou compreendeu esse fato fundamental. Para todos os clássicos dessa falsa teoria, até hoje dominante entre nós, essa modernização de "fora para dentro" foi sempre cosmética e superficial, como Sérgio Buarque repetiu insistentemente. Para Raymundo Faoro, do mesmo modo, ela foi, como sempre, "vinho novo em odres velhos", já que apenas a continuidade de um suposto patrimonialismo atávico era a força efetiva e atuante. Já para o próprio Freyre essa mudança era, também como sempre, a expressão continuada da cultura luso-brasileira que ele achava, ao contrário de Sérgio Buarque e Raymundo Faoro, digna de defesa.

Por mais incipiente que tenha sido a influência de instituições como o capitalismo comercial e o Estado centralizado, ainda assim elas criam uma lógica social nova, que tem muito a ver com a que vivemos ainda

# A ELITE DO ATRASO

hoje. Toda a questão do familismo se complexifica enormemente em *Sobrados e mucambos*, ou seja, na passagem do patriarcalismo rural para o urbano. A decadência do patriarcado rural está ligada diretamente à ascendência da cultura citadina no Brasil.

Esse processo, que a vinda da família real portuguesa ao Brasil veio consolidar, já estava prenunciado na descoberta das minas, na presença de algumas cidades coloniais de expressão, na necessidade de maior vigilância sobre a riqueza recém-descoberta e no maior controle, a partir de então, sobre o familismo e o mandonismo privado. Exemplo típico e sintomático da passagem do poder do campo para as cidades é o caso das dívidas dos patriarcas rurais, antes incobráveis, a partir de então sendo pagas sob força policial. Tão importante quanto a mudança do centro economicamente dinâmico do Nordeste para o Sudeste foi a transformação social de largas proporções, implicando novos hábitos, novos papéis sociais, novas profissões e, ao fim e ao cabo, a construção de uma nova hierarquia social.

Fundamental para a constituição desse quadro de renovação é que as mudanças políticas, consubstanciadas na nova forma do Estado, e as mudanças econômicas, materializadas na introdução da máquina e na constituição de um incipiente mercado capitalista-comercial, foram acompanhadas também de mudanças ideológicas e morais importantes. Com a maior urbanização, a hierarquia social passa a ser marcada pela oposição entre os valores europeus burgueses e os valores antieuropeus do interior, ressaltando no país uma antinomia valorativa com repercussões que nos atingem ainda hoje. Esses valores europeus, como o individualismo, a proteção legal dos indivíduos, um incipiente reconhecimento dos direitos das mulheres e dos filhos, foram adquirindo concretude com a constituição de um Estado incipiente a partir da vinda da família real. Milhares de burocratas e servidores do rei, um terço do erário português, máquinas de impressão e novas práticas de controle estatal acompanham esse verdadeiro Estado transplantado.

O familismo do patriarcalismo rural debate-se, pela primeira vez, com valores universalizantes. Esses valores universais e essas ideias burguesas

## SOBRADOS E MUCAMBOS OU O CAMPO NA CIDADE

entram no Brasil do século XIX do mesmo modo como haviam se propagado na Europa do século anterior: na esteira da troca de mercadorias.[1] Esse ponto é absolutamente fundamental para uma compreensão adequada de todas as consequências do argumento de Gilberto Freyre nesse livro original e importante. A crítica geralmente releva o aspecto da mudança comportamental da influência europeizante (não ibérica e até anti-ibérica) no sentido de apontar para as novas modas de vestir, de falar, de se comportar publicamente etc. É como se os brasileiros tivessem passado a consumir pão e cerveja como os ingleses, consumir a alta-costura de Paris e "civilizar-se" em termos de maneiras e comportamento observável.

Esse novo comportamento é visto, quase sempre, como possuidor de alguma dose de afetação e superficialidade, conferindo substância para a expressão, ainda hoje muito corrente no Brasil para designar comportamentos exteriores, superficiais, para "causar impressão", que é o dito popular "para inglês ver". Essa leitura do processo de modernização brasileiro como um processo inautêntico, tendo algo de epidérmico e pouco profundo, é certamente uma das bases do nosso culturalismo racista. Essa leitura defende que nossa modernização nunca foi para valer, que sempre foi tudo "vinho novo em odres velhos", para lembrar mais uma vez esse dizer de Raymundo Faoro.

Em *Sobrados e mucambos*, Gilberto Freyre percebe a reeuropeização do Brasil do século XIX como um processo que tinha certamente elementos meramente imitativos do tipo para "inglês ver", elementos típicos em qualquer sociedade em processo de transição, aliás. Fundamental, no entanto, é que existiam também elementos importantes de real assimilação e aprendizado cultural. Mais importante ainda é a construção, nesse período, de instituições fundamentais, como um Estado e um mercado incipientes, base sobre a qual se poderiam desenvolver, com autonomia, os novos valores universalistas e individualistas. Ainda que esses novos

---

1 Esse processo, no caso europeu, é analisado admiravelmente em Jürgen Habermas, *Die Strukturwandel der Öffentlichkeit*, Berlim: Luchterhand, 1975.

padrões de comportamento e valores não tenham se generalizado para a base da sociedade – o que iria formar o verdadeiro apartheid do Brasil moderno –, sua entrada, mesmo que seletiva e segmentada no país, tem que ser compreendida em toda a sua dimensão.

O embate valorativo entre os dois sistemas é a marca do Brasil moderno, cuja genealogia Freyre traça em *Sobrados e mucambos* com maestria. Nesse novo contexto urbano, o patriarca deixa de ser referência absoluta. Ele próprio tem que se curvar a um sistema de valores com regras próprias e aplicáveis a todos, inclusive à antiga elite social. O sistema social passa a ser regido por um código valorativo crescentemente impessoal e abstrato. A opressão tende a ser exercida agora cada vez menos por senhores contra escravos, e cada vez mais por portadores de valores europeus, sejam eles de qualquer cor – efetivamente assimilados ou simplesmente imitados –, contra pobres, africanos e índios.

A época de transição do poder político, econômico e cultural do campo para a cidade foi também, em vários sentidos, a época do campo na cidade. De início, o privatismo e o personalismo rural foram transpostos para a cidade tal qual eram exercidos no campo. A metáfora da casa e da rua em Freyre assim o atesta. O sobrado, a casa do senhor rural na cidade, é uma espécie de prolongamento material da sua personalidade. Sua relação com a rua, essa espécie arquetípica e primitiva de espaço público, é de desprezo. A rua é o lixo da casa, representa o perigo, o escuro, é simplesmente a não casa, uma ausência. O sadomasoquismo social muda de "habitação". Seu conteúdo, no entanto, aquilo que o determina como conceito para Gilberto Freyre, ou seja, o seu visceral não reconhecimento da alteridade, permanece.

A passagem do sistema casa-grande e senzala para o sistema sobrado e mocambo fragmenta, estilhaça em mil pedaços uma unidade antes orgânica – antagonismos em equilíbrio, como prefere Freyre. Esses fragmentos espalham-se agora por toda parte, completando-se mal e acentuando conflitos e oposições. Da casa-grande e senzala, passando por sobrados e mucambos até hoje em dia, com bairros e condomínios burgueses e

## SOBRADOS E MUCAMBOS OU O CAMPO NA CIDADE

favelas, as acomodações e complementaridades ficam cada vez mais raras. De início, a cidade não representou mais do que o prolongamento da desbragada incúria dos interesses públicos em favor dos particulares poderosos. O abastecimento de víveres, por exemplo, foi um problema especialmente delicado, sendo permitido, inclusive, o controle abusivo dos proprietários até sobre as praias e os viveiros de peixes que nelas se encontravam, sendo estes vendidos depois a preços oligopolísticos.[2] Nada muito diferente do que acontece hoje em dia, embora nada disso seja visto como corrupção dos poderosos que controlam o mercado.

Desse modo, a urbanização representou uma piora nas condições de vida dos negros livres e de muitos mestiços pobres das cidades. O nível de vida caiu, a comida ficou pior e a casa também. Seu abandono os tornou, então, perigosos, criminosos, maconheiros, capoeiras etc. Os sobrados senhoris, também nenhuma obra-prima em termos de condições de moradia, por serem escuros e anti-higiênicos, tornaram-se com o tempo prisões defensivas do perigo da rua, dos moleques, dos capoeiras etc. Uma lógica de convivência naturalizada com a desigualdade social que também veio para ficar, como bem sabemos, hoje em dia, na sociedade dos condomínios fechados.

A urbanização, no entanto, também representou uma mudança lenta, mas fundamental na forma do exercício do poder patriarcal: ele deixa de ser familiar e abstrai-se da figura do patriarca, passando a assumir formas impessoais. Uma dessas formas impessoais é a estatal, que passa, por meio da figura do imperador, a representar uma espécie de pai de todos, especialmente dos mais ricos e dos enriquecidos na cidade, como os comerciantes e financistas. O Estado, ao mesmo tempo, mina o poder pessoal pelo alto, penetrando na própria casa do senhor, roubando-lhe os filhos e transformando-os em seus rivais. É que as novas necessidades estatais por mão de obra especializada, como burocratas, juízes, fiscais, juristas etc., todos indispensáveis para as novas funções do Estado, podiam ser mais bem exercidas pelo conhecimento que os jovens adquiriam

---

2  Gilberto Freyre, *Sobrados e mucambos*, Rio de Janeiro: Record, 1990, pp. 171-177.

# A ELITE DO ATRASO

na escola, especialmente se essa fosse europeia, o que lhes conferia ainda mais prestígio.

Com isso, o velho conhecimento baseado na experiência, típico das gerações mais velhas, foi rapidamente desvalorizado, num processo que, por seu exagero, é típico de épocas de transição como aquela. D. Pedro II é uma figura emblemática nesse processo. Sendo ele próprio um imperador jovem, cercou-se de seus iguais, ajudando a criar o que Joaquim Nabuco chamaria de "neocracia".[3]

Também a relação entre os sexos mudou. A urbanização mitiga o excesso de arbítrio do patriarca ao retirar as precondições sob a influência das quais ele exercia seu poder ilimitado. O médico de família, por exemplo, insere no lar doméstico uma influência incontrolável pelo patriarca. É ele que vai substituir o confessor. O teatro, o baile de máscaras, as novas modas de vestir e os romances se tornam mais importantes que a Igreja. Um novo mundo se abre para as mulheres, apesar de o sexismo ter sido, para Freyre, o nosso preconceito mais persistente.

De qualquer modo, essas mudanças representam transformações importantes, porém limitadas, da autoridade patriarcal. Ele é obrigado a conter-se em sua própria casa, mas a real mudança estrutural e democrática ainda estava por vir. Em *Sobrados e mucambos*, essa mudança recebe o nome de reeuropeização, ou até, dado o caráter difusamente "oriental" da sociedade colonial brasileira, de europeização do Brasil.

Impacto verdadeiramente democratizante parece ter sido o advento mais ou menos simultâneo do mercado e da constituição de um aparelho estatal autônomo, com todas as suas consequências sociais e culturais. A reeuropeização teve um caráter de reconquista, no sentido da revalorização de elementos ocidentais e individualistas em nossa cultura por meio da influência de uma Europa agora já francamente burguesa, nos exemplos da França, Alemanha, Itália e, especialmente, da grande potência imperial e industrial da época, terra natal do individualismo protestante, a Inglaterra.

---

3 *Ibidem*, p. 88.

## SOBRADOS E MUCAMBOS OU O CAMPO NA CIDADE

Tal processo realizou-se como uma grande revolução de cima para baixo, envolvendo todos os estratos sociais, mudando a posição e o prestígio relativo de cada um desses grupos e acrescentando novos elementos de diferenciação. São esses novos valores burgueses e individualistas que vão se tornar o núcleo da ideia de modernidade e de europeidade enquanto princípio ideologicamente hegemônico da sociedade brasileira a partir de então. No estilo de vida, e aí Gilberto Freyre chama atenção para a influência decisiva dos interesses comerciais e industriais do imperialismo inglês, mudaram-se hábitos, a arquitetura das casas, o jeito de vestir, as cores da moda, algumas vezes com o exagero do uso de tecidos grossos e impróprios ao clima tropical. Bebia-se agora cerveja e comia-se pão como um inglês, e tudo que era português ou oriental transformou-se em sinal de mau gosto.[4] O caráter absoluto dessas novas distinções tornou o brasileiro de então presa fácil da esperteza, especialmente francesa no relato de Freyre, de vender gato por lebre.

Para além das mudanças econômicas, houve as culturais e políticas, com o advento das novas ideias liberais e individualistas, que logo conquistaram setores da imprensa e as tribunas parlamentares. No entanto, nenhuma dessas mudanças importantes teve o impacto da entrada em cena no nosso país do elemento burguês democratizante por excelência: o conhecimento e, com ele, a valorização do talento individual, que tanto o novo mercado, em busca de artífices especializados, quanto as novas funções estatais exigiam.

No âmbito do mercado, foi fundamental a introdução da máquina, que, como de resto sabia Karl Marx, não é mais do que conhecimento materializado. Freyre está perfeitamente consciente da enorme repercussão social dessa inovação técnica.[5] A máquina veio desvalorizar a base mesma da sociedade patriarcal, menosprezando o trabalho muscular e desqualificado do escravo, diminuindo tanto a importância relativa do

---

4 *Ibidem*, p. 336.
5 *Ibidem*, pp. 489-508.

## A ELITE DO ATRASO

senhor quanto do escravo, agindo como principal elemento dissolvente da sociedade e da cultura patriarcais.

Ao desvalorizar as duas posições sociais polares que marcam a sociedade escravocrata, a máquina vinha valorizar, por conta disso, precisamente aquele elemento médio, que sempre havia composto uma espécie de estrato intermediário na antiga sociedade, que, não sendo nem senhor nem exatamente um escravo, era um "deslocado", um sem-lugar, portanto.

A gênese social desse elemento remonta àquela intimidade sexual e cultural entre as diversas raças e culturas, especialmente a portuguesa e a africana, que predominavam no sistema casa-grande e senzala. Aqui encontramos uma primeira forma de lugar social para aquele elemento gestado na família patriarcal ampliada e poligâmica. Será, precisamente, a partir dessas modificações sociais estruturais que teremos a construção da categoria social do mulato, ou da "válvula de escape do mulato", como prefere Carl Degler.[6]

O enorme número de mestiços e filhos ilegítimos de senhores e padres, indivíduos de status intermediários, quase sempre assumindo as funções de agregados da família – de qualquer modo quase sempre mais ou menos deslocados no mundo de posições polares como são as de senhor e escravo –, encontra, agora, uma possibilidade nova de ascensão e mobilidade social. A mudança social implicada pelo deslocamento do campo para a cidade abre, portanto, oportunidades antes imprevistas para esse estrato.

Esses indivíduos, em sua maioria mestiços, sem outra fonte de riqueza que não sua habilidade e disposição de aprender os novos ofícios mecânicos, quase sempre como aprendizes de mestres e artesãos europeus, passaram a formar o elemento mais tipicamente burguês daquela sociedade em mudança: o elemento médio, sob a forma de uma meia-raça. Alguns desses mestiços, como o próprio Machado de Assis, passam a se aventurar no capital cultural mais valorizado ainda, não só o conhecimento do trabalhador mais qualificado de funções mecânicas repetitivas, mas do alto capital literário, a própria incorporação do "espírito" enquanto tal.

---

6 Carl Degler, *Neither Black nor White: Slavery and Race Relations in Brazil and United States*, Madison: Wisconsin University Press, 1971, pp. 205-265.

## SOBRADOS E MUCAMBOS OU O CAMPO NA CIDADE

Em vez apenas dos apanágios exteriores de raça, dentro da complexa ritualística que, como consequência da maior proximidade social entre os diversos estratos sociais que a urbanização enseja, instaura-se no país nessa época – como a forma da vestimenta, a comida, o modo de transporte, o jeito de andar, o tipo de sapato etc. –, temos, a partir de então, um elemento diferenciador novo. Esse elemento é revolucionário no melhor sentido burguês do termo, posto que interno e não externo, sendo antes uma substância e um conteúdo do que uma aparência, mais ligado, portanto, a qualidades e talentos pessoais que a privilégios herdados.

O conhecimento, a perícia, passa a ser o novo elemento a contar de forma crescente na definição da nova hierarquia social. Nesse sentido, ele serve de base para a introdução de um elemento efetivamente democratizante, pondo de ponta-cabeça e redefinindo revolucionariamente a questão do status inicial para as oportunidades de mobilidade social na nova sociedade. Uma "democratização" que tinha como suporte, ainda, o mulato habilidoso. Um pouco mais tarde, principalmente em São Paulo e no Sul do país, esse elemento seria representado com ainda mais sucesso pelo imigrante europeu, antes de tudo o italiano.

Do lado do mercado, essas transformações se operam segundo uma lógica de "baixo para cima", ou seja, pela ascensão social de elementos novos em funções manuais, as quais, sendo o interdito social absoluto em todas as sociedades escravocratas, não eram percebidas pelos brancos como dignificantes. Com o enriquecimento paulatino, no entanto, de mulatos aprendizes, artífices e imigrantes – nessa época especialmente portugueses, como caixeiros e comerciantes –, as rivalidades e os preconceitos tenderam a aumentar proporcionalmente.

O outro caminho de ascensão social do mulato, do mulato bacharel para Freyre, de cultura superior e, portanto, mais aristocrático do que o mulato artesão, é o símbolo de uma modernização que se operou não apenas de fora para dentro e de baixo para cima, mas também de cima para baixo. O mestiço bacharel constitui uma nobreza associada às funções do Estado e de um tipo de cultura mais retórico e humanista do que a cultura mais técnica e pragmática do mestiço artesão. O Estado, portanto, e não apenas o mercado como semente de uma incipiente sociedade civil, foi também um lócus importante dessa nova modernidade híbrida, já burguesa, mas ainda patriarcal. Se bem que de um patriarcalismo já sublimado e mais abstrato e impessoal na figura do imperador pai de todos, já mais afastado, no entanto, do patriarcalismo familístico todo-dominante na colônia.

Podemos perceber aqui a semente da formação de uma classe decisiva para a construção do Brasil moderno: a classe média, cujo privilégio irá se concentrar na reprodução social do capital cultural valorizado. A formação incipiente dessa classe no século XIX já aponta para um mecanismo de distinção social que só se tornaria mais importante com o tempo: a distinção em relação aos de baixo. Desse modo, o processo de incorporação do mestiço à nova sociedade foi paralelo ao processo de proletarização e demonização do negro. Tanto o escravo quanto o pária dos mocambos nas cidades eram o elemento em relação ao qual todos queriam se distinguir.

Note o leitor que aqui já temos também a pré-história daquela classe que chamo provocativamente de "ralé brasileira", para denunciar seu abandono. A única diferença hoje em dia é que essa classe é composta por negros e mestiços de todas as cores, mostrando que a antiga "raça condenada" se transforma em "classe condenada".[7] Mas a sua função social continua a mesma. Ela serve às classes incluídas como mecanismo de distinção em duas frentes: uma simbólica, para provocar o prazer da "superioridade" e do mando; e outra material e pragmática, no sentido de criar uma classe sem futuro que pode, portanto, ser explorada a preço vil.

A enorme importância da vestimenta nessa época tinha agora fins de diferenciação social, que antes sequer necessitava de externalização. O elemento capaz de ascensão, portanto, era o mulato ou o mestiço em geral,

---

7 Ver, mais adiante, a discussão sobre classe social e como essa classe singular é construída.

## SOBRADOS E MUCAMBOS OU O CAMPO NA CIDADE

o semi-integrado, o agregado e todas as figuras intermediárias da sociedade. A própria ênfase na distinção do traje ou a violência das humilhações públicas contra os mestiços que usavam casaca ou luva já demonstram, como uma consequência mesma do acirramento das contradições a partir da competição com indivíduos brancos antes seguros de sua posição,[8] a possibilidade real de ascensão e a contradição entre elementos constitutivos do sistema: um segregador, que exclui classes sociais inteiras, e outro inclusivo, que funciona individualmente.

Nada muito diferente de nossos dias nesse particular. O ódio ao pobre hoje em dia é a continuação do ódio devotado ao escravizado de antes. Quando as classes médias indignadas saíram às ruas a partir de junho de 2013, não foi, certamente, pela corrupção do Partido dos Trabalhadores (PT), já que os revoltados ficaram em casa quando a corrupção dos partidos da elite veio à tona. Por que a corrupção do PT provocou tanto ódio e a corrupção de partidos elitistas é encarada com tanta naturalidade? É que o ódio ao PT, na realidade, foi o ódio devotado ao único partido que diminuiu as distâncias sociais entre as classes no Brasil moderno. A corrupção foi, portanto, o mero pretexto para permitir a expressão socialmente aceitável do sadismo contra os pobres, o covarde ódio de classe que é o verdadeiro DNA da sociedade brasileira.[9] Não houve, portanto, nos últimos 150 anos, um efetivo aprendizado social e moral em direção a uma sociedade inclusiva entre nós.

Mas voltemos ao berço do Brasil que conhecemos hoje, que é o século XIX. Fundamental para a compreensão do argumento de Freyre, vale a pena repetir, é que o componente externo, burguês, da revalorização do trabalho manual e da habilidade pessoal, produto do processo de reeuropeização, é apenas parte do processo de constituição de uma sociedade que se moderniza e segrega. As chances de ascensão social do mestiço já estavam assim prefiguradas pelo costume de dividir as heranças entre

---

8 Gilberto Freyre, *Sobrados e mucambos*, op. cit., p. 399.
9 Jessé Souza, *A herança do golpe*, Rio de Janeiro: Civilização Brasileira, 2022.

# A ELITE DO ATRASO

filhos ilegítimos, ou seja, mestiços de alguns senhores, problema que deve ter atingido proporções razoáveis para estimular escritos e reclamações contrárias à prática por ser supostamente fragmentadora da riqueza acumulada, como nos conta Freyre em *Casa-grande & senzala*. São também sintomáticas a proximidade e a intimidade afetiva entre o senhor e suas concubinas, assim como os sentimentos filiais entre filhos de senhores e amas negras – em resumo, todas as formas de extensão em linha vertical de vínculos afetivos e privilégios familiares e de classe a agregados, no sentido amplo do termo, da família patriarcal.

Freyre percebia que os lugares sociais do patriarcalismo sempre foram funcionais e não essencialistas. Isso permitia que a função masculina do patriarca pudesse ser exercida por uma mulher, a qual obviamente continuava biologicamente mulher, mas se tornava socialmente ou funcionalmente homem/patriarca. Assim, do mesmo modo, os afilhados ou sobrinhos, como eram chamados os filhos ilegítimos de senhores de terra e padres, poderiam tornar-se socialmente filhos, herdando a riqueza paterna, ou mesmo substituindo o pai na atividade produtiva. O mesmo traço sistêmico fazia o mestiço transformar-se socialmente em branco, ou seja, com permissão para ocupar posições sociais que, num sistema escravocrata, são privilégio de brancos.[10] Forma-se, na realidade, uma versão brasileira do "dividir para dominar". Separar os mestiços dos negros e torná-los servis aos brancos possibilita a estigmatização e superexploração do negro de todas as formas imagináveis. A construção do pacto antipopular que hoje vivenciamos entre a elite e a classe média já estava prefigurada nesse arranjo.

Quando a modernidade europeia chega ao Brasil de navio, na esteira da troca de mercadorias, seus valores não são uma mera mercadoria de consumo. Afinal, seriam esses valores que presidiriam a institucionalização incipiente de formas extremamente eficazes de condução da vida

---

10 Gilberto Freyre, *Sobrados e mucambos*, *op. cit.*, p. 366.

## SOBRADOS E MUCAMBOS OU O CAMPO NA CIDADE

cotidiana: o Estado e o mercado capitalistas.[11] Estado e mercado pressupõem uma revolução social, econômica, valorativa e moral de grandes proporções. Os papéis sociais se modificam radicalmente. O que antes era aceito como determinante dos papéis sociais de mulher, homem, filho e pai se transforma, como Freyre mostra com maestria. A noção de tempo, a condução da vida cotidiana, a economia afetiva necessária para o aprendizado dos novos ofícios e profissões são completamente diferentes daquilo que imperava anteriormente. O que é tido como bonito, como bom, como legítimo de ser perseguido na vida, enfim, a noção de sucesso e de "boa vida", muda radicalmente. Muda, enfim, a configuração valorativa da sociedade como um todo.

É esse contexto revolucionário, no sentido mais profundo do termo, por se referir a mudanças nos corações e mentes das pessoas, que Freyre nos expõe com talento singular em *Sobrados e mucambos*. Essas mudanças foram amparadas por transformações institucionais que garantiam, por meio do mecanismo peculiar de prêmios e punições típicos da eficácia institucional, a reprodução e permanência desses mesmos valores novos.

E é também esse novo contexto valorativo que pode nos explicar a nova posição do mestiço. Foi nas necessidades abertas por um mercado incipiente, em funções manuais e mecânicas rejeitadas pelos brancos, assim como pelas necessidades de um aparelho estatal em desenvolvimento, que mestiços puderam afirmar seu lugar social. Nesse último caso, por se tratar de colocações de alta competitividade, disputando posições com os brancos, é que Freyre fala da "cordialidade" e do sorriso fácil, típico do pardo em ascensão, como a compensar o dado "negativo" da cor. Essa compensação, ao mesmo tempo que reafirma o racismo, mostra que o

---

11 Todos os grandes clássicos das ciências sociais souberam compreender a tremenda revolução, em todos os aspectos da existência humana, que a influência dessas instituições acarreta. Desde a abstração real do trabalho em Marx à entronização da razão instrumental em Max Weber, ou a redefinição da subjetividade em todas as suas dimensões a partir do impacto da economia monetária em Georg Simmel, ou ainda a mudança estrutural nas formas de dominação, especialmente a constituição do Estado moderno com seu monopólio da violência física, e sua influência na psique moderna em Norbert Elias.

empecilho não era absoluto, e sim relativo, superável pelo talento individual, ou seja, mostra que havia espaço para formas de reconhecimento social baseadas no desempenho diferencial, e não apenas em categorias adscritivas de cor.

Afinal, fazia mesmo parte da flexibilidade do sistema o abandono de características segregadoras a partir da dimensão biológica, tão determinante em outros sistemas com características semelhantes, em favor de uma sobredeterminação sociológica ou funcional. De certo modo, o que era construtivo e funcional para a reprodução do sistema como um todo, governado já agora pela palavra mágica da modernização, era passível de valorização. Assim, a realização diferencial de certos fins e valores considerados de utilidade social inquestionável era mais importante, por exemplo, do que a cor da pele do indivíduo em questão.

No Brasil do começo ao fim do século XIX, a proporção de mestiços cresceu de 10% para 41% da população total. Isso implica rápida miscigenação e casamentos inter-raciais e indica que a mobilidade social desse estrato era mais do que mera fantasia. A partir da segunda metade do século XIX, a ascensão social de mestiços no Brasil fez, efetivamente, com que tivéssemos pardos como figuras de proa na literatura, na política, no exército, e atuantes como ministros, embaixadores e até presidentes da República. Esse padrão de ascensão social seletiva do mestiço só seria mudado decisivamente com a chegada dos milhões de europeus a partir do fim do século XIX.[12]

É a partir daqui que podemos entender a relação entre classe social e raça no nosso país. Ser considerado branco era ser considerado útil ao esforço de modernização do país, daí a possibilidade mesma de se "embranquecer", inexistente em outros sistemas com outras características. Branco era (e continua sendo) antes um indicador da existência de uma série de atributos morais e culturais do que a cor de uma pele. Embranquecer significava, numa sociedade que se europeizava, compartilhar os

---

12 Esse tema é um dos fios condutores em George Reid Andrews, *Blacks and Whites in São Paulo 1888-1988*, Madison: University of Wisconsin Press, 1991, especialmente p. 54 e p. 90.

## SOBRADOS E MUCAMBOS OU O CAMPO NA CIDADE

valores dominantes dessa cultura, ser um suporte dela. Preconceito, nesse sentido, é a presunção de que alguém de origem africana é "primitivo", "incivilizado", incapaz de exercer as atividades que se esperavam de um membro de uma sociedade que se "civilizava" segundo o padrão europeu e ocidental.

Antonio Sérgio Guimarães percebe bem a relevância desse aspecto para a questão racial quando afirma:

> No Brasil, o "branco" não se formou pela exclusiva mistura étnica de povos europeus, como ocorreu nos Estados Unidos com o "caldeirão étnico"; ao contrário, como "branco" contamos aqueles mestiços e mulatos claros que podem exibir os símbolos dominantes da europeidade: formação cristã e domínio das letras.[13]

No Brasil em vias de se tornar europeizado do século XIX, a posse real ou fictícia desses novos valores que tomam a nação de assalto vai ser o fundamento da identidade de grupos e classes sociais e a base do processo de separação e estigmatização dos grupos percebidos como não participantes dessa herança. A ânsia de modernização, de resto estampada na bandeira da nação nas palavras de "ordem e progresso", passa, a partir dessa época, a dominar a sociedade brasileira como o princípio unificador das diferenças sociais, o princípio em relação ao qual todas as outras divisões devem ser secundarizadas.

É em nome dela também que passa a operar um novo código social nascente, uma nova "hierarquia social" que vai estipular os critérios que permitem e legitimam que alguns sejam vistos como superiores e dignos de privilégios, e outros sejam vistos como inferiores e merecedores de sua posição marginal e humilhante. A distinção entre os estratos europeizados

---

13 Antonio Sérgio Alfredo Guimarães, *Racismo e antirracismo no Brasil*, São Paulo: Editora 34, 1999, p. 47.

## A ELITE DO ATRASO

em relação aos estratos de influência africana e ameríndia, com toda a sua lista de distinções derivadas tipo doutores/analfabetos, homens de boas maneiras/joões-ninguém, competentes/incompetentes etc., vai ser a base dessa nova hierarquia das cidades que se criam e se desenvolvem. A posse, real ou suposta, de valores europeus individualistas vai, dessa forma, legitimar a dominação social de um estrato sobre o outro, justificar os privilégios de um sobre o outro, calar a consciência da injustiça ao racionalizá-la e permitir a pré-história da naturalização da desigualdade como a percebemos e vivenciamos hoje. Obviamente, essa ordem não se impõe da noite para o dia. Em todo o século XIX, essas transformações são capilares e cotidianas, mudando a ordem anterior apenas aos poucos. Mas é importante notar a direção para a qual o novo vetor de desenvolvimento aponta e perceber que ele começa em 1808, com a abertura dos portos e a chegada da família real. Um segundo aprofundamento em direção à ordem burguesa e capitalista ocidental se dá com a libertação dos escravizados, em 1888.

**PARTE 2**

# AS CLASSES SOCIAIS DO BRASIL MODERNO

# 4. A criação da ralé de novos escravos como continuação da escravidão no Brasil moderno

A situação descrita por Gilberto Freyre, em sua recriação do século XIX brasileiro, tinha como referência empírica as maiores cidades brasileiras da época: Recife, Salvador e, acima de tudo, Rio de Janeiro. A partir do fim do século XIX, no entanto, o Brasil passa por transformações fundamentais. A primeira e mais importante delas é a abolição formal da escravidão. Ela instaura um mercado formal competitivo do trabalho com base no contrato, o que significa uma importante mudança, ainda que com continuidades fundamentais sob outras roupagens, em relação ao período anterior.

A base dessa mudança abrange também um deslocamento espacial do eixo de desenvolvimento econômico nacional. O Sul e o Sudeste do Brasil, muito especialmente a cidade e o estado de São Paulo, passam a substituir o Nordeste brasileiro e sua monocultura decadente do açúcar como polo de desenvolvimento. A cidade de São Paulo, com seu crescimento vertiginoso, passa também a substituir, de modo crescente, a cidade do Rio de Janeiro como centro do Brasil tradicional. As bases desse novo eixo de desenvolvimento são o trabalho livre, ou seja, não escravo, como base da cultura cafeeira paulista e a massiva imigração de contingentes estrangeiros que passam a vir ao país – especialmente para o estado de São Paulo e o Sul do país – a partir de 1880.

A melhor descrição da importância e dos efeitos desse processo de mudança foi feita, aos meus olhos, por Florestan Fernandes no seu clássico *A integração do negro na sociedade de classes*.[1] Florestan se concentra no período que nos interessa aqui mais de perto, que vai de 1880 a 1930. Apesar de todo seu talento, o autor não consegue reconstruir de modo claro e totalizador a "hierarquia moral" entre as classes, que só era percebida pela origem e pela cor da pele.[2] Ainda assim, seu extraordinário talento de síntese e de reconstrução empírica desse período nos vai ser muito útil.

Florestan é o primeiro a investigar seriamente o tema da constituição do que chamei, provocativamente, de "ralé brasileira" – para denunciar seu abandono –, em trabalho empírico posterior ao dele.[3] Fruto, antes de tudo, ainda que não unicamente, do abandono dos ex-escravos, a existência dessa classe/raça singulariza e explica a situação social, política e econômica do Brasil como nenhuma outra questão. Tudo aquilo que o culturalismo racista busca esclarecer como decorrência de uma herança maldita luso-brasileira para a corrupção decorre, na verdade, do abandono dessa classe. Como a tornamos invisível, o trabalho dos intelectuais conservadores fica facilitado.

Florestan estuda essa classe invisibilizada de abandonados no local mais competitivo e onde ela teve, inicialmente pelo menos, menores chances: a São Paulo dos imigrantes e do crescimento vertiginoso. O dado essencial de todo esse processo foi o abandono do liberto à sua própria sorte (ou melhor, ao próprio azar). Como todo processo de escravidão pressupõe a animalização e humilhação do escravo e a destruição progressiva de sua humanidade, como a negação do direito ao reconhecimento e à autoestima, da possibilidade de ter família, de interesses próprios e de planejar

---

1 Florestan Fernandes, *A integração do negro na sociedade de classes*, São Paulo: Ática, 1978.

2 Jessé Souza, *A construção social da subcidadania: uma leitura alternativa do Brasil moderno*, Rio de Janeiro: Civilização Brasileira, 2023.

3 *Idem, A ralé brasileira: quem é e como vive*, Rio de Janeiro: Civilização Brasileira, 2022.

## A CRIAÇÃO DA RALÉ DE NOVOS ESCRAVOS...

a própria vida, libertá-lo sem ajuda equivale a uma condenação eterna. E foi exatamente isso que aconteceu entre nós. Como nossa própria pesquisa empírica de 2009 comprova, a situação da "ralé de novos escravos" pouco mudou desde então.

O ex-escravizado é jogado dentro de uma ordem social competitiva, como diz Florestan, que ele não conhecia e para a qual não havia sido preparado. Para os grandes senhores de terra, a libertação foi uma dádiva: não apenas se viram livres de qualquer obrigação com os ex-escravizados que antes exploravam, como puderam "escolher" entre a assimilação dos ex-escravizados, o uso da mão de obra estrangeira que chegava de modo abundante ao país – cuja importação os senhores haviam conseguido transformar em "política de Estado" – e a utilização dos nacionais não escravos. Estes últimos haviam evitado os trabalhos manuais como símbolo de degradação quando monopolizados pelos escravizados.

Se, como vimos em Freyre, em cidades como Salvador, Recife e Rio de Janeiro alguns negros, mas especialmente os mulatos, tinham acesso às funções urbanas do artesanato, às atividades mecânicas e ao pequeno comércio, em São Paulo a situação era muito diferente. Lá, a concorrência com os imigrantes, especialmente os italianos, que não temiam a degradação moral do trabalho produtivo manual típico de todo regime escravista, foi devastadora para os libertos.

O quadro geral da sociedade de classes que se criou depois da escravidão apresentava para Florestan o seguinte formato: no topo da hierarquia social, a preservação e reprodução do poder estavam nas mãos das antigas famílias proprietárias rurais de cafeicultores com pouco espaço de competição. Em um contexto, mesmo depois da superação da ordem escravocrata, onde considerações de status predominavam sobre as considerações de cálculo econômico, as condições sociais não militavam no sentido de transformar o antigo proprietário rural em empresário.

Foi apenas com o crescente entrelaçamento e aprofundamento das relações do fazendeiro com as redes de comercialização e financiamento nacionais e internacionais, aceleradas pela introdução do trabalho livre,

## A ELITE DO ATRASO

que o proprietário rural se tornou mais consciente da remuneração dos fatores de produção e da produtividade do trabalho. Serão os mais empreendedores entre esses novos capitalistas rurais as figuras de proa da dinamização da vida econômica em todos os níveis. Uma orientação especificamente "burguesa" e capitalista teria que esperar os quase cinquenta anos que separam a Abolição e o advento do Estado Novo, na década de 1930.

Abaixo da aristocracia rural que se moderniza, no entanto, na esfera aberta pela livre empresa em expansão, prevalecia a ideia liberal do homem certo para o lugar certo.[4] O "estrangeiro" aparecia aqui, inclusive, como a grande esperança nacional de progresso rápido. Nesse quadro, a realidade e a fantasia do preconceito se encontravam, e o imigrante eliminava a concorrência do negro onde quer que ela se impusesse. Mais acostumados às demandas do trabalho em condições capitalistas, os imigrantes do trabalho livre tinham na lavoura produtividade um terço maior que a do antigo escravo, com custos organizacionais muito menores.

Seja no campo, seja na cidade, as novas chances da ordem competitiva se abrem para os segmentos mais capazes de arregimentar maior qualificação comparativa do trabalho, poupança, e mobilidade espacial e ocupacional. Os imigrantes e os segmentos mais cultos ou semi-instruídos de origem nacional são os candidatos naturais a ocuparem os novos espaços.

Abaixo do segmento dos novos incluídos no mercado competitivo existiria uma plebe nacional composta por brancos que vinham do campo para as cidades e para quem os interstícios da nova ordem eram de qualquer modo um ganho em relação à miséria material e moral da dependência pessoal.

Mais abaixo ainda, dá-se a constituição histórica daquilo que chamo de "ralé brasileira": composta pelos negros recém-libertos e por mestiços de toda ordem para quem a nova condição era apenas outra forma de degradação. A submersão na lavoura de subsistência ou a formação das favelas

---

4 Florestan Fernandes, *A integração do negro na sociedade de classes, op. cit.,* pp. 26-27.

nas grandes cidades passam a ser o destino reservado pelo seu abandono. Temos aqui a constituição de uma configuração de classes que marcaria a modernização seletiva e desigual brasileira a partir de então.

Para o negro, sem a oportunidade de competir com chances reais na nova ordem, restavam os interstícios do sistema social: a escória proletária, o ócio dissimulado ou a criminalidade fortuita ou permanente como forma de preservar a dignidade de "homem livre". Ao perderem a posição de principal agente do trabalho, os negros perderam também qualquer possibilidade de classificação social. A ação concomitante da extinção das estratégias de acomodação do passado, que propiciaram a negros e mulatos ocupações compensadoras e até nobilitantes, mostra o grau dramático para esse setor na nova configuração de vida econômica.

O negro torna-se vítima da violência mais covarde. Tendo sido animalizado como "tração muscular" em serviços pesados e estigmatizado como trabalhador manual desqualificado – algo que mesmo o branco pobre evitava –, é exigido dele agora que se torne trabalhador orgulhoso de seu trabalho. O mesmo trabalho que pouco antes era o símbolo de sua desumanidade e condição inferior. Ele foi jogado em competição feroz com o italiano, para quem o trabalho sempre havia sido motivo principal de orgulho e de autoestima. Belo início da sociedade "competitiva" entre nós.

Apenas a mulher negra, devido à especialização em serviços domésticos, encontrou uma situação um pouco menos desfavorável nesse período de transição que fora demandado do homem negro. A população estrangeira não visava a esse tipo de serviço, pelo menos em igual monta. Em grande medida, essa circunstância explica a "matrifocalidade" das famílias negras e pobres de qualquer cor,[5] em que apenas a mulher representa uma referência econômica e social de estabilidade. Também nesse aspecto o país pouco mudou desde então.

Como aspecto adicional que contribui para o desajustamento social que se consolida a partir desse período, com efeitos até hoje, há que se

---

5 *Ibidem*, p. 200.

lembrar do cerceamento das expressões culturais do negro. Elas passam a ser percebidas como expressão do tosco e do primitivo que a nova autoimagem citadina europeizante procurava expurgar. A ansiedade pelo progresso percebido como imitação servil dos modos e das expressões culturais europeias criava um ambiente de intolerância a qualquer forma de comportamento que pudesse ser compreendida como atrasada e provinciana.

Outro fator que perdura até nossos dias é que o medo dos escravistas da "rebelião negra" se transforma e é substituído pela definição do negro como "inimigo da ordem". Sendo a "ordem" percebida já no seu sentido moderno de significar decoro, respeito à propriedade e segurança. Vem daí, portanto, o uso sistemático da polícia como forma de intimidação, repressão e humilhação dos setores mais pobres da população. Matar preto e pobre não é crime já desde essa época. As atuais políticas públicas informais de matar pobres e pretos indiscriminadamente praticadas por todas as polícias do Brasil, por conta do aval implícito ou explícito das classes médias e altas, têm aqui seu começo. As chacinas comemoradas por amplos setores sociais de modo explícito, em presídios de pretos e brancos pobres e sem chance de se defender, comprovam a continuidade desse tipo de preconceito covarde.

Como resultado do processo que o tornava um desajustado estrutural nas novas condições sociais, o negro desenvolveu, reativamente, uma resposta que radicalizava a anomia e o não pertencimento social: o não pertencimento à família, à comunidade e ao trabalho. Cria-se uma oposição entre os negros que desejavam se "europeizar" e os negros anômicos e "largados" que saíram da escravidão física para a escravidão moral. A mesma oposição interna entre os irmãos dessa classe excluída foi verificada na nossa pesquisa empírica com essa classe um século depois.

A oposição entre o "pobre honesto" e o "pobre delinquente" rasga praticamente todas as famílias e torna muito difícil a existência de formas de solidariedade de classe na "ralé", as quais são possíveis, por exemplo,

## A CRIAÇÃO DA RALÉ DE NOVOS ESCRAVOS...

na classe trabalhadora. Mais uma vez, vemos aqui continuidades importantes. Não por conta de estoques culturais misteriosos, mas por práticas de abandono e de ódio de classe que lograram se reproduzir no tempo e que jamais foram criticadas entre nós. Esta passou a ser, portanto, uma herança que se transfere de geração a geração: a perpetuação da escravidão "dentro dos homens",[6] gerando a "ralé de novos escravos" de hoje em dia, ainda que, formalmente, não exista mais a escravidão.

Esse tema da "escravidão dentro dos homens", repetido à exaustão no livro de Florestan, mostra as ambiguidades e os limites da sua análise, de resto tão certeira e cortante. É certo que a escravidão está "dentro dos homens", mas não como ele imagina, sendo a marginalização do negro mera consequência da permanência de "resíduos" – nunca devidamente explicitados – da ordem anterior. Florestan imagina, inclusive, que, se o processo de modernização brasileiro tivesse sido mais vigoroso, os "mecanismos espontâneos de reação societária" seriam suficientes para ajustar o negro às novas condições.[7]

Florestan mostra aqui uma crença liberal quase ingênua de que o mercado competitivo, poderoso por si só, possa ser inclusivo e emancipador. Ele chega a dizer que esses mecanismos de exclusão tendem a desaparecer com o avanço da "ordem competitiva" entre nós. A comparação com o caso americano – país com alto número de excluídos, onde o processo de modernização foi mais vigoroso que em qualquer outro lugar – mostra exatamente o contrário. A inclusão social de setores antes estigmatizados e marginalizados é sempre um "aprendizado político" coletivo e jamais decorrência natural do dinamismo econômico do mercado. Ao contrário, o mercado, deixado a si mesmo, tende a adaptar a marginalização de alguns e torná-la produtiva e funcional para os estratos superiores.

O caso atual da exploração da ralé brasileira pela classe média para poupar tempo de tarefas domésticas, sujas e pesadas – que lhe permite

---

6 *Ibidem*, p. 92.
7 *Ibidem*, cap. III.

## A ELITE DO ATRASO

utilizar o tempo "roubado" a preço vil em atividades mais produtivas e mais bem-remuneradas – mostra uma funcionalidade da miséria clara como a luz do Sol. Essa luta de classes silenciosa exime toda uma classe dos cuidados com os filhos e da vida doméstica, transformando o tempo poupado em dinheiro e aprendizado qualificador. A classe roubada, no caso, é condenada eternamente a desempenhar os mesmos papéis secularmente servis.

O raciocínio de Florestan aqui é tributário da teoria da modernização. De acordo com os pressupostos dessa teoria, a exclusão social e o comportamento disruptivo são sempre percebidos como passageiros, e não como aspectos que podem se tornar permanentes e que, dependendo do nível moral e político de uma sociedade concreta, podem ser reproduzidos *ad infinitum*. Aos meus olhos, esse é exatamente o caso brasileiro.

A teoria da modernização sofisticou a moda de eufemizar a realidade para negar formas de dominação que tendem a se eternizar. Assim, a pobreza e a inadaptação são passageiras, quase sempre decorrentes de situações transitórias como a passagem do campo para a cidade. Os países condenados a serem exportadores de matérias-primas para sempre não são mais chamados de subdesenvolvidos, mas sim de "em desenvolvimento", para assinalar uma transição que, na verdade, como também se comprova no caso brasileiro, nunca termina.

Na verdade, a grande limitação do raciocínio de Florestan – ainda que ele tenha ido, a meu ver, mais longe que qualquer outro pensador brasileiro – é não perceber que o capitalismo, ou o que ele chama de "ordem competitiva", possui uma "ordem moral" muito singular. Ao contrário da ordem escravocrata, em que os lugares são visíveis e decididos pelo fenótipo e pelo status de origem do modo mais claro possível, a produção da desigualdade na nova ordem é opaca, e não transparente aos indivíduos que atuam nela. Se os especialistas, ainda que talentosos como Florestan, não a percebem, o que dirá os leigos, presas fáceis de todo tipo de manipulação midiática, precisamente por conta disso.

## A CRIAÇÃO DA RALÉ DE NOVOS ESCRAVOS...

É o desconhecimento da hierarquia moral, especificamente capitalista, e não mais escravocrata, que produz de modo novo tanto a distinção que legitima as novas formas de privilégio quanto o preconceito que marginaliza e oprime em violência aberta ou muda. É por desconhecer isso que Florestan fala de "mundo branco" e "mundo negro"[8] como se fossem realidades distintas e todos não estivessem, ainda que com consequências muito diferentes, em um único mundo com uma única hierarquia que se impõe. A própria formação daquilo que Florestan chama de "gentinha nacional", ou seja, os negros, mestiços e brancos "atrasados" que se amontoam nos cortiços e favelas,[9] mostra a entrada de uma hierarquia pelo menos "relativamente independente" da cor no processo de classificação e desclassificação social.

O próprio Florestan descreve brilhantemente a força e a eficácia dos novos princípios de classificação/desclassificação. Descreve também a importância da socialização familiar distinta nos negros e nos italianos, com a reprodução de papéis de filho, irmão, pai e mãe – trazendo a segurança existencial de quem é "gente" –, no caso dos italianos, e a socialização familiar precária dos negros, levando à crônica reprodução da miséria não só material, mas, também, moral e simbólica. Mas Florestan não tinha a chave teórica que permite perceber a socialização familiar diferencial como o ponto central de uma nova percepção acerca das classes sociais e da luta de classes.[10]

Ainda assim, Florestan parece ter ido o mais longe possível, dado o estoque de conhecimento disponível em seu tempo. Se não pôde ir mais longe, foi porque aspectos fundamentais da dominação social muito mais sutil e opaca, sob condições capitalistas, ainda não haviam sido desvendados pelos pensadores mais críticos e mais talentosos do capitalismo.

---

8 *Ibidem*, p. 285.

9 *Ibidem*, p. 300.

10 São os trabalhos seminais de Pierre Bourdieu, a partir dos anos 1960 e 1970, que abrem esse novo continente para as ciências sociais.

# A ELITE DO ATRASO

Também é necessário dizer que o imbróglio no qual Florestan se viu metido não é de fácil resolução. Eu mesmo, em meus textos e pesquisas sobre as classes populares, tendi a cometer o engano contrário, ao enfatizar a socialização familiar diferencial como o fator central da construção tornada invisível das classes sociais no mundo moderno. Posto que esse mecanismo gere preconceitos "independentes da cor", tendi a encarar o racismo de cor como uma ferida e um ataque "adicional" às classes populares.[11]

Embora ainda defenda a necessidade de se compreender adequadamente a produção da desigualdade de classe desde o berço como o elemento mais importante para perceber o mundo social em todas as suas manifestações, mudei minha opinião em um aspecto importante. Em países como o nosso, não há como separar – a não ser analiticamente, para separar o joio do trigo e evitar as armadilhas das políticas identitárias falsamente emancipadoras muito bem-vindas pelo capital financeiro[12] – o preconceito de classe do preconceito de raça. É que as classes excluídas em países de passado escravocrata tão presente como o nosso, mesmo que existam minorias de todas as cores entre elas, são uma forma de continuar a escravidão e seus padrões de ataque covarde contra populações indefesas, fragilizadas e superexploradas.

O excluído, majoritariamente negro e mestiço, é estigmatizado como perigoso, inferior e perseguido não mais pelo capitão do mato, mas, sim, pelas viaturas de polícia com licença para matar pobre e preto. Obviamente, não é a polícia a fonte da violência, mas as classes média e alta que apoiam esse tipo de política pública informal para higienizar as cidades e calar o medo do oprimido e do excluído que construiu com as próprias mãos. E essa continuação da escravidão por outros meios se utilizou e se

---

11 Ver Jessé Souza, *A ralé brasileira, op. cit.*

12 O tema da diversidade como forma de proteger as minorias identitárias foi utilizado para tornar invisível a desigualdade de classe no acesso a riqueza e poder. Com isso, tanto o capitalismo financeiro quanto a Rede Globo podem "tirar onda" de emancipadores. Para o capital, é irrelevante se ele está explorando homem ou mulher, branco ou preto, homossexual ou heterossexual.

## A CRIAÇÃO DA RALÉ DE NOVOS ESCRAVOS...

utiliza da mesma perseguição e da mesma opressão cotidiana e selvagem para quebrar a resistência e a dignidade dos excluídos.

Mais ainda. Como a produção da desigualdade de classe desde o berço é reprimida tanto consciente quanto inconscientemente, é o estereótipo do negro, facilmente reconhecível, que identifica de modo fácil o inimigo a ser abatido e explorado. O "perigo negro", usado como senha para massacrar indefesos e quilombolas durante séculos, é continuado por outros meios no massacre aberto, e hoje aplaudido sem pejo, de pobres e negros em favelas e presídios. E não só isso. Como houve continuidade sem quebra temporal entre a escravidão – que destrói a alma por dentro, humilha e rebaixa o sujeito, tornando-o cúmplice da própria dominação – e a produção de uma ralé de inadaptados ao mundo moderno, nossos excluídos herdaram, sem solução de continuidade, todo o ódio e o desprezo covarde pelos mais frágeis e com menos capacidade de se defender.

O resumo dessa passagem dramática entre duas formas de escravidão pode ser visto deste modo: como a escravidão exige a tortura física e psíquica cotidiana como único meio de dobrar a resistência do escravo para fazê-lo abdicar da própria vontade, as elites que comandaram esse processo foram as mesmas que abandonaram os seres humilhados, sem autoestima nem autoconfiança, e os deixaram à própria sorte.

Depois, como se não tivessem nada a ver com esse genocídio de classe, buscaram imigrantes com um passado e um ponto de partida muito diferentes para contraporem o mérito de um e de outro, aprofundando ainda mais a humilhação e a injustiça. Esse esquema funciona até os dias de hoje sem qualquer diferença. Esse abandono e essa injustiça flagrante são o real câncer brasileiro e a causa de todos os reais problemas nacionais.

# 5. Os conflitos de classe do Brasil moderno

Com a ajuda preciosa de Gilberto Freyre e Florestan Fernandes, ainda que parcialmente criticados e reconstruídos, temos a embocadura geral tanto de uma nova percepção do Brasil moderno quanto de suas raízes. A escravidão e seus efeitos passam a ser o ponto central, e não mais a pretensa continuidade com Portugal. Mais importante ainda, o problema central do país deixa de ser a corrupção supostamente herdada de Portugal, para se localizar no abandono secular de classes estigmatizadas, humilhadas e perseguidas. As contradições e os conflitos centrais de uma sociedade são sempre relações de dominação entre classes sociais, desde que não utilizemos o mote da corrupção para esconder a verdade nem reduzamos as classes à mera dimensão econômica.

Para que percebamos, no entanto, os conflitos sociais e a dominação social oculta, é necessário o acesso a uma perspectiva que se abra à ideia de classe social. Em um contexto em que a direita demonizou o marxismo e a noção de luta de classes, e a esquerda, por outro lado, banalizou e simplificou o que já era simplista em Marx, a tarefa não é fácil.

Mas a tese que pretendo defender é a de que a dinâmica das classes, ou seja, seus interesses e suas lutas, é a chave para a compreensão de tudo que é realmente importante na sociedade. Isso se aplica sempre que não percebemos as classes como meras relações econômicas, como o fazem tanto o liberalismo dominante quanto o marxismo. Pretendo comprovar essa tese ao mostrar que a percepção mais convincente da sociedade brasileira contemporânea só é possível pela reconstrução das lutas entre as classes sociais em disputa. Para isso, no entanto, é necessário que o leitor se despeça e suspenda tudo que ouviu ou leu sobre o que são as classes sociais. Afinal, como essa categoria só é percebida como fato econômico, minha tese é que isso equivale simplesmente a não compreender coisa nenhuma sobre as classes.

A ideia de classe social é mal conhecida por boas razões. Primeiro porque ela, acima de qualquer outra, nos dá a chave para compreender tudo aquilo que é cuidadosamente posto embaixo do tapete pelas pseudociências e pela imprensa enviesada. Como o pertencimento de classe prefigura e predetermina, pelo menos em grande medida, todas as chances que os indivíduos de cada classe específica vão ter na vida em todas as dimensões, negá-la equivale também a negar tudo de importante nas formas modernas de produzir injustiça e desigualdade. Afinal, sem que se reconstrua a pré-história de classe de cada um de nós, temos apenas indivíduos competindo em condições de igualdade pelos bens e recursos escassos em disputa na sociedade. Tudo muito merecido e justo. Sem a ideia de classe e o desvelamento das injustiças que ela produz desde o berço, temos a legitimação perfeita para o engodo da meritocracia individual do indivíduo competitivo.

A forma mais eficaz e mais comum de se negar a importância do pertencimento de classe social para a vida de todos é percebê-la apenas como realidade econômica. Essa é a fraude principal que permite que as pessoas não percebam a classe social e sua importância. Peguemos como exemplo a divisão da sociedade entre as "faixas de renda" A, B, C, D e E. É assim que (não) se debate na imprensa de todos os dias o tema da classe. A ideia "brilhante" por trás dessa forma, na realidade arbitrária e ridícula, de se segmentar a população é a de que o comportamento diferencial – afinal é isso que se quer descobrir – entre os indivíduos deve ser explicado pelo tamanho de seu bolso.

Assim, todas as escolhas individuais obedeceriam a uma espécie de cálculo de chances e oportunidades universalmente compartilhado por todos. Todas as pessoas são percebidas como produtos em série rigorosamente iguais, diferenciando-se unicamente pelo que possuem no bolso. Ninguém se escandaliza com tamanha pobreza analítica porque um leitor de classe média percebe apenas a homogeneidade de sua própria classe. Melhor, de sua própria fração de classe. Como esse tipo de sujeito e de padrão de consumo é típico das classes médias – a classe também da esmagadora maioria dos pesquisadores e intelectuais –, o que temos aqui é a universalização do padrão de comportamento da classe média para todas as outras classes. O que fica nas sombras nesse tipo fajuto de análise social é o mais importante: por que existem algumas pessoas com R$ 500 no bolso no fim do mês e outras com R$ 500 mil ou até R$ 500 milhões? Como é produzida tamanha diferença? Afinal, ninguém escolhe ganhar R$ 500 se pode aspirar a R$ 500 mil. Como sempre, é a produção da gênese da injustiça que é tornada invisível.

Como se não bastasse, isso acontece mesmo com pessoas que ganham salário semelhante. Imaginemos um trabalhador da indústria automobilística e um professor universitário em início de carreira com seus eventuais R$ 8 mil de salário mensal. Por conta da incorporação diferencial de capital cultural de caráter "técnico" de um trabalhador qualificado e de capital cultural mais "literário" de um professor de ciências humanas, por exemplo, todas as escolhas individuais em cada caso tendem a ser distintas. Desde o padrão de consumo, do filme a que se assiste ao tipo de lazer, à forma de se vestir, às escolhas de amizades e parceiros sexuais, todo um "estilo de vida", enfim, tende a ser, e de fato é, muito diferente.

Como uma leitura tão arbitrária e tão tosca da realidade é tão difundida e transformada em "crença social" compartilhada? Ora, 90% do que se passa por ciência e que vai ser a substância do (falso) debate midiático é, na verdade, justificação social e política, sob o uso legitimador do prestígio científico, de relações fáticas de dominação, para que não se compreenda como o mundo social funciona, dando a impressão de que sabemos tudo e que somos adequadamente informados. Infelizmente, a leitura de esquerda, influenciada pelo marxismo vulgarizado, não é muito melhor que a leitura liberal da renda como fator determinante.

A leitura inspirada pelo marxismo é um pouco melhor que a leitura liberal dominante, que se concentra na mera diferença de renda, posto que foca no lugar ocupado na produção. Enquanto esta última, como sempre, só leva em consideração a distribuição e o consumo, a primeira, dominante na esquerda entre nós, concentra-se na produção e na ocupação. A ênfase na produção e na ocupação funcional permite ver aspectos completamente fora de visão quando se consideram apenas a distribuição e o consumo. A principal vantagem é que o foco na produção e na ocupação permite perceber a distribuição e o consumo como variáveis dependentes da instância de produção. Ou seja, dependendo de seu lugar na produção de mercadorias, tem-se acesso diferenciado a dada renda, por exemplo. O foco na produção, de fato, aprofunda o vínculo genético que esclarece a razão da renda diferencial, que é o que importa saber e descobrir para que se entenda as lutas entre as classes.

Ao mesmo tempo, as versões marxista e liberal compartilham do mesmo ponto de partida. Ambas são economicistas, ou seja, estão firmemente convencidas de que a única motivação do comportamento humano é, em última instância, econômica, o que é uma grande bobagem. A versão marxista de perceber as classes, apesar de um pouco melhor que a versão liberal, não consegue explicar o principal: por que algumas pessoas escolhem certo tipo de ocupação ou de lugar na produção? O vínculo genético para na ocupação. Parte dela como dado absoluto e não explica o principal: por que alguns indivíduos que pertencem a algumas classes desempenham secularmente certo tipo de função nas relações produtivas?

É preciso partir, portanto, literalmente do "berço", ou seja, da socialização familiar primária, para que se compreendam as classes e sua formação, e como elas vão definir todas as chances relativas de cada um de nós na luta social por recursos escassos. As classes são reproduzidas no tempo pela família e pela transmissão afetiva pelos pais aos filhos

# OS CONFLITOS DE CLASSE DO BRASIL MODERNO

de uma dada "economia emocional". O sucesso escolar dependerá, por exemplo, da transferência efetiva, aos filhos, de disciplina, pensamento prospectivo – ou seja, a capacidade de renúncia no presente em nome do futuro – e capacidade de concentração. Sem isso, os filhos se tornam no máximo analfabetos funcionais. Esse "patrimônio de disposições" para o comportamento prático, que é um privilégio de classe entre nós, vai esclarecer tanto a ocupação quanto a renda diferencial mais tarde. Como cada classe social tem um tipo de socialização familiar específica, é nela que as diferenças entre as classes têm que ser encontradas e ser objeto de reflexão.

As classes sociais só podem ser adequadamente percebidas, portanto, como um fenômeno, antes de tudo, sociocultural, e não apenas econômico. Sociocultural posto que o pertencimento de classe é um aprendizado que possibilita, em um caso, o sucesso e, em outros, o fracasso social. São os estímulos que a criança de classe média recebe em casa para o hábito de leitura, para a imaginação, o reforço constante de sua capacidade e autoestima que fazem com que os filhos dessa classe sejam destinados ao sucesso escolar e depois ao sucesso profissional no mercado de trabalho. Os filhos dos trabalhadores precários, sem os mesmos estímulos ao espírito e que brincam com o carrinho de mão do pai servente de pedreiro, aprendem a ser afetivamente, pela identificação com quem se ama, trabalhadores manuais desqualificados. A dificuldade na escola é muito maior pela falta de exemplos em casa, condenando essa classe ao fracasso escolar e, mais tarde, ao fracasso profissional no mercado de trabalho competitivo.

Como somos formados, como seres humanos, pela imitação e incorporação pré-reflexiva e inconsciente daqueles que amamos e que cuidam de nós, ou seja, os nossos pais ou quem exerça as mesmas funções, a classe e seus privilégios ou carências são reproduzidos a cada geração. Como ninguém escolhe o berço em que nasce, é a sociedade que deve se responsabilizar pelas classes que foram esquecidas e abandonadas. Foi isso que fizeram, sem exceção, todas as nações que lograram desenvolver sociedades minimamente igualitárias. No nosso caso, as classes populares não foram simplesmente abandonadas. Elas foram humilhadas,

## A ELITE DO ATRASO

enganadas, tiveram sua formação familiar conscientemente prejudicada e foram vítimas de todo tipo de preconceito, seja na escravidão, seja hoje em dia. Essa é nossa diferença real em relação à Europa que admiramos. A principal diferença é que a Europa tornou as precondições sociais de todas as classes muito mais homogêneas. Ainda que exista desigualdade social, ela não é abissal como aqui.

Não se trata apenas de acesso à boa escola – o que nunca existiu para as classes populares. Trata-se de criticar a nossa herança escravocrata, que agora é usada para oprimir todas as classes populares especialmente negros e mestiços.

As classes sociais, pela força da transmissão familiar, vão reproduzir, por sua vez, capitais que serão decisivos na luta de todos contra todos pelos recursos escassos. Quem luta no dia a dia pelos bens escassos são os indivíduos, mas quem pré-decide os resultados das lutas individuais são os pertencimentos diferenciais às classes sociais e seu acesso ou obstáculo típico aos capitais que facilitam a vida. O privilégio de uns e a carência de outros são decididos desde o berço. Quais são esses capitais que irão facilitar a vida de uns e atrapalhar a vida de outros? Por que não percebemos a ação deles e prendemos nossa atenção aos seus meros "efeitos", como a renda?

O mundo moderno ou capitalista cria uma nova hierarquia social que é impessoal e opaca, e não pessoal e facilmente visível, como nos tipos de sociedade anteriores a ele. Isso quer dizer que, ao contrário dos poderosos do passado, por exemplo, como os nossos senhores de terra e gente que tudo podiam fazer e desfazer, até os homens mais ricos e poderosos de hoje têm que obedecer a regras que eles próprios não podem mudar.

Na base da nova hierarquia social moderna está a luta entre indivíduos e classes sociais pelo acesso a capitais, ou seja, tudo aquilo que funcione como facilitador na competição social por todos os tipos de recursos escassos. Como, na verdade, todos os recursos são escassos – e não apenas os recursos materiais, como carros, roupas e casas, mas também os

## OS CONFLITOS DE CLASSE DO BRASIL MODERNO

imateriais, como prestígio, reconhecimento, respeito, charme ou beleza —, toda a nossa vida é pré-decidida pela posse ou ausência desses capitais.

Exemplo desses capitais que pré-decidem a sorte que teremos na vida é o próprio capital econômico, que é o mais visível e efetivamente o mais importante, dado que a elite econômica pode comprar as outras elites não econômicas. Mas isso não implica perceber a economia como única instância importante na sociedade. Ao contrário. Sem a justificação da dominação econômica prestada por outras elites, como a intelectual e a jurídica, por exemplo, não existe dominação econômica possível. Daí que existam outros capitais que desempenham funções semelhantes ao capital econômico.

O capital cultural,[1] por exemplo, que significa basicamente incorporação pelo indivíduo de conhecimento útil ou de prestígio, é o outro capital fundamental para as chances de sucesso de qualquer um no mundo moderno. Isso porque é tão indispensável para a reprodução do capitalismo quanto o econômico. Não apenas a justificação do capitalismo é feita por elites que monopolizam certos tipos de capital cultural, como também não existe nenhuma função de mercado ou no Estado que não o exija em alguma proporção. É a posse conjugada desses capitais, portanto, que pré-decide, em grande medida, o acesso a todos os bens e recursos escassos do mundo.

Tudo que chamamos de sucesso ou fracasso na vida depende do acesso privilegiado ou não a esses capitais. Daí que todos os indivíduos e classes sociais lutem com tudo que têm não apenas para ter acesso a eles, mas, principalmente, para monopolizá-los. É o monopólio dos capitais que irá fazer com que uma classe social possa reproduzir seus privilégios de modo permanente. O grau de desenvolvimento político e moral de uma sociedade deve ser avaliado, inclusive, não pelo PIB geral, que esconde todas as desigualdades, mas, sim, pelo modo como essa sociedade impede

---

1 Ver Pierre Bourdieu, *A distinção: crítica social do julgamento*, São Paulo: Edusp, 2009.

## A ELITE DO ATRASO

a monopolização desses capitais e mantém um acesso comparativamente mais democrático a eles.

O terceiro capital mais importante depende da existência anterior desses dois que acabamos de falar: o capital social de relações pessoais. Ele se refere às relações pessoais que se criam a meio caminho entre interesse e afetividade – como acontece com todas as relações humanas, se formos sinceros – e que representam alguma vantagem na competição pelos recursos escassos para quem as possui.

Não podemos falar desse capital específico sem mencionar a leitura fajuta, superficial e conservadora que esse capital possui domesticamente. O culturalismo vira-lata racista entre nós, de Sérgio Buarque a Roberto DaMatta, vê o capital social de relações pessoais, apelidado por eles de "jeitinho brasileiro", como uma jabuticaba que só existe no Brasil. Seria, inclusive, a marca de nosso atraso pré-moderno, marca principal da continuidade com Portugal, típico de um povo desonesto e corrupto, que só quer levar vantagem em tudo.

Essa leitura absurda e ridícula, além de colonizada e servil, típica dos intelectuais do viralatismo que nos domina até hoje, não obstante se tornou uma espécie de segunda pele para os brasileiros. A maioria das pessoas, em todas as classes sociais, fala do país como se essa fosse sua singularidade maior. Uma farsa como a operação Lava Jato jamais teria tido o prestígio que possuiu sem essa ajuda dos intelectuais do viralatismo. Mais uma prova da importância de se desvendar o caminho percorrido pelas ideias que se tornam vida prática e pressuposto inquestionável e não mais refletido para a maioria.

Tudo funciona como se nos Estados Unidos e na Europa as pessoas não visassem a vantagens pessoais nem fossem, em medida variável, instrumentais nas suas relações, como qualquer ser humano, em qualquer lugar e em qualquer época. É como se todos os privilégios nesses países não implicassem, também, em alguma medida, relações pessoais decisivas para todo sucesso individual. Como se o filho de um poderoso nos Estados

## OS CONFLITOS DE CLASSE DO BRASIL MODERNO

Unidos ou na Europa já não tivesse uma *network* de relações herdadas que irá facilitar a sua vida de modo decisivo.

Mas esse engano do viralatismo até hoje francamente dominante entre nós, entre intelectuais e leigos, não para por aí. O "jeitinho" é pensado como algo generalizável para todos os brasileiros de todas as classes. Suprema maldade! O objetivo aqui é tornar invisível que só tem relações vantajosas socialmente quem já tem capital econômico e/ou capital cultural. Ou o leitor conhece alguém que tenha acesso a pessoas importantes sem capital econômico e/ou cultural anterior? Teste empírico fácil e infalível para descobrir uma verdade simples escondida de nós por quem tinha a obrigação de esclarecer, e não ocultar, o mundo social.

O conceito fajuto de "jeitinho" esconde o trabalho de dominação de alguns sobre outros ao pressupor que todos o usam, criando as generalizações absurdas do viralatismo, e, de lambuja, ainda esconde toda a raiz de todas as desigualdades advindas, na verdade, do acesso desigual aos capitais econômico e cultural, que se tornam um pressuposto invisível nessa teoria. Como esses capitais não são sequer percebidos, toda a hierarquia social no Brasil parece dependente de relações pessoais, do "jeitinho", do "quem indica" etc. Desserviço maior de uma (pseudo) inteligência nacional eu desconheço.

Esses três capitais mais importantes na luta por recursos escassos andam, portanto, sempre juntos. Todas as classes dominantes devem possuir os três em alguma medida para reproduzir seus privilégios no tempo. A luta pelo acesso a eles constrange os muito ricos como constrange a todos. Daí eles serem – os capitais econômico e cultural – impessoais. Mesmo os seres humanos mais poderosos e ricos têm que obedecer, agora, a regras que eles não criaram e que mandam neles e na sua condução de vida prática.

Os muito ricos, por exemplo, são obrigados a conduzir a vida de modo a parecer que tudo que possuem representa uma distinção inata, e não comprada com dinheiro. Eles precisam disso tanto para sua própria autoestima quanto para seu reconhecimento social e prestígio. O vinho

# A ELITE DO ATRASO

de R$ 500 mil em sua adega deve exalar uma "personalidade sensível" e de "bom gosto", e o fato de possuir dinheiro para comprá-lo deve ser um mero acaso feliz.

Por conta disso, até o muito rico e poderoso tem que possuir um tipo de capital cultural quase sempre ligado ao gosto estético para que possa ter acesso a relações importantes com seus pares – em uma espécie de solidariedade do privilégio –, que são fundamentais para o bom andamento dos negócios. Mais que qualquer outro, o gosto estético é a praia de todo privilégio que se pretenda vender como inato. Afinal, ele parece exalar da própria personalidade. Como no Ocidente a noção de interioridade sempre foi vista como porta de entrada para o sagrado e o espírito, e depois, com a secularização, para tudo que é superior e nobre, o que é virtude precisa ter relação com algo percebido como interno a cada um de nós.

Como o dinheiro, assim como a beleza, é percebido como algo exterior ao sujeito, faz-se necessário desenvolver estratégias que transformem o dinheiro em expressão de algo inato e interior ao sujeito. O bom gosto estético, como a inteligência, é percebido como algo inato e se presta, por conta disso, à legitimação do dinheiro, como se ele fosse expressão de algo independente do mero valor monetário. Um rico que só tem dinheiro, como o rico bronco, é malvisto pelos pares e está sujeito a amizades e casamentos – principal forma de consolidar e aumentar fortunas em vez de fragmentá-las – menos vantajosos.

Se o rico e o poderoso estão submetidos a uma ordem impessoal que os constrange para que possam ter acesso eficaz à autolegitimação da própria vida e a relações vantajosas com seus pares, ou seja, ao capital social de relações pessoais, imagine as classes com menos privilégios e poder relativo. Na verdade, o capital econômico e mais importante está concentrado de modo crescente – nas condições da atual dominância do capital financeiro – nas mãos de muito poucos.

Embora todas as classes tenham sua posição relativa de poder e prestígio determinada, em grande medida, pela conjunção peculiar desses

## OS CONFLITOS DE CLASSE DO BRASIL MODERNO

três capitais fundamentais, abaixo da elite econômica a grande luta é, na verdade, por acesso ao capital cultural. Se pensarmos bem, veremos que o capital cultural, ou seja, a posse de conhecimento útil e reconhecido em suas mais variadas formas, foi, inclusive, o único capital que o capitalismo logrou, em grau muito variável – entre nós, no entanto, muito circunscrito apenas à classe média –, efetivamente democratizar.

Afinal, o capital econômico se torna cada dia mais concentrado e é transmitido "pelo sangue" – a marca mais perfeita do privilégio injusto – desde tempos imemoriais. Como o conhecimento, daí seu caráter de capital impessoal, é tão indispensável à reprodução do capitalismo quanto o próprio capital econômico,[2] o capital impessoal e fundamental que sobra para a disputa das outras classes entre si é o cultural. Se entendermos isso, entenderemos também a situação da classe média brasileira como tropa de choque dos poderosos de plantão. Ela vai tender – do mesmo modo como os ricos fazem com o dinheiro – a perceber o conhecimento valorizado como algo que deve ser exclusivo à sua classe social. Sua participação nos golpes contra as classes populares tem muito a ver, portanto, com estratégias de reprodução de privilégios e muito pouco com moralidade e combate à corrupção.

Esse autoengano tende a ser, inclusive, maior na classe média que na elite econômica. É que o capital cultural, o conhecimento incorporado pelo indivíduo, exige sempre esforço para sua assimilação. Por isso, a incorporação de conhecimento arduamente obtido pelo esforço disciplinado aparece ao indivíduo como interna e inata, como fazendo parte da sua personalidade mesma e, portanto, indissociável de si, ao contrário do dinheiro, que é percebido como algo externo à personalidade. Por conta disso, a classe média é a classe por excelência da falácia da meritocracia.

Isso comprova também que as relações de classe, ou seja, a luta de classes no sentido da obtenção de uma melhor posição na competição

---

2   E, hoje em dia, na sociedade do conhecimento, a posse de conhecimento aplicado à produção é a base para inovações tecnológicas que se transformam em capital econômico de enorme valorização. Pensemos em Bill Gates ou Steve Jobs.

103

## A ELITE DO ATRASO

de todos contra todos pelos recursos escassos, exige também justificativa para os privilégios. Não existem apenas capitais em disputa, mas também uma disputa pelas interpretações, legitimações e justificativas das posições alcançadas. O estudo da reprodução dos privilégios da classe média talvez nos dê o melhor ponto de partida para entender a luta de classes e seu ocultamento sistemático.

Nas pesquisas empíricas que conduzi sobre as classes sociais no Brasil, o aspecto que mais chamou atenção foi a diferença de ponto de partida de cada uma delas. É que o capital cultural, como símbolo de conhecimento útil e incorporado pelos sujeitos, possui uma série de pressupostos. Alguns desses pressupostos são visíveis, mas a maioria é desenvolvida de modo invisível e pré-refletido desde tenra infância. É um privilégio muito visível o fato de a classe média possuir capital econômico suficiente para comprar o tempo livre de seus filhos só para o estudo. Os filhos das classes populares precisam conciliar estudo e trabalho desde a primeira adolescência, geralmente a partir de 11 ou 12 anos.

Esse dado empírico já bastaria para mostrar a insensatez de se imaginar que alguém da classe média possui um mérito individual – que, na realidade, é socialmente construído sob a forma de privilégio herdado. Mas a desigualdade de ponto de partida não fica por aí. Existem outros aspectos que são tornados ainda mais invisíveis. A desigualdade típica da apropriação diferencial do capital cultural de todas as classes abaixo da elite financeira decorre da socialização familiar.

Isso não significa, obviamente, que a culpa é da família. Primeiro, não existe a família, mas sempre famílias, no plural, as quais, de acordo com seu pertencimento de classe específico, vão reproduzir em alguns casos o privilégio recebido de mão beijada – no fundo semelhante à herança econômica – e reproduzir no tempo o monopólio do capital cultural. Ou, como no caso da "ralé de novos escravos", vão reproduzir tão somente sua própria inadaptação social.

Vamos comparar a socialização familiar na classe média e nos excluídos e ver como funciona a produção da desigualdade tornada invisível.

OS CONFLITOS DE CLASSE DO BRASIL MODERNO

O material de entrevistas sobre a classe média nos mostra que seus filhos, desde muito novos, são estimulados a se dedicar à educação. O hábito de leitura dos pais, o estímulo à fantasia por meio de livros, jogos e contação de histórias, a familiaridade com línguas estrangeiras despertada desde cedo, tudo milita a favor da incorporação pré-reflexiva de uma atitude que valoriza pressupostos do capital cultural. Esses estímulos são pré-escolares, mas, como nos tornamos humanos imitando quem amamos – os pais ou quem os represente –, são essas pessoas que irão forjar o sucesso escolar da classe média, assim como, mais tarde, seu sucesso profissional no mercado de trabalho. Depois, como o sucesso escolar foi, quase sempre, decisivo para os pais, todo o estímulo da contrapartida amorosa exigida dos filhos é direcionado ao sucesso escolar, ao aprendizado de línguas estrangeiras e à leitura.

A criança de classe média, afinal, chega à escola conseguindo se concentrar porque já havia recebido estímulos para direcionar sua atenção ao estudo e à leitura antes, por incentivo familiar. Como a família também compra o tempo livre dos filhos para que possam se dedicar integralmente à escola, a pré-história do vencedor predestinado ao sucesso se completa. Todas as vantagens culturais e econômicas se juntam, mais tarde, para a produção, desde o berço, de um campeão na competição social.

Na família dos excluídos, tudo milita em sentido contrário. Mesmo quando a família é constituída por pai e a mãe juntos, o que é minoria nas famílias pobres, e os pais insistem na via escolar como saída da pobreza, esse estímulo é ambíguo. A criança percebe que a escola pouco fez para mudar o destino de seus pais, por que iria ajudar a mudar o seu? Afinal, o exemplo, e não a palavra dita da boca para fora, é o ponto decisivo no aprendizado infantil. A brincadeira de um filho de servente de pedreiro é com o carrinho de mão do pai. O aprendizado afetivo aqui aponta para a formação de um trabalhador manual e desqualificado mais tarde.

Como os estímulos à leitura e à imaginação são menores, os pobres possuem quase sempre enormes dificuldades de se concentrar na escola. Muitos relatam em entrevistas que fitavam a lousa por horas sem

A ELITE DO ATRASO

conseguir aprender o conteúdo. A capacidade de concentração não é, portanto, um dado natural, como ter dois ouvidos e uma boca, mas uma habilidade e disposição para o comportamento aprendida apenas quando adequadamente estimulada. Quem a recebe de berço passa a contar com um precioso privilégio na luta social mais tarde. É assim que se formam os privilégios típicos de classe média, para que seu monopólio sobre o conhecimento valorizado seja mantido ao longo de gerações. Para o filho já adulto, com emprego bem pago e prestígio social, tudo é percebido como se fosse o milagre do mérito individual.

Outra habilidade ou disposição para o comportamento fundamental é o pensamento prospectivo, ou seja, a percepção do futuro como mais importante que o presente. É com base nessa predisposição, tão pouco natural quanto a capacidade de se concentrar, que aceitamos renunciar ao prazer presente em nome de um prêmio futuro. Por conta disso, associadas ao pensamento prospectivo estão sempre a disposição à disciplina e a disposição ao autocontrole. Ambas são exigidas para que exista pensamento prospectivo. Sem pensamento prospectivo não se planeja a vida. E se uma vida cuidadosamente planejada e antecipada já é difícil, imagine-se uma sem qualquer planejamento consciente. Juntas, portanto, essas predisposições – todas fruto de aprendizado silencioso e invisível na família – formam o que poderíamos chamar de condução racional da vida, dado que ensejam a incorporação de uma instância de cálculo pragmático para a construção do futuro mais bem-sucedido possível.

Na classe média, esse aprendizado também é exemplar, e não da boca para fora. Desde o berço estimula-se o aprendizado de um cálculo prático da vida que sopesa tudo de acordo com o melhor resultado futuro possível. Com o tempo, essa instância se torna independente dos conselhos dos pais e passa a operar como algo natural e automático para os indivíduos. Como o processo familiar que forma as pessoas é esquecido na vida adulta, também a produção desses tipos de privilégios parece algo natural e inato aos indivíduos que os detêm. Se na elite dos endinheirados o capital econômico tem que parecer inato e, portanto, merecido, na classe

## OS CONFLITOS DE CLASSE DO BRASIL MODERNO

média a aquisição de conhecimento valorizado e das predisposições que permitem sua incorporação pelo sujeito tem que parecer também inata, sendo, portanto, também percebida como merecida e justa.

Nas nossas classes abandonadas, a produção desde o berço, ao contrário das classes do privilégio, é da inadaptação à competição social em todos os níveis. Primeiro, a herança vem de longe. Essa classe descende dos escravos "libertos" sem qualquer ajuda e se junta a uma minoria de mestiços e pobres brancos também com histórico de abandono. Embora a dominação agora seja de classe e não apenas de raça, a raça e o odioso e covarde preconceito racial continuam contando de um modo muito importante. A nossa "ralé" atual, de todas as cores de pele, é formada pelo inadaptado à competição social que herdou todo o ódio e desprezo que se devotava antes ao negro.

A escravidão, como vimos, dificultava a formação de famílias negras e combatia qualquer forma de independência e autonomia do escravo. Não é por acaso, portanto, que nossos pobres tenham famílias monoparentais e dificuldades para desenvolver um padrão que reproduza a contento os papéis de filho/filha, pai/mãe e irmão/irmã presentes em toda família da classe média. A enorme estigmatização do preconceito escravocrata, que no nosso caso foi amplo e contava com o apoio de todas as classes acima dos abandonados, tende a se introjetar na própria vítima. Aos escravos e seus descendentes foram deixados o achaque, o deboche cotidiano, a piada suja, a provocação tolerada e incentivada por todos, as agressões e até os assassinatos impunes.

Em um contexto social de tamanha violência que segue sem qualquer mudança expressiva até hoje, não é possível, salvo raras exceções, a construção de seres humanos com autoestima e autoconfiança. Sem autoestima e autoconfiança, não se pode passar para os filhos os incentivos que a classe média possui e reproduz desde o berço. O ciclo aqui não é virtuoso; é vicioso e satânico. Quem é visto como lixo e só recebe ódio e desprezo tende a reproduzir no próprio ambiente familiar o mesmo contexto, atingindo os mais frágeis na família. Daí a naturalização do abuso sexual e do abuso instrumental dos mais frágeis pelos mais fortes. Florestan Fernandes já o havia detectado em sua pesquisa pioneira e nós comprovamos os mesmos efeitos dessa condenação perpétua em nossa pesquisa empírica realizada quase um século depois.[3]

À pobreza econômica foi acrescentada a pobreza em todas as outras dimensões da vida. Se a pobreza econômica, por exemplo, implica foco no aqui e no agora por conta das urgências da sobrevivência imediata, toda a atenção se concentra necessariamente no presente e nunca no futuro, posto que é incerto. Por outro lado, olhar para o futuro é o que constrói o indivíduo racional moderno, que sopesa suas chances e calcula constantemente onde deve investir seu tempo e suas habilidades. A prisão no aqui e no agora tende a reproduzir no tempo, portanto, a carência do hoje, e não a saída para um futuro melhor.

São produzidos, nesse contexto, seres humanos com carências cognitivas, afetivas e morais, advindo daí sua inaptidão para a competição social. O berço dessas classes não é o apoio incondicional de pais amorosos, como é a regra na classe média. Mas foi e é o tipo de ódio mais covarde que a humanidade já produziu. Aquele ódio e desprezo que se devota ao sub-humano, do qual todas as classes, mesmo a dos trabalhadores semiqualificados e precarizados, vão querer se distinguir e se sentir superiores. E essa superioridade tem que ser proclamada e repetida todos os dias sob as mais variadas formas. A própria lei formal não vale para elas. Sabemos que matar um preto pobre nunca foi crime entre nós. Ao contrário, como nos motins de presidiários com vítimas fatais, os aplausos e as celebrações para chacinas inomináveis são contados em proporções assustadoras.

Do mesmo modo que a violência em relação aos escravizados era ilimitada – em um contexto, como no Brasil das minas, quando até os escravizados que conseguiam comprar sua alforria, confiando na lei do branco, eram depois presos e vendidos como escravos em outras províncias –, hoje a matança dos pobres que herdaram a maldição do ódio devotado aos escravizados comove poucos dentre os privilegiados.

---

3 Jessé Souza, *A ralé brasileira*, Rio de Janeiro: Civilização Brasileira, 2022.

## OS CONFLITOS DE CLASSE DO BRASIL MODERNO

É esse o berço dessa classe abandonada e odiada. Uma classe só tolerada para exercer os serviços mais penosos, sujos e perigosos, a baixo preço, para o conforto e uso do tempo poupado em atividades produtivas pela classe média e alta. Mas não apenas isso. Como essa tragédia diária é literalmente invisível e naturalizada como a coisa mais normal do mundo, o próprio pobre acredita na sua maldição eterna. O pobre e excluído, ao concluir a escola como analfabeto funcional, como tantos entre nós, se sente culpado do próprio fracasso, e tão burro e preguiçoso quanto os privilegiados, que receberam tudo "de mão beijada" desde o berço, costumam considerá-lo. O círculo da dominação se fecha quando a própria vítima do preconceito e do abandono social se culpa pelo destino que lhe foi preparado secular-mente por seus algozes.[4]

Se nos libertarmos dos conceitos de classe social com base na renda, construídos para que falemos de classe e nunca compreendamos o que isso de fato significa, podemos reconstruir a história do Brasil de outra maneira. Podemos perceber como tradições e heranças invisíveis de classe predeterminam a vida dos indivíduos como um destino. É claro que existem exceções, mas a regra continua a mesma. O ódio também continua o mesmo. Como mostramos em *A herança do golpe*,[5] foi o ódio encoberto a essa classe de desprezados sem culpa – que foi o foco das políticas compensatórias do PT no poder – que possibilitou o uso, como mero pretexto, do combate seletivo à corrupção comandado pela farsa da Lava Jato para derrubar um governo legítimo.

É hoje inegável para qualquer pessoa que tenha ido à avenida Paulista, ou a qualquer das principais avenidas das grandes cidades brasileiras, pro-testar só contra Lula e o PT, que a corrupção era fachada para o verdadeiro objetivo das classes médias, que era interromper o projeto de ascensão social das classes excluídas para que continuassem sendo – exatamente como os escravizados do passado – odiadas, superexploradas e desprezadas.

---

4  *Ibidem.*

5  Jessé Souza, *A herança do golpe,* Rio de Janeiro: Civilização Brasileira, 2022.

Assim, entre as classes sociais que formaram o Brasil moderno, foi a "ralé de novos escravos" – que soma ainda hoje quase metade da população,[6] herdando o desprezo social de todos que era devotado ao negro escravizado – o elemento mais importante para singularizar o Brasil. Essa classe vai construir um acordo de classes nunca explicitado entre nós. Na base desse acordo está a existência dos "sub-humanos" em relação aos quais todas as classes podem se diferenciar positivamente. O Brasil passou de um mercado de trabalho escravocrata para um formalmente livre, mas manteve todas as virtualidades do escravismo na nova situação.

Os ex-escravizados da "ralé de novos escravos" continuam sendo explorados na sua "tração muscular", como os cavalos aos quais os escravos de ontem e de hoje ainda se assemelham. Os carregadores de lixo das grandes cidades são chamados, inclusive, literalmente, de "cavalos". O recurso que as empregadas domésticas usam é, antes de tudo, o corpo, trabalhando horas de pé em funções repetitivas, com a barriga no fogão quente, do mesmo modo que faxineiras, motoboys, cortadores de cana, serventes de pedreiro etc. Como o caminho do aprendizado escolar é fechado desde cedo para a imensa maioria dessa classe, não é o conhecimento incorporado ao trabalhador que é vendido no mercado de trabalho, mas a capacidade muscular, comum a todos os animais. Uma classe reduzida ao corpo, que representa o que há de mais baixo na escala valorativa do Ocidente. Por conta disso, essa classe, do mesmo modo que os escravos, é desumanizada e animalizada. Passa a não ter valor como ser humano – o que vimos exigir, em alguma medida, a dimensão do espírito, ou seja, no nosso caso, o conhecimento útil incorporado.

A ralé de novos escravos será a classe não só de que todas as outras vão procurar se distinguir e se afastar, mas, também, aquela cujo trabalho farto e barato vão procurar explorar. Mais uma vez, nada de novo em relação ao passado escravista. Isso vale para as classes do privilégio, a elite

---

6 Jessé Souza, *A ralé brasileira, op. cit.*

## OS CONFLITOS DE CLASSE DO BRASIL MODERNO

econômica e a classe média, que monopolizam o capital econômico e o capital cultural mais valorizado e se utilizam da ralé como se utilizavam dos escravos domésticos, para serviços na família, posto serem pessoas que, por sua própria fragilidade social, são ansiosas por se identificarem com os desejos e objetivos dos patrões. Essa identificação com o opressor, a ponto de tornar os objetivos do patrão os seus próprios, também é uma continuidade sem cortes com o escravo doméstico do escravismo. A melhor situação do escravo doméstico em relação ao da lavoura era paga com servidão espiritual, na qual o indivíduo abdicava de ter interesses próprios para melhor satisfazer os desejos e as necessidades dos senhores. O caso muito comum de babás e empregadas que criam os filhos do patrão "como se fossem seus" reflete esse contexto.

Mas a própria classe trabalhadora e os batalhadores do capitalismo financeiro, que lograram incorporar conhecimento útil em alguma medida significativa e, portanto, podem participar do mercado de trabalho competitivo, também procuram se distanciar da ralé. A título de ilustração, uma história verídica que nos foi contada por um informante que desenvolve trabalho político na periferia de São Paulo. Um casal de batalhadores, o marido trabalhador especializado em assentar piso de mármore em construções e a mulher faxineira em bairros ricos da capital, ganhando R$ 3 mil cada um, devotava aos pobres o mesmo preconceito que a classe média. Pouco adiante do próprio barraco, o marido aponta para um barraco caindo aos pedaços, onde uma mulher abandonada pelo marido e mãe de seis filhos pequenos sobrevive com o Bolsa Família, e diz: "Olha lá, só não pode é ajudar quem não trabalha. Esse foi o maior erro do PT!"

O trabalho midiático de criminalização da esquerda e da própria ideia de igualdade foi aqui o ponto principal dessa arregimentação de setores expressivos das próprias classes populares, e não apenas do seu público cativo de classe média. A reconquista dessa classe vai ser o principal desafio de qualquer discurso que contemple a igualdade social na nova quadra histórica. Parte dela tende a ser cooptada pelo discurso de estigmatização

## A ELITE DO ATRASO

dos pobres, a mais longeva das tradições brasileiras. Certamente, existem também nichos importantes tanto na classe trabalhadora quanto na própria classe média que não refletem esse ódio de classe aos mais frágeis.

Assim, a "ralé de novos escravos" cumpre, entre nós, uma função semelhante àquela que as castas mais inferiores do hinduísmo cumpriram. Max Weber, em sua análise da religião hindu, percebia como uma das razões mais importantes para a longevidade milenar do sistema de castas era precisamente o fato de que todas as castas podiam se considerar superiores em relação à que estava no último degrau da hierarquia social. O sistema era aberto, ou seja, sempre admitia a entrada de castas estrangeiras, desde que aceitassem começar por baixo de todos. Desse modo, havia sempre alguém abaixo, precisamente para permitir que inclusive outras castas inferiores pudessem se sentir superiores a essa, condenada aos serviços mais desprezíveis.[7]

Com a nossa "ralé de novos escravos" acontece rigorosamente a mesma coisa. Ela permite que todas as classes acima se sintam superiores e possam explorá-la – se possível, sem limites legais. A reação violenta da classe média à lei das empregadas domésticas, que procura garantir direitos mínimos, comprova sobejamente o que estamos dizendo.

Na realidade, e venho dizendo isso há mais de vinte anos, a grande questão social, econômica e política do Brasil é a existência continuada dessa ralé de novos escravos. Nenhuma outra questão é mais importante e nada singulariza mais o Brasil do que ela. Como é estigmatizada e ninguém quer sequer chegar perto dela – exatamente como nas castas inferiores do hinduísmo –, a escola e a saúde, por exemplo, que se destinam a ela são aviltadas. A insegurança pública crônica, já que a ausência de oportunidades reais manda uma parte dessa classe para o crime – no homem, a figura típica é o bandido, enquanto na mulher é a prostituta –, decorre desse abandono. Afinal, existem aqueles entre os excluídos que não querem se

---

7 Max Weber, *Die Wirtschaftsethick der Weltreligionen: Hinduismus und Buddhismus*, Tübingen: Mohr, 1991.

## OS CONFLITOS DE CLASSE DO BRASIL MODERNO

identificar com o "pobre otário" que trabalha por migalhas para ser "tapete de bacana". Tudo, enfim, que identificamos como os grandes problemas brasileiros – como, além dos elencados acima, a "baixa produtividade" do trabalhador brasileiro – tem relação com esse abandono secular.

Mas essa questão jamais chegou a ser considerada a mais importante entre nós. Um esforço como o feito pela França da Terceira República – a França que saía despedaçada pela Comuna de Paris de 1871 e pelas lutas fratricidas e decidiu transformar sua "ralé", no caso, especialmente os camponeses embrutecidos do interior, em cidadãos pela ação, antes de tudo, da escola republicana igual para todos[8] – jamais aconteceu entre nós. Iniciativas semelhantes, como a escola de tempo integral de Brizola, que foram destruídas no nascedouro com o apoio da mídia elitista, como sempre, com a Rede Globo à frente. A tentativa light petista de melhorar minimamente as condições dessa classe levou ao golpe de 2016 com amplo apoio midiático, da classe média e até de setores populares e tudo o mais que aconteceu a reboque desse acontecimento fatídico, como a prisão de Lula e a posterior chegada de Bolsonaro à Presidência.

O que permanece do escravismo é a sub-humanidade cevada e reproduzida, a crença de que existe gente criada para servir outra gente e que, se existir um governo para redimi-la, deve ser derrubado sob qualquer pretexto de ocasião. É necessário reproduzir uma classe de carentes pela ausência de pressupostos para o sucesso escolar como uma forma de continuar a escravidão por outros meios. Uma raça/classe condenada a serviços brutos e manuais desvalorizados. É isso que explica o golpe recente no seu conteúdo mais importante e mais assustador. A manipulação midiática mais grotesca só pôde existir por conta disso.

O grande pensador do processo civilizatório Norbert Elias analisou o processo europeu, destacando, como ponto principal, não por acaso, o corte com a escravidão do mundo antigo. Na cabeça do grande sociólogo estava a crença de que o processo civilizador se baseia na percepção e consideração

---

8  Eugen Weber, *Peasants into Frenchmen*, Stanford: Stanford University Press, 1976.

da alteridade, de um "outro" que tem que ser respeitado. Elias interpreta a culpa freudianamente, como o estopim da moralidade, como a base de um processo que leva ao Estado moderno e à democracia. E quando não se tem culpa no exercício da violência material e simbólica contra os mais frágeis porque se considera que sejam sub-humanos, escravos e indignos de serem tratados e reconhecidos como humanos? Essa é a principal herança da escravidão para o Brasil moderno. Uma herança que foi tornada invisível e, portanto, nunca conscientizada.

Como tamanha naturalização de um ódio tão mesquinho foi possível entre nós? Essa é a grande questão brasileira do momento. Nenhuma outra se compara a ela em magnitude e urgência. Como se construiu esse câncer do Brasil moderno? Como foi e é possível haver tamanho ódio, e tão primitivo, em circunstâncias modernas? Como foi tramada e projetada a continuidade de uma sociedade sem aprendizado moral e sem culpa?

## 6. O pacto antipopular da elite com a classe média

No contexto das quatro grandes classes sociais e suas diversas frações que marcam a sociedade brasileira contemporânea – a saber: a elite dos proprietários, a classe média, a classe trabalhadora semiqualificada e a ralé de novos escravos –, a mais estratégica para o padrão de dominação social que foi instaurado no Brasil é a classe média. Ainda que a classe trabalhadora tenha, em diversas fases históricas, forçado os limites estreitos previstos na estratégia excludente que marcou a história política brasileira, para compreendermos o pacto de dominação reacionário que prevaleceu no Brasil de ontem e de hoje é necessário, antes de tudo, compreender o comportamento da classe média.

A elite dos proprietários mantém seu padrão predatório de sempre. A grilagem de terra, covarde e assassina como sempre, foi e ainda é uma espécie de acumulação primitiva de capital eterna no Brasil. Os grandes latifundiários aumentavam sua terra e riqueza pela ameaça e pelo assassinato de posseiros e vizinhos, como, aliás, acontece ainda hoje.[1] Nada muda significativamente com a elite do dinheiro de hoje, que compra o

---

1 Os assassinatos de indígenas e trabalhadores rurais no "totalitarismo corporativo" de nossos dias, resultado do golpe de 2016, voltaram com toda força aos noticiários.

A ELITE DO ATRASO

Parlamento, sentenças de juízes, a imprensa e o que mais for necessário para manter seu bolso cheio – como o mal explicado "acidente" com o avião do ministro do Supremo Tribunal Federal Teori Zavascki comprova. O que importa é garantir o saque ao orçamento, a rapina das riquezas nacionais como sócio menor do capital estrangeiro e a quebra do ânimo e da solidariedade dos trabalhadores para a maior exploração possível do trabalho. Alguma mudança?

Com a ralé dos novos escravos, a mesma coisa. O mesmo ódio covarde devotado ao escravizado, não apenas pela exploração do trabalho a preço vil, mas pela humilhação diária, pelo desejo e a alegria com assassinatos e massacres, pela recusa em tolerar qualquer melhora nas suas condições. Alguma mudança? Com os trabalhadores, especialmente a partir dos anos 1980, com a fundação do PT, a situação de completa subjugação aos interesses elitistas pôde ser mitigada e contrabalançada em alguma medida. Os trabalhadores e os movimentos sociais das classes populares tiveram um mínimo de poder de fala, ainda que sempre vigiados de perto e expostos ao poder de difamação e distorção sistemática da informação pela grande imprensa.

Hoje em dia, o capitalismo financeiro começa a criar sua própria classe trabalhadora crescentemente precarizada e ameaçada pelo desemprego e por cortes de direitos. Pior ainda. Parte dela se identifica com os opressores e se imagina "empresária de si mesma". A competição tende a superar a solidariedade de classe como efeito de vários fatores. A conquista dessa nova classe trabalhadora precarizada – que um marketing míope e pouco inteligente do próprio PT chamou de "nova classe média" – será o principal desafio para qualquer perspectiva crítica no espectro político do futuro.

Mas a chave para a compreensão da iniquidade e vileza singulares da sociedade brasileira é a classe média. É ela que forma um pacto antipopular comandado pela elite dos proprietários, no qual se misturam aspectos racionais, como preservação de privilégios, e aspectos irracionais, como necessidades de distinção, ódio e ressentimento de classe. É esse

## O PACTO ANTIPOPULAR DA ELITE COM A CLASSE MÉDIA

mecanismo essencial, construído de modo consciente e planejado pelas elites a partir da década de 1930, que explica a recorrente vitória do pacto antipopular do último século.

O Brasil adentra o século XX em franca mudança econômica e social, em meio à continuação de padrões valorativos e políticos herdados sob máscaras modernas do escravismo. Já a política de substituição de importações causada pelo impacto da Primeira Guerra Mundial no comércio mundial cria as condições de uma industrialização incipiente especialmente na cidade de São Paulo. As duas classes polares da sociedade brasileira que descendem diretamente da escravidão, que são a ralé de novos escravos e a elite da rapina, são adaptadas ao novo contexto competitivo, mas reproduzem padrões que, substancialmente, são uma continuação do passado.

São Paulo e, com menos profundidade, o Rio de Janeiro vão ser as cidades que servirão de berço para as novas classes sociais que se criam já a partir da industrialização incipiente do início do século XX: uma classe trabalhadora precária e uma classe média moderna. A classe trabalhadora urbana e industrial e a classe média *white collar*, dos serviços administrativos do mercado do comércio e das finanças, acrescida da classe média dos serviços estatais, que também se avoluma nesse período, são a novidade social, econômica e política do Brasil que se moderniza, se urbaniza e se industrializa.

Um primeiro momento de organização das classes trabalhadoras já se dá em São Paulo no início do século XX. Com a industrialização acelerada causada pela substituição de importações na Primeira Guerra Mundial, o movimento anarquista, infiltrado na classe trabalhadora paulista transplantada da Europa, logra produzir a primeira greve geral bem-sucedida da história do país já em 1917. Centenas de trabalhadores e familiares indefesos foram mortos pela polícia e uma feroz perseguição aos seus líderes se seguiu à greve.[2] A greve de 1917 foi um equivalente

---

2 José Luiz Del Roio, *A greve de 1917*, São Paulo: Alameda Editorial, 2017.

A ELITE DO ATRASO

brasileiro da Comuna de Paris de 1871. Uma efetiva intervenção da classe trabalhadora na política teria que esperar mais de cinquenta anos.

É claro que, inicialmente, a criação das novas classes sociais ainda é localizada e incipiente. Será apenas a partir do Estado Novo de Vargas, em 1937, que a criação de uma sociedade de outro tipo, moderna e industrial, será perseguida pela primeira vez sob a forma de um projeto nacional de desenvolvimento articulado e refletido. Esse período inaugura o começo da sociedade brasileira atual e consolida uma configuração de classes específica, com as quatro classes definidas acima, e um padrão de dominação social e política que continua até nossos dias.

Depois do lento processo de modernização de fora para dentro que o Brasil sofre a partir de 1808 – seguido da libertação formal dos escravizados e da entrada de milhões de imigrantes no início do século XX, formando uma classe trabalhadora rural e urbana de tipo novo –, os fatos mais importantes para nossa narrativa acontecem nos anos 1930. O grande divisor de águas é a entrada do Estado como variável nova do desenvolvimento brasileiro. É óbvio que o Estado existia antes. Mas nunca havíamos tido um Estado interventor e reformador. É isso que o Estado Novo e a figura de Getúlio Vargas significam.

Getúlio Vargas é alçado ao poder por uma coalizão de elites regionais subordinadas que se rebelaram contra São Paulo, já o estado mais rico da federação e que queria também monopolizar o poder político em suas mãos. Getúlio implementa uma política industrializante em um país que havia sido até então eminentemente agrário. Nesse âmbito, ele se singulariza por ter conseguido dar os primeiros passos na direção da construção entre nós do que Karl Marx chama, em *O capital*, de setor I da economia: aquele que se refere às indústrias de bens de produção que poderão, depois, permitir a construção das indústrias de bens de consumo propriamente. O aproveitamento de ferro, aço, cimento e petróleo, possibilitando siderurgias, estradas e fornecimento de energia, é um pressuposto para as indústrias de bens de consumo que seriam construídas a partir da década de 1950, muito especialmente sob Juscelino Kubitschek.

## O PACTO ANTIPOPULAR DA ELITE COM A CLASSE MÉDIA

Paralelamente, Vargas constrói instituições estatais de pesquisa e planejamento para equipar o Estado de efetiva capacidade de intervenção. Leva a cabo também a Consolidação das Leis do Trabalho, hoje sob cerrado ataque dos golpistas, reunindo e sistematizando o conjunto de leis isoladas que existiam acerca do tema. Vargas constrói o fundamento de uma ordem capitalista industrial tanto na economia quanto na política. A partir desse esforço, temos um mercado e um Estado mais vigorosos no Brasil. Não seria exagero dizer que, a partir de Vargas, o "Brasil moderno" tem uma estrutura de classes e de relações de poder que, malgrado modificações e variações históricas supervenientes, nos caracteriza até hoje.

Mas Vargas não toca na questão decisiva da ralé de novos escravos nem no campo nem na cidade. Seu norte é a construção de uma ordem capitalista competitiva, e seu público cativo – e mais tarde sua base eleitoral – vai ser formado pelos trabalhadores urbanos qualificados e semiqualificados que se tornam o segmento mais importante, ainda que não o mais numeroso, das classes populares ascendentes. Sua outra base de apoio, ainda que ambígua e pouco confiável, é uma burguesia industrial nascente. Apesar de governar em nome da burguesia industrial que se constituía rapidamente como a fração mais importante da classe dos proprietários, Vargas não tinha seu apoio incondicional. Ao contrário, era visto por parte substancial da elite dos proprietários com desconfiança, do mesmo modo que Lula e o PT mais tarde seriam.

A elite que "nunca o engoliu" foi precisamente a mais forte em todos os sentidos: a elite paulista, derrotada militarmente na Revolução de 1930, comandada por Vargas. Uma elite de início ainda firmemente ancorada na lavoura e nos seus alongamentos financeiros e comerciais urbanos, mas que desenvolve um projeto refletido e consciente de criar um bastião ao mesmo tempo "antigetulista e antiestatal". O liberalismo entre nós não surge como demanda de setores burgueses ciosos de garantir espaços de autonomia e ação contra uma ordem estamental e elitista. Dá-se aqui precisamente o contrário. O liberalismo passa a ser o ideário do "mandonismo privado".

A ELITE DO ATRASO

Já no século XIX, o liberalismo tem esse sentido de recobrir com palavras bonitas como "liberdade" e "autonomia" o que era simplesmente uma reação ao Estado nascente e a sua necessidade de impor a lei e proteger os mais frágeis do simples abuso do poder sob a forma da força ou do dinheiro. O interregno de dominação política dos liberais no século XIX teve esse sentido não de liberar o poder local das amarras do incipiente Estado, mas, sim, de usar a máquina do Estado para o mandonismo e privatismo sem peias e limites dos já poderosos. A liberdade que nosso liberalismo sempre defendeu foi a de saquear a sociedade, tanto o trabalho coletivo quanto as riquezas nacionais, para o bolso da elite da rapina que sempre nos caracterizou.

Os novos tempos e o novo século pedem, no entanto, um liberalismo repaginado e habilitado para convencer, e não apenas oprimir. O moralismo da nascente classe média urbana seria a melhor maneira de adaptar o mandonismo privado aos novos tempos, pintando-o com as cores da liberdade e da decência. O que estava em jogo aqui era a captura da classe média letrada pela elite do dinheiro, formando a aliança de classe dominante que marcaria o Brasil daí em diante.

O sinal dos novos tempos já havia sido dado pelo tenentismo, movimento de oficiais de baixa patente que ansiavam pela renovação moral do Brasil a partir de cima, pelo Estado reformador. O tenentismo já expressava a nova autoconfiança de uma classe média urbana ainda incipiente, mas que queria se ver representada em um esquema político completamente dominado pela ínfima elite dos proprietários. Eleições nas quais menos de 5% da população votava e que, mesmo assim, eram sistematicamente fraudadas perfaziam a "democracia" da República Velha.

Boa parte dos tenentes subiu ao poder com Vargas e ameaçava construir uma hegemonia não só política, mas também cultural e duradoura por oposição ao mandonismo privatista dos proprietários. Os novos tempos exigiam mudança na forma de dominação elitista da violência física das terras aumentadas por assassinatos e das eleições fraudadas para a violência simbólica da criação de uma nova hegemonia de classe. A violência

## O PACTO ANTIPOPULAR DA ELITE COM A CLASSE MÉDIA

simbólica significa a construção de uma nova concepção de sociedade adequada aos interesses dos proprietários. A reprodução da dominação econômica passou a exigir mais que a mera coação física, que se tornou crescentemente ilegítima se aplicada aos "homens de bem", como a classe média se percebia.

Passava a ser necessário, percebia-se, ganhar o coração e a mente das pessoas de bem – a classe média que se constituía e contra a qual não se podia usar o chicote, direcionado sem percalços contra os mais pobres. Esse é o contexto da criação da grande imprensa, das grandes universidades, do mercado editorial e do nascimento de uma esfera pública mais ampliada entre nós. Embora essas instituições já existissem no século XIX em caráter incipiente e circunscrito às elites, foi a partir dos anos 1920 e 1930 que uma esfera pública burguesa, tendo a classe média como público consumidor principal, passou a existir e influenciar a vida social, política e cultural do país. A constituição de uma esfera pública burguesa transformou a vida social e política de todas as sociedades ocidentais a partir da segunda metade do século XVIII. É importante que conheçamos sua especificidade para que possamos compreender o modo singular como ela se constitui no Brasil.

Como, entre nós, essa esfera pública foi organizada de modo diferente do que foi na sua experiência europeia, é importante ressaltar sua estrutura social e política peculiar. Afinal, são esses processos de institucionalização de uma determinada consciência moral e política que explicam as singularidades de uma dada sociedade. Quando não se faz esse dever de casa de pesquisador é que temos os "estoques culturais" supostamente imutáveis explicando uma realidade nunca compreendida de fato.

Apenas desse modo podemos perceber o que foi destruído na experiência democrática brasileira que nos fez tão suscetíveis aos golpes de Estado recorrentes. Como temos uma leitura economicista da realidade e olhos apenas ao PIB e ao dinheiro, tendemos a não perceber a importância dos aprendizados societários simbólicos e morais. No entanto, sem

# A ELITE DO ATRASO

aprendizado moral não se tem desenvolvimento econômico que sirva à maioria da sociedade. Daí que a reconstrução do processo de colonização da esfera pública entre nós pelo poder do dinheiro seja tão importante. O que é, afinal, uma esfera pública? Por que ela é tão importante para uma democracia sólida? Que tipo de aprendizado coletivo ela enseja?

# 7. A classe média e a esfera pública colonizada pelo dinheiro

O que tem de ser explicado aqui é como a elite do dinheiro, que detém o capital econômico e, por conta disso, manda na economia, passa a mandar de modo indireto também no mundo social e político pela construção, colonizada pelo dinheiro, da opinião pública. Essa elite precisa travestir seus interesses de proprietária em suposto interesse geral para garantir o controle da reprodução social mantendo seus privilégios. Apesar de controlar os meios de produção material e também os meios de produção simbólicos, como jornais e editoras, a tarefa, ainda assim, não é fácil. O dinheiro quer se reproduzir sempre aumentando sua quantidade, o que significa, quase sempre, que outros estão perdendo nessa conta. O dinheiro, na forma da acumulação de capital, precisa ser legitimado politicamente e moralmente para conseguir sua reprodução ampliada *ad infinitum*. Como isso se dá em uma sociedade, como a democrática moderna, que diz de si mesma que representa o interesse geral?

Esse tema é central para que compreendamos a perpetuação de relações de dominação social e econômica no tempo. Isso significa, também, que, além de mercado e Estado, temos que considerar e compreender a ação de uma outra instituição fundamental que nasce – do mesmo modo que o mercado competitivo e o Estado centralizado – apenas com o mundo moderno: a esfera pública. Sem compreendermos como essa esfera social funciona, não compreenderemos como a elite do dinheiro se apropria simbolicamente, já como efeito de ideias que se tornam depois naturais como andar e respirar, das classes médias em formação no nosso país.

No Brasil, a classe média sempre foi, desde meados do século passado, a tropa de choque dos ricos e endinheirados. É preciso compreender, no entanto, como isso se tornou possível. Como é possível se apropriar dos desejos, ambiguidades e inseguranças da classe média para mantê-la servil, mesmo contra seus melhores interesses, e deixar as classes populares para a polícia truculenta? O uso sistemático da inteligência nacional e da imprensa que a veicula em proveito dos interesses da pequena elite endinheirada é a resposta.

Para entendermos como isso se deu, teremos, no entanto, que compreender a singularidade da esfera pública em relação ao Estado e ao mercado. Afinal, é na esfera pública que a classe média é colonizada pelos interesses do dinheiro. O domínio da elite sobre ela é simbólico e pressupõe convencimento. O domínio sobre as classes populares baseia-se, ao contrário, mais na repressão e na violência material. Como se dá essa dominação pelo convencimento? Quem melhor esclareceu essa questão e percebeu sua importância para as formas modernas de aprendizado coletivo foi o filósofo e sociólogo alemão Jürgen Habermas. Note o leitor que, em vez de recorrer a estoques culturais ou supostas heranças culturais malditas, como faz o culturalismo racista entre nós, temos que analisar, mais uma vez, a presença ou ausência de aprendizados coletivos para compreender nossa singularidade como sociedade.

Para Habermas, a esfera pública não se confunde com a interpretação clássica da sociedade civil como "reino de necessidades" oposto ao Estado. Esfera pública passa a designar, a partir da sua obra seminal para o pensamento deste século, um terceiro momento fundamental das sociedades modernas, o qual não se confunde nem com o mercado nem com o Estado. O tema da esfera pública já é o tema central da tese de livre-docência

## A CLASSE MÉDIA E A ESFERA PÚBLICA COLONIZADA PELO DINHEIRO

de Habermas, *Mudança estrutural da esfera pública*,[1] datada de 1962. Seu interesse primário nesse livro, onde já encontramos em germe todos os temas que iriam concentrar os seus esforços nas décadas seguintes, é marcadamente genealógico e histórico, e nos ajuda a compreender o que está em jogo na esfera pública e no debate público.

Ele se interessa, primeiramente, em perceber a gênese histórica da categoria de "público". Na Idade Média, a categoria de "público" assume a forma de mera representatividade pública. Representatividade aqui possui um sentido literal, de teatralização, visto que não se trata de uma representação de autoridade derivada da soberania popular, mas sim de uma representação do poder de fato perante o povo. A importância das insígnias, do gestuário, das regras de etiqueta aponta, precisamente, para esse estado de coisas.

O sentido moderno de público começa a se desenvolver em combinação com fatores materiais e simbólicos novos, que se constituem no alvorecer da modernidade. Desde o início, a categoria de público se mostra intimamente ligada à categoria de privado. É apenas a partir da delimitação de uma esfera privada inviolável do indivíduo que temos a possibilidade de perceber a novidade do sentido moderno de público. Uma primeira forma de privacidade com implicações públicas óbvias dá-se a partir da privatização da fé. A liberdade de confissão, duramente conquistada em guerras sangrentas, aponta para uma primeira forma de liberdade privada. Esse é o primeiro passo para a constituição daquilo que Jürgen Habermas vai chamar de esfera pública, ou seja, de uma esfera composta de sujeitos privados com opinião própria, o que assegura a possibilidade da contraposição coletiva a decisões discricionárias do poder público.

Desse modo, liberdade pública é indissociável da liberdade privada. O que Habermas chama de esfera pública nasce da redefinição dos lugares do público e do privado, formando, o Estado e a pequena família burguesa,

---

1 Jürgen Habermas, *Strukturwandel der Öffentlichkeit*, Frankfurt: Suhrkamp, 1975. [Ed. bras.: *Mudança estrutural da esfera pública*, São Paulo: Unesp, 2014.]

# A ELITE DO ATRASO

as duas instituições fundamentais de cada um desses respectivos espaços. Além da liberdade de confissão como antecedente principal da liberdade de consciência tipicamente burguesa, temos fatores materiais importantes em jogo. Acima de tudo, a passagem do capitalismo comercial para o capitalismo industrial engendra toda uma infraestrutura de novas formas de transporte e de troca de informações. Na esteira da troca de mercadorias, desenvolve-se, concomitantemente, um aumento correspondente de troca de informações, de início dirigidas a um público restrito de comerciantes com notícias de interesse profissional.

Paralelamente, desenvolve-se, também como consequência da passagem de um capitalismo comercial, limitado localmente em favor de grandes empreendimentos nacionais e internacionais, o Estado permanente, baseado em instituições burocráticas e militares, assim como a partir de um eficiente sistema de impostos. Todo esse conjunto de novas instituições era indispensável ao estímulo e à proteção das atividades econômicas nas esferas interna e externa.

Uma esfera pública de conteúdo não estatal nasce, no entanto, apenas a partir da mudança da função da imprensa, de uma atividade meramente informativa e manipulativa do que interessava ao Estado tornar público, em favor da concepção de um veículo, de um "fórum" apartado do Estado. É esse fórum de pessoas com capacidade de julgar que permite a formação de uma opinião pública crítica que introduz, pela primeira vez, a questão da legitimidade discursiva da política. O que é público, de interesse geral e para o bem de todos, precisa, a partir de agora, provar-se argumentativamente enquanto tal. De início, os burocratas do incipiente aparelho estatal, profissionais liberais, pastores, professores e comerciantes formam a base social dessa nova esfera. A esfera pública burguesa que se constitui aqui deve ser entendida, antes de tudo, como a reunião de pessoas privadas num ambiente público.

Essa esfera é regulamentada pela autoridade, mas é dirigida diretamente contra a autoridade política, na medida em que o princípio de controle discursivo e argumentativo que o público burguês contrapõe à dominação

# A CLASSE MÉDIA E A ESFERA PÚBLICA COLONIZADA PELO DINHEIRO

pretende modificá-la enquanto tal. Em termos históricos, a entrada em cena de uma esfera pública política coincide com a passagem do Estado absoluto em direção ao despotismo esclarecido. Já a evidente contradição dos termos que compõem essa forma de exercício do poder político evidencia o encontro de uma forma de dominação tradicional monárquica e despótica, a qual, no entanto, pela primeira vez, tem que prestar contas de seu governo, ou seja, tem que se esclarecer perante um público.

Para Habermas, a demanda política por uma maior reflexividade na formação da opinião coletiva tem como pressuposto experiências privadas que se originam na esfera íntima da pequena família. Esse é o lugar onde se origina historicamente a privacidade no sentido moderno do espaço de exercício de uma interioridade livre e satisfeita. O status do homem privado, enquanto dono de mercadorias e pai de família, se completa com a compreensão política que a esfera pública burguesa faz de si mesma. Antes de assumir funções políticas, no entanto, o processo de autocompreensão das pessoas privadas adquire a forma literária de trocas de experiências sobre o exercício da nova forma de privacidade. Essa esfera pública literária não é originariamente burguesa, mas sim uma herança da aristocracia cortesã transmitida à vanguarda da burguesia que mantinha contato com o "mundo elegante".

O crescimento das cidades vai possibilitar, a partir da proliferação da cultura dos cafés, dos salões e dos clubes literários, a institucionalização da esfera pública. Os herdeiros burgueses do humanismo aristocrático, no entanto, logo passam a conferir caráter crítico às suas conversações sociais, quebrando a ponte entre as duas formas de esfera pública e engendrando um elemento historicamente novo: a esfera pública burguesa. A partir de 1750, também as novas formas literárias dominantes assumem características especificamente burguesas, como o drama burguês e o romance psicológico, ou seja, adquirem formas que propiciam tematizar o modo especificamente burguês da nova subjetividade que se constitui nessa época. A passagem da carta ao romance psicológico, como a forma paradigmática de problematização das questões existenciais e subjetivas,

## A ELITE DO ATRASO

já aponta para o maior grau de abstração e de elaboração da reflexividade que se institucionaliza.

A pequena família burguesa representa uma forma de comunidade familiar distinta tanto da família aristocrática quanto da família camponesa. A essa sociabilidade original corresponde uma nova forma de arquitetura das casas, garantindo um espaço de privacidade para cada um dos integrantes da família, assim como formas de convívio que se destinam a exercitar o novo tipo de individualidade que se constitui.

A esfera pública literária dos indivíduos privados mantém já uma conexão profunda com a esfera pública política. A subjetividade literariamente trabalhada do burguês já é desde sempre pública (a passagem da carta ao romance, como notamos, já o demonstra), funcionando como uma espécie de alto-falante das necessidades e experiências mais íntimas. Por outro lado, e até de forma ainda mais fundamental, o público literário implica uma igualdade das pessoas cultas com opinião, igualdade essa indispensável para a legitimação do processo básico da esfera pública: a discussão baseada em argumentos como aspecto decisivo que subordina a questão do status social relativo dos participantes.

É a generalização dessa nova atitude em relação ao poder que vai tornar irresistível também, primeiro na classe burguesa e depois na sociedade como um todo, a própria ideia de soberania popular como única legitimação possível do poder político. Afinal, quando se abrem espaços de reflexividade em uma dimensão da vida, ela não fica resignada e quieta nesse espaço restrito. Ela tende a se expandir para todas as dimensões da vida social.

Desde essa época, podemos perceber como a atenção do jovem Habermas já se dirige ao estudo daquela inovação social que será para ele a característica essencial do mundo moderno e a cuja análise de pressupostos dedicará toda sua vida de pesquisador: a descoberta de uma força interna, capaz de criar obrigações recíprocas entre os seres humanos, à comunicação e ao diálogo, que exige a desconsideração de fatores sociais externos como poder, riqueza e prestígio. Essa força interna é o caráter vinculante

# A CLASSE MÉDIA E A ESFERA PÚBLICA COLONIZADA PELO DINHEIRO

que nasce do melhor argumento, ou, como prefere Habermas, já nesse escrito da juventude antecipando a problemática moral do Habermas maduro, a força interna daquela racionalidade moralmente pretensiosa que busca vincular a verdade e a justiça.

O ponto aqui não é – como críticas superficiais de críticos superficiais procuravam fazer, infantilizando o argumento habermasiano – negar o poder da violência e do dinheiro em nome do melhor argumento. O que é dito por Habermas a partir de sua análise da esfera pública é que, além do poder, do dinheiro e das formas de violência física e simbólica, as quais continuam decisivas em qualquer caso concreto, o exercício do poder político deve, também, se legitimar discursivamente. A novidade aqui é que o jogo da dominação social se torna mais complexo com a entrada de um elemento historicamente novo. Dependendo da conjuntura histórica, inclusive, essa nova instância de poder pode ser decisiva, como a história recente comprova sobejamente. Tanto o direito à igualdade dos trabalhadores quanto o direito à igualdade das mulheres foram conquistados, também, não apenas pela violência, mas por processos de convencimento na esfera pública que lograram penetrar e convencer partes significativas da sociedade.

Em boa parte essa dialética do aprendizado social pelo convencimento já está prefigurada pelo ideário da sociedade burguesa de ser a "melhor sociedade" já existente, a sociedade da liberdade, da igualdade e da fraternidade. Como percebia o jovem Marx, esse fato abre a possibilidade da crítica social na medida em que permite a comparação da sociedade real com aquilo que ela diz e promete ser. Há sempre, agora, a possibilidade de desmascarar a mentira e a fraude antes santificada e sagrada. É esse o vínculo interno que se cria historicamente entre verdade e justiça.

Já o século XIX, e mais ainda o século XX por oposição ao século XVIII, testemunha uma modificação estrutural da esfera pública: a ampliação do público que exige a consideração de seus interesses. As massas menos letradas do proletariado emergente que passam a pressionar pela efetivação de seus interesses de classe quebram por dentro a unidade da

A ELITE DO ATRASO

esfera pública burguesa. Com isso, esta deixa de ser um espaço de convencimento entre pessoas com interesses semelhantes para ser, também, um espaço de pressão das classes que haviam sido alijadas do processo de esclarecimento.

Duas respostas clássicas foram formuladas para reagir a esse desafio. Por um lado, temos a posição socialista, em que a teoria de Karl Marx logrou formular a visão mais coerente e consequente. Para Marx, todas as instituições burguesas, inclusive a esfera pública, fundamentam-se no encobrimento manipulativo da dissidência básica da sociedade de classes em explorados e exploradores. Aos primeiros cabe a tarefa de transformar radicalmente a infraestrutura social que perpetua desigualdades. A socialização dos meios de produção encontra nessa formulação sua razão de ser.

A outra reação clássica ao desafio da ascensão do proletariado industrial opera-se no contexto do liberalismo clássico. Com a resignação perante a impossibilidade de resolução racional dos conflitos que agora dilaceram a esfera pública, desejam os liberais uma defesa contra uma eventual maioria na opinião pública – suspeita, agora, de possuir um núcleo não racional. A noção de populismo como mecanismo de deslegitimação dos interesses populares, sob a forma de uma reação liberal à entrada das massas trabalhadoras na política, tem aqui seu nascimento histórico. Como os interesses das massas são diferentes, a forma de deslegitimá-los é negar-lhe racionalidade. Foi o que nosso liberalismo fez e faz o tempo todo entre nós.

Com a despedida do conceito de crítica restrita a uma mesma classe com interesses parecidos, a crítica agora tende a ser tachada de radical por tocar na questão sagrada da propriedade privada. A soberania popular tem que ser restrita e só vota quem tem dinheiro ou propriedades, ou se constroem pesos e contrapesos dentro da estrutura de poder para que se evite o cesarismo na política no contexto de um homem, um voto. A resposta liberal é reacionária no sentido de meramente reativa à tomada do espaço público pelas massas despossuídas.

O advento do sufrágio universal e da educação para todos abre a possibilidade real de uma esfera pública mais inclusiva. No entanto, novos e

# A CLASSE MÉDIA E A ESFERA PÚBLICA COLONIZADA PELO DINHEIRO

mais poderosos inimigos ainda estão à espreita. As esferas estatais, públicas e privadas do mercado, passam a formar um único contexto funcional, a partir da privatização do Estado pelo capitalismo organizado (ou seja, a real privatização do Estado, em relação à qual nossos teóricos do patrimonialismo pretendem nos cegar, ao chamar atenção à privatização por indivíduos), processo esse acelerado pela concentração de capitais.

A passagem da lógica da produção capitalista das mercadorias materiais para as mercadorias simbólicas é o momento decisivo da decadência da reflexão racional como recurso societário. O capitalismo organizado expande-se da esfera de produção de bens materiais para a produção industrial de bens simbólicos, constituindo aquilo que T. W. Adorno havia chamado de "indústria cultural".[2] Para Adorno, a indústria cultural é a aplicação consequente da lógica capitalista da maximização do lucro à esfera dos bens simbólicos. Ou seja, além de ser a forma dominante de produzir mercadorias materiais, como salsichas e roupas, o capitalismo também passa a ser a forma dominante da produção de mercadorias simbólicas, como a informação e o conhecimento. Assim, se na esfera dos bens materiais uma salsicha mantém seu valor de uso enquanto alimento, seja em contexto pré-capitalista, seja ela produzida sob condições capitalistas de produção, o mesmo não se dá na esfera dos bens simbólicos.

A lógica da maximização do lucro, que envolve a preponderância do valor de troca de uma mercadoria, ou seja, seu preço final, em relação a seu valor de uso, ou seja, a utilidade desta para seu comprador, aplicada à produção de bens simbólicos, desvirtua o próprio valor de uso do bem cultural, que é possibilitar o desenvolvimento da capacidade reflexiva. Desse modo, a mercadoria da indústria cultural precisa abrir mão da complexidade inerente aos objetos culturais e produzir uma homogeneização psíquica "por baixo", de modo a poder garantir a maior vendagem possível de mercadorias simbólicas ao maior número de pessoas. Embora

---

2  Theodor W. Adorno e Max Horkheimer, *Dialektik der Aufklärung*. Verlag: Fischer Taschenbuch, 1995. [Ed. bras.: *Dialética do esclarecimento*, Rio de Janeiro: Zahar, 1985.]

## A ELITE DO ATRASO

se possa criticar a ideia da indústria cultural adorniana se pensada em termos absolutos, como tendência fundamental da sociedade moderna, hoje em dia mais que nunca ela é irretocável.

A esmagadora maioria dos produtos da indústria cultural e da mídia não se dirige ao conhecimento, que transforma e emancipa o sujeito, mas sim ao reconhecimento de estereótipos, clichês e chavões que reproduzem o mundo e os interesses que estão ganhando. O clichê político dos jornalões e da TV brasileira de difundir juros escorchantes mentindo que é para proteger o povo da inflação ajuda em quê a reflexão? Novelas, filmes de grande bilheteria, livros de autoajuda e best-sellers que repetem as mesmas fórmulas gastas e repetitivas de provocar seu público ajudam em quê a reflexão verdadeira?

O público, deixado indefeso, é presa fácil de todo tipo de manipulação. A ameaça aqui é uma invasão dos imperativos da esfera econômica sobre a esfera pública, transformando sua racionalidade específica em mero bem de consumo econômico[3]ou de manipulação política. Como vimos, sua racionalidade específica tem a ver com uma discussão de argumentos que se opõem e que almejam produzir convencimento refletido. É apenas a exposição a argumentos opostos que pode permitir ao sujeito construir a opinião própria. Ao se expor às razões conflitantes, o sujeito é instigado a perceber sua própria inclinação e quais argumentos lhe parecem mais justos e verdadeiros. É esse convencimento refletido que pode produzir aproximações sucessivas ao objetivo de unir verdade com justiça. Esse é o objetivo declarado da esfera pública, tanto que a manipulação da grande imprensa entre nós não pode se assumir enquanto tal. Ela tem que fazer de conta que é plural e argumentativa. Essa é sua legitimação implícita.

Com a passagem histórica de uma esfera pública de pessoas privadas para uma esfera pública mediada pelo mercado, temos a ambiguidade

---

3 Para o leitor familiarizado com os textos do Habermas maduro, especialmente com seu livro mais ambicioso sobre a teoria da ação comunicativa, é fácil perceber, já nesse escrito da juventude, uma primeira formulação da tese da colonização do mundo da vida. Ver Jürgen Habermas, *Strukturwandel der Öffentlichkeit, op. cit.*

## A CLASSE MÉDIA E A ESFERA PÚBLICA COLONIZADA PELO DINHEIRO

típica do mercado de bens simbólicos no capitalismo: como conciliar o acesso democrático à informação com os interesses privatistas da maximização do lucro e da expropriação do trabalho coletivo? Por conta disso, a mudança estrutural da esfera pública nos séculos XIX e XX está intimamente relacionada com a mudança estrutural da sua instituição mais importante: a imprensa.

Originariamente, a imprensa foi a parteira da esfera pública, ao mediar o diálogo entre os indivíduos e fazer o papel de alto-falante de um público pensante que discutia suas experiências privadas e públicas num fórum compartilhado coletivamente. Os jornais e semanários agiam ainda em primeiro plano de acordo com o interesse do debate público de questões existenciais, morais e políticas. A passagem da imprensa de opinião para a imprensa como negócio se dá a partir da necessidade de garantir o aumento e aperfeiçoamento da técnica produtiva e organizacional.

A consequente necessidade de assegurar a rentabilidade do novo capital empregado acarreta a subordinação da política empresarial às necessidades da reprodução ampliada do capital empregado na empresa. O imperativo de assegurar o acesso a cada vez mais leitores transforma o interesse comercial em fator principal da mudança de uma imprensa pedagógica, interessada em esclarecer seu público, para uma meramente manipulativa. Balzac, no seu clássico *As ilusões perdidas*, analisa precisamente a entronização da imprensa manipulativa e venal na França de sua época. Esse é o núcleo duro da questão que nos interessa aqui. Se toda a informação disponível para a sociedade moderna tende agora a ser mediada, de cima para baixo, por empresas capitalistas, não necessariamente interessadas no aprendizado de seu público cativo, mas em aumentar seus lucros, como garantir o acesso plural à informação?

A resposta a essa pergunta é percebida por Habermas como apenas possível por meio de uma democratização institucional. Instituições políticas, como partidos e associações de classe, devem propiciar um espaço comunicativo para uma crítica pública reflexiva. Para Habermas, no entanto, seria impossível pretender-se voltar a uma esfera pública do

# A ELITE DO ATRASO

tipo que vigorava na segunda metade do século XVIII. A crítica racional e pública da dominação política não pode ser restabelecida, em meio aos interesses privatistas organizados, segundo o modelo das pessoas privadas reunidas num público. A estratégia defensiva deve dirigir-se a uma espécie de controle recíproco de instituições rivais que lutam por espaço em meio à luta pelo poder social, econômico e político.

Foi precisamente esse contexto que construiu o pano de fundo para uma reformulação profunda da imprensa europeia – especialmente do meio mais poderoso da imprensa, que é a televisão – no pós-guerra a partir de 1945. O objetivo aqui foi criar um contrapeso à ameaça da captura dos interesses da sociedade inteira em um debate aberto e plural por interesses econômicos de ocasião representados nas empresas capitalistas da grande imprensa. Esse objetivo foi precisamente o norte para o modelo público de imprensa televisiva, muito mais importante que qualquer outro meio de difusão, seguido por diversos países europeus no pós-guerra. A televisão europeia e, em pequena parte, até a norte--americana são marcadas pelo advento da televisão pública.

A televisão pública não se confunde com a estatal, embora a maioria das televisões públicas europeias tenham surgido como televisões estatais. Considerações como as que preocupavam Habermas, como a independência do conteúdo televisivo de interesses políticos e econômicos de ocasião, foram fundamentais para que as televisões estatais pudessem se transformar em televisões públicas. Essa passagem se deu em praticamente todos os países de democracia mais sólida como França, Alemanha, Inglaterra, Itália, Espanha e Portugal. O fortalecimento da democracia e da cidadania no pós-guerra impôs o controle público, a participação da sociedade na gestão das emissoras e a criação de conselhos de representantes de partidos, associações e igrejas diversas.

As televisões públicas quase sempre possuem estruturas semelhantes e grêmios ou conselhos que controlam a empresa e o conteúdo de sua programação. Esses conselhos, e isso é essencial para seu caráter público, independentes do Estado e do mercado, refletem uma pluralidade social

## A CLASSE MÉDIA E A ESFERA PÚBLICA COLONIZADA PELO DINHEIRO

onde todo tipo de interesse significativo, patronal e dos trabalhadores é representado. Esses interesses são defendidos por múltiplos sindicatos, partidos e representantes religiosos, representados na direção da televisão pública. Essa é a origem de televisões públicas como a BBC inglesa, a TVE espanhola, a France Télévisions, a RAI italiana, a RTP de Portugal, a ARD e a ZDF alemãs, entre outras. Os Estados Unidos e o Canadá também têm TVs públicas, a PPS e a CSA, respectivamente. Esse, infelizmente, não foi o desenvolvimento da imprensa e da televisão no Brasil moderno. Aqui, o interesse unicamente comercial de grandes conglomerados na área da comunicação foi a regra. Todo o poder de fogo, de pressão, de ameaça e chantagem do poder político foi utilizado para destruir no nascedouro, por exemplo, uma televisão pública entre nós. Presa unicamente do interesse comercial, sem a concorrência de televisões públicas como no contexto europeu, esse tipo de imprensa, em vez de ser instância de mediação da esfera pública, assegurando a circulação dos argumentos em disputa, pôde então transformar-se em arregimentadora e instrumento de interesses privados, que eram expostos como se fossem públicos. A Rede Globo vicejou nesse contexto.

Desse modo, o círculo discursivo se quebra no seu primeiro e principal elo da transmissão pública dos argumentos. O público de pessoas privadas perde a possibilidade de construir uma opinião autônoma e independente a partir da pluralidade dos argumentos em debate. Os telejornais e programas de debate da TV Globo e outros canais com pessoas que refletem a mesma opinião criam uma fraude evidente. A semelhança de opiniões visa a criar, em um público sem padrão de comparação, um arremedo de debate. Abre-se caminho para todo tipo de manipulação midiática, como a que ocorreu recentemente entre nós.

A colonização da esfera pública pelo dinheiro evita aquele tipo de racionalidade que permite a união entre verdade e justiça. Só a pluralidade de informações e de opiniões assegura aproximações sucessivas à verdade. E apenas esse esforço de aproximações sucessivas para restaurar a verdade factual permite escolha autônoma, ou seja, a moralidade refletida

# A ELITE DO ATRASO

como um atributo dos sujeitos envolvidos nessa forma de aprendizado coletivo. A ausência de pluralidade de informações e opiniões na grande imprensa gera seres humanos facilmente influenciáveis e manipuláveis, incapazes de pensar por si mesmos. É o que temos hoje entre nós.

Esse tipo de espaço público colonizado pelo dinheiro e suas necessidades de reprodução ampliada gera aquilo que Habermas chama de refeudalização da esfera pública. Essa nova publicidade, como na representação do poder da Idade Média, não significa mais uma produção pública de opinião por pessoas privadas, mas a produção de opiniões que são apresentadas ao público como se fossem públicas. A esfera pública tem que ser produzida e maquiada artificialmente porque ela não mais existe. Como nos programas de debate da TV Globo, tudo funciona como se houvesse debate, ou seja, opiniões divergentes em disputa, quando, na verdade, temos uma farsa, um teatro, precisamente como na esfera pública feudal. A elite do atraso construiu a esfera midiática adequada a seus fins.

É incrível que, em um país onde se fala sempre da privatização do público como seu problema principal, nunca ninguém tenha sequer refletido seriamente acerca da privatização da opinião pública como efeito da colonização da esfera pública pelo interesse econômico. Enquanto a privatização do Estado por uma suposta elite estatal é o embuste do patrimonialismo como jabuticaba brasileira, a privatização do espaço público, que é real, é tornada invisível. Por sua vez, é a privatização da opinião pública que permite a continuidade da privatização do Estado pelo interesse econômico. Em grande medida, como sempre acontece nesses casos, uma falsa contradição está sempre no lugar de um conflito real. Afinal, a falsa ameaça da corrupção patrimonialista foi sempre acionada pelos interesses privados que comandam, de modo direto e indireto, a grande imprensa.

# 8. O moralismo patrimonialista e a crítica ao populismo como núcleo do pacto antipopular

A criação da classe média entre nós se deu de modo distinto, tanto temporal quanto qualitativamente, do exemplo europeu. É isso que ajuda a explicar a diferença dos processos de aprendizado coletivo aqui e lá, não supostas heranças culturais imutáveis, como nosso culturalismo racista dominante apregoa. Como nos mostra Gilberto Freyre em sua reconstrução empírica singular do século XIX entre nós, uma classe média em semente já começa a existir nas grandes cidades que sofrem influência do capitalismo comercial, que começa a chegar ao país a partir da abertura dos portos. Ele se refere àquele elemento que, certamente de modo ainda muito incipiente, começa a surgir nos interstícios da velha sociedade escravocrata baseada na grande lavoura. Seus nichos principais são tanto o pequeno comércio quanto os ofícios mecânicos que passam a ser uma nova demanda urbana.

Mesmo sob essa forma incompleta e pontual, os setores de classe média merecem essa denominação, posto que já apontam para um primeiro aparecimento do elemento distintivo da classe média em relação a todas as outras classes sociais: a classe que se forma a partir da reprodução do capital cultural sob a forma de conhecimento útil e valorizado em termos comparativos com as classes populares. Mas aqui os nichos de atuação são quantitativamente pequenos e politicamente ainda pouco relevantes.

## A ELITE DO ATRASO

A primeira metade do século XX testemunha avanço significativo tanto de atividades industriais e comerciais quanto do tamanho e da efetividade do Estado na vida social. Essas são, classicamente, as mudanças estruturais na sociedade moderna que criam a classe média. Ela nasce e se reproduz como aquele segmento intermediário entre os proprietários e as classes populares do trabalho manual ou menos qualificado em termos comparativos.

A classe média não é uma classe necessariamente conservadora. Também não é homogênea. O movimento tenentista, conhecido como o primeiro movimento político comandado pelos setores médios no Brasil, revela bem essas características. Ainda que tenha sido protagonizado por oficiais militares de baixa e média patente (daí o nome tenentismo), a partir dos anos 1920 esse movimento refletia já a nova sociedade mais urbana e moderna que se criava. A parte rebelde da instituição militar era uma expressão desses novos anseios.

A oposição ao pacto conservador da República Velha, com suas eleições fraudadas e restritas, era o ponto de união entre os tenentistas. Dentro do movimento, no entanto, conviviam desde as demandas liberais por voto secreto e por maior liberdade de imprensa até o desejo de um Estado forte como meio de se contrapor ao mandonismo rural. Parte do grupo se radicalizou politicamente na Coluna Prestes, cujo líder, Luís Carlos Prestes, seria um dos fundadores do futuro Partido Comunista Brasileiro. Parte do grupo se alinhou desde a Revolução de 1930 com Getúlio Vargas, enquanto outra parte ainda lhe exerceu ferrenha oposição todo o tempo. O nosso primeiro movimento político com claro suporte e apoio da classe média já mostra a extraordinária multiplicidade de posições políticas que essa classe pode abrigar.

Quando Sérgio Buarque elegia o patrimonialismo das elites que habitam o Estado como o grande problema nacional, ele não estava dando vida, portanto, a nenhum sentimento novo. A oposição à corrupção do Estado era uma das bandeiras centrais do tenentismo. A falta de homogeneidade de pensamento dos tenentes e sua confusão em relação à hierarquia das questões principais refletiam uma carência real. Poder-se-ia, por exemplo,

## O MORALISMO PATRIMONIALISTA...

perceber a corrupção do Estado como efeito de sua captura pela própria elite econômica que o usa para defender e aprofundar seus privilégios. Isso teria levado a uma conscientização coletiva dos desmandos de uma elite apenas interessada na perpetuação de seus privilégios.

Não foi essa a interpretação que prevaleceu. A elite do dinheiro paulista, que havia perdido o poder político, embora tenha mantido o poder econômico, agiu de modo astucioso, calculado e planejado. Percebeu claramente os sinais do novo tempo. A truculência do voto de cabresto estava com os dias contados. Em vez da violência física, deveria entrar no seu lugar a violência simbólica como meio de garantir a sobrevivência e longevidade dos proprietários e seus privilégios. Com o Estado na mão dos inimigos, a elite do dinheiro paulistana descobre, então, a esfera pública como arma. Se não se controla mais a sociedade com a farsa eleitoral acompanhada da truculência e da violência física, a nova forma de controle oligárquico tem que assumir novas vestes para se preservar. O domínio da opinião pública parece ser a arma adequada contra inimigos também poderosos.

O que os novos tempos pedem é, portanto, um liberalismo repaginado e construído para convencer, e não apenas oprimir. O moralismo da nascente classe média urbana seria a melhor maneira de adaptar o mandonismo privado das elites aos novos tempos. O domínio do campo na cidade tem que ser agora civilizado, adquirindo as cores da liberdade e da decência, os mantras da classe média citadina. O que estava em jogo aqui era a captura, agora intelectual e simbólica, da classe média e de suas frações letradas pela elite do dinheiro, formando a aliança de classe dominante que marcaria o Brasil daí em diante.

Como se construiu esse projeto no alvorecer do século XX? A USP, a Universidade do Estado de São Paulo, foi criada por essa mesma elite desbancada do poder político e pensada como a base simbólica, uma espécie de *think tank* gigantesco, do liberalismo elitista brasileiro a partir de então. E também desse projeto bem urdido de contrapor a força das ideias generalizadas na sociedade contra o poder estatal desde que este esteja sendo ocupado pelo inimigo político, à época representado por Getúlio Vargas. Sérgio Buarque é menos o criador e mais o sistematizador mais

A ELITE DO ATRASO

convincente do moralismo vira-lata que valerá, a partir daí, como versão oficial pseudocrítica do país acerca de si mesmo. Como o Estado corrupto passa a ser identificado como o mal maior da nação, a elite do dinheiro ganha uma espécie de carta na manga que pode ser usada sempre que a soberania popular ponha no poder, inadvertidamente, alguém contrário aos interesses do poder econômico.

A partir desse eixo intelectual eivado de prestígio, essa concepção se torna dominante no país inteiro. Toda a vida intelectual e letrada vai respirar os novos ares. Isso não significa, obviamente, dizer que a USP não tenha produzido coisa distinta do liberalismo conservador das elites. Florestan Fernandes e sua atenção aos conflitos sociais realmente fundamentais provam o contrário. Existe uma tradição nesse sentido também por lá. Mas é uma tendência dominada por duas razões: é menos poderosa que a versão dominante, posto que sem a *network* com as editoras, agências de financiamento, a grande imprensa e seus mecanismos de consagração; além disso, ela própria assimilou aspectos importantes da tradição conservadora elitista visíveis até no caso do próprio Florestan Fernandes.

Desde essa época, o liberalismo conservador, baseado no falso moralismo da higiene moral da nação, vai ser a pedra de toque da arregimentação da classe média que se cria nessa quadra histórica pela elite do dinheiro. O discurso moralista havia mostrado todo o seu potencial de arregimentar e convencer sua clientela já na década de 1920, com o movimento tenentista. Os tenentes, oficiais das forças armadas mais jovens, de baixa e de média patente, pretendiam a renovação moral da nação de cima para baixo. O Estado Novo de Vargas foi um lócus privilegiado para vários deles, ainda que disputas intestinas tenham levado vários a trocarem de lado com o tempo. O tenentismo havia mostrado a eficácia desse novo discurso típico da classe média.

Isso não significa dizer que o moralismo não tenha eco também nas outras classes. Em alguma medida, esse discurso nos toca a todos. Mas na classe média ele está em casa. É que as classes sociais estão sempre disputando não apenas bens materiais e salários, mas, também, prestígio e reconhecimento – ou melhor: legitimação do próprio comportamento

## O MORALISMO PATRIMONIALISTA...

e da própria vida. As classes superiores, que monopolizam capital econômico e cultural, têm que justificar, portanto, seus privilégios. O capital econômico se legitima com o empreendedorismo, de quem dá emprego e ergue impérios, e com o suposto bom gosto inato de seu estilo de vida, como se a posse do dinheiro fosse mero detalhe sem importância.

A legitimação dos privilégios da classe média é distinta. Como seu privilégio é invisível pela reprodução da socialização familiar que esconde seu trabalho prévio de formar vencedores, a classe média é a classe por excelência da meritocracia e da superioridade moral. Estas servem tanto para distingui-la e justificar seus privilégios em relação aos pobres como também em relação aos ricos. É que, se os pobres são desprezados, os ricos são invejados. Existe uma ambiguidade nesse sentimento em relação aos ricos, que vincula admiração e ressentimento. A suposta superioridade moral da classe média dá à sua clientela tudo aquilo que ela mais deseja: o sentimento de representar o melhor da sociedade. Não só a classe que merece o que tem por esforço próprio, conforto que a falsa ideia da meritocracia propicia, mas, também, a que tem algo que ninguém tem, nem os ricos, que é a certeza de sua perfeição moral.

É claro que perfeição moral pode muito bem tomar o caminho que enseje uma abertura ao tema da responsabilidade social com os estratos mais frágeis, como aconteceu no caso europeu em muitos países. Um caminho, aliás, já aberto pelo cristianismo que foi secularizado em proposições políticas. Que entre nós perfeição moral tenha tomado a forma estreita de reação à corrupção apenas no Estado – e aí apenas quando ocupado por líderes populares – é reflexo da bem perpetrada manipulação intelectual e política destinada a tornar a classe média massa de manobra dos endinheirados.

A elite do dinheiro soube muito bem aproveitar as necessidades de justificação e de autojustificação dos setores médios. Comprou uma inteligência para formular uma teoria liberal moralista feita com precisão de alfaiate para as necessidades do público que queria arregimentar e controlar. Esse tipo de "compra" da elite intelectual pela elite do dinheiro não se dá apenas, nem principalmente, com dinheiro, mas com os mecanismos de consagração de um autor e de uma ideia, que seguem, aparentemente, todas as regras específicas do campo científico. Entretanto, a quem pertencem os jornais, as editoras e os bancos e empresas que financiam os prêmios científicos? Desse modo, sem parecer compra, o expediente é muito mais bem-sucedido. Depois, a elite usou sua posição de proprietária dos meios de produção material para se apropriar dos meios simbólicos de produção e reprodução da sociedade. É aqui que entra o contexto que existe até hoje entre imprensa, universidade, editoras e capital econômico.

Como o dinheiro não pode "aparecer" comprando diretamente os valores que guiam as esferas da cultura, do conhecimento e da informação, essas esferas precisam construir mecanismos de consagração internos a elas que pareçam ser infensos à autoridade do dinheiro e do poder. Isso explica em grande parte que tanto a direita quanto a esquerda tenham se deixado colonizar por esse tipo de prática e de discurso.

Todo o discurso elitista e conservador do liberalismo brasileiro está contido em duas noções que foram desenvolvidas na USP e depois ganharam o Brasil: as ideias de patrimonialismo e de populismo. Ganhar o país não significa que os intelectuais e o campo científico passam a estudá-las seriamente e tê-las como referência em seus trabalhos. Embora isso também aconteça, não é nem de longe o aspecto mais significativo. Significativo é que a esfera pública passa a pensar o país a partir dessas categorias.

Isso não acontece, como aliás nada no mundo social, espontaneamente. Só ocorre porque a grande imprensa vai reverberar essas categorias em praticamente todas as análises e torná-las consagradas, ou seja, ideias evidentes para além de debate e discussão. É assim que se consegue transformar uma ideia em uma arma política letal: quando ela passa a ser aceita como evidência não refletida inclusive por quem não tem nada a ganhar com elas.

As principais pessoas ligadas ao surgimento dessas ideias já comprovam nossa tese de sua influência avassaladora: Sérgio Buarque, como criador da noção de patrimonialismo – continuada por Raymundo Faoro e vários outros – entre nós, e Francisco Weffort, um pouco mais tarde, como adaptador da ideia de populismo ao contexto brasileiro. Que essas ideias

# O MORALISMO PATRIMONIALISTA...

conservadoras passam a dominar tanto a direita quanto a esquerda do espectro político fica claro como a luz do Sol. É do livro clássico de Sérgio Buarque, *Raízes do Brasil*, que o Partido da Social Democracia Brasileira (PSDB), o partido orgânico das elites paulistanas, hoje associado ao rentismo, retira todo o seu ideário e seu programa partidário. Ao mesmo tempo, a sala nobre da Fundação Perseu Abramo, do PT, tem também seu nome. Maior símbolo da colonização da esquerda pelo liberalismo conservador da elite conservadora parece-me impossível.

Francisco Weffort, que foi também um dos fundadores do PT – como o próprio Sérgio Buarque – e depois ministro da cultura de Fernando Henrique Cardoso (FHC), sistematizou entre nós a outra ideia-força do liberalismo conservador: a do populismo como categoria explicativa do comportamento das classes populares na política.[1] Como a ideia de patrimonialismo e de corrupção apenas estatal, a ideia de populismo também é pensada, inicialmente, para estigmatizar o legado de Vargas. Por extensão, ela será usada para estigmatizar qualquer presença das massas na política.

Efetivamente adornado com o prestígio científico da noção de populismo, o desprezo secular e escravocrata pelas classes populares ganha uma autoridade inaudita e passa a ser usado com pose de quem sabe muito. Juntas, a demonização da política e do Estado e a estigmatização das classes populares constituem o alfa e o ômega do conservadorismo da sociedade brasileira, cevado midiaticamente todos os dias desde então.

Além dessas similitudes entre seus criadores que navegam com o mesmo impulso na direita e na esquerda, as duas ideias possuem outra semelhança que salta aos olhos: ambas não valem um tostão furado sob o ponto de vista científico. A noção de patrimonialismo é falsa por duas razões: primeiro as elites que privatizam o público não estão apenas, nem principalmente, no Estado, e o real assalto ao Estado é feito por agentes que estão fora dele, sobretudo no mercado. A elite que efetivamente rapina o trabalho coletivo da sociedade está fora do Estado e se materializa na elite do dinheiro, ou seja, do mercado, que abarca a parte do leão do saque.

---

1 Francisco Weffort, *O populismo na política brasileira*, São Paulo: Paz e Terra, 1978.

A elite estatal e política fica literalmente com as sobras, uma mera percentagem, mínima em termos quantitativos, dos negócios realizados. Cria-se aí a corrupção dos tolos, que vemos hoje no Brasil. A atenção se foca na propina, nos 3% dos "Sérgio Cabral da vida", e torna invisível o assalto ao trabalho coletivo como um todo em favor de meia dúzia de atravessadores financeiros. O principal efeito da noção de patrimonialismo é tornar esse dado, que é o mais importante, literalmente invisível; depois o patrimonialismo como privatização do bem público, suprema viralatice, é percebido como singularidade brasileira, como se o Estado fosse privatizado apenas aqui.

Na verdade, o Estado é privatizado em todo lugar, e a noção de patrimonialismo apenas esconde mais esse fato fundamental, possibilitando uma dupla invisibilização: dos interesses privados que realmente dominam o Estado e do rebaixamento geral dos brasileiros, que passam a tratar não apenas os estrangeiros, mas os interesses estrangeiros, como superiores e produto de uma moralidade superior. A atual destruição da Petrobras – sob acusação de corrupção patrimonialista, como se as petroleiras estrangeiras que irão substituí-la também não o fossem e em grau seguramente muito maior – é um perfeito exemplo prático dos efeitos vira-latas dessa teoria.

O cidadão, devidamente imbecilizado pela repetição do veneno midiático, pensa consigo: "É melhor entregar a Petrobras aos estrangeiros do que ela ficar na mão de nossos políticos corruptos." Tudo como se a suprema corrupção não fosse entregar a uma meia dúzia a riqueza de todos que poderia ser usada, como estava previsto no projeto de uso dos royalties do pré-sal, para alavancar a educação de dezenas de milhões.

De resto, a oposição entre o público e o privado assume a forma do senso comum, que percebe apenas o Estado como uma configuração de interesses organizados. Assim, se oporiam ao Estado e representariam a esfera privada apenas os sujeitos privados, pensados como instância de uma intencionalidade individual. Sendo a esfera privada percebida como individual, o homem cordial de Sérgio Buarque, então o mercado capitalista, organizado por monopólios, é tornado literalmente invisível na sua ação predatória. A partir de Raymundo Faoro, inclusive, o mercado

# O MORALISMO PATRIMONIALISTA...

passa a ser percebido como o verdadeiro céu na terra, prenhe de virtudes democráticas que apenas o Estado não permite florescer. O cidadão comum é convidado a ver o mercado como competição real do mais apto, como nas padarias da esquina que disputam quem produz o melhor pão. Nada é dito sobre o grande mercado controlado por monopólios que fraudam a sociedade sob a forma de controle de preços, juros extorsivos e assalto ao orçamento público via isenções fiscais fraudulentas, sonegação de impostos etc.

Em resumo, a real e efetiva privatização do Estado, aquela feita pelos interesses organizados do mercado sob a forma de cartéis e oligopólios e sob a forma de atuação dos atravessadores financeiros, se torna completamente invisível conceitualmente. A ideia de patrimonialismo simplesmente inverte a relação real de causa e efeito na sociedade e vira o mundo real de cabeça para baixo. Melhor legitimação dos piores interesses de uma elite do saque e da rapina do trabalho coletivo me parece impossível. No entanto, boa parte da esquerda – além de toda a direita, obviamente – tem esses autores e suas ideias como interpretações intocáveis e irretocáveis para o Brasil de hoje.

Já a noção de populismo evoca a mobilização manipulativa das massas urbanas a partir "de cima", quase sempre por meio de um líder carismático, a carapuça perfeita para a demonização de figuras como Getúlio Vargas e Lula. O interessante nessa ideia é que ela parte do princípio nunca demonstrado de que as outras classes sociais não são manipuladas por ninguém, como, por exemplo, a evidente manipulação midiática da classe média brasileira, que é um dos temas principais deste livro. Na verdade, a ideia que se quer passar no Brasil por conhecimento válido é a de que existem "classes inteligentes", com consciência de seus interesses, e por conta disso não manipuladas por ninguém; e classes do povo, iletradas, um pessoal que não foi à universidade e que é facilmente iludido por um líder carismático ardiloso.

A noção de populismo, atrelada a qualquer política de interesse dos mais pobres, serve para mitigar a importância da soberania popular como critério fundamental de qualquer sociedade democrática. Afinal, como os pobres,

# A ELITE DO ATRASO

coitadinhos, não têm mesmo nenhuma consciência política, a soberania popular e sua validade podem ser sempre, em graus variados, postas em questão. O voto inconsciente corromperia a validade do princípio democrático por dentro. A proliferação dessa ideia na esfera pública, a partir da sua respeitabilidade científica e depois pelo aparato legitimador midiático, que o repercute todos os dias de modos variados, é impressionante. Os best--sellers da ciência política conservadora comprovam a eficácia dessa balela.[2]

Isso justifica a proliferação de ideias como a de que o povo não sabe votar, que seu voto vale menos, posto que menos instruído, e vai funcionar, na prática, como condenação da democracia e da soberania popular. Isso quando sua validade científica é menor que zero. Como mostra o caso brasileiro recente, uma pequena parte da classe média letrada só agora começa a perceber que deu um tiro no pé apoiando o golpe do "sindicato de ladrões" para acabar com a corrupção. Alguns de seus membros, inclusive, não vão admitir isso nunca, o que só mostra como inteligência nunca teve nada a ver com anos na universidade.

Já as classes populares desconfiam, com razão, de uma política que percebem como "jogo de ricos" e adotam a postura pragmática de esperar para ver o que sobra para elas. Para mim, confesso, esse racionalismo prático das classes populares parece bem mais sensato e inteligente do que a postura da classe média ressentida e insegura, vítima fácil de qualquer moralismo que a faça se sentir melhor do que ela é.

Na verdade, afora as épocas históricas que lograram organizar as classes populares ou as camadas médias por algum período breve de tempo, a única classe consciente de seus interesses entre nós foi e ainda é a ínfima elite do dinheiro. Foi ela que construiu esquemas gigantescos de distorção sistemática da realidade, como os que estamos reconstruindo neste livro, apenas para manter o padrão de rapina selvagem do trabalho de todos para seus bolsos. Foi ela, ao fim e ao cabo, que, com satânica inteligência e clarividência de seus melhores interesses de classe, percebeu que o assalto ao bolso coletivo e ao trabalho alheio só poderia se dar pela colonização da capacidade de reflexão da classe média e do restante da população.

---

2 Alberto Carlos Almeida, *A cabeça do brasileiro*, Rio de Janeiro: Record, 2007.

# O MORALISMO PATRIMONIALISTA...

As teses do populismo e do patrimonialismo caem, precisamente, como uma luva para os interesses dessa elite. Elas servem, primeiro, para tornar invisível a ação predatória de um mercado desregulado como o nosso. Depois, para culpar o Estado e suas elites corruptas – especialmente as de esquerda – de tudo que aconteça sempre que se faça necessário. A responsabilidade da elite e de seus instrumentos, como a mídia, fica também invisível e nunca é trazida à luz. Depois, as elites deslegitimam as demandas populares como demagogia e populismo. Hoje em dia, essas são as duas ideias mais repetidas por todos os jornais e canais de televisão. Elas estão hoje, com gradações diversas de clareza, na cabeça de todo brasileiro.

Como isso foi possível? Como tantos foram e ainda são enganados por tão poucos? Ora, a habilidade das teorias explicativas dominantes descritas acima reside, precisamente, no fato de serem aparentemente críticas, ou seja, elas parecem críticas, mas estão sistematizando e conferindo prestígio às ideias mais conservadoras. Elas são repetidas inclusive por intelectuais refinados da esquerda. O patrimonialismo aponta o dedo acusador apenas às elites aparentes, ligadas ao Estado, mas que no fundo só fazem o trabalho sujo da verdadeira elite do dinheiro, que manda no mercado e permanece invisível.

O populismo, por sua vez, se disfarça de leitura crítica da manipulação das massas, aparentemente em favor de uma organização consciente delas, por elas mesmas, assumindo o controle do próprio destino. A grande fraude aqui é esconder o principal: que as massas lutam com as armas dos mais frágeis, tendo toda a organização institucionalizada da violência simbólica e da violência física do Estado e do mercado contra elas. Essa é a fragilidade de seus líderes carismáticos também. Eles têm que andar na corda bamba dos interesses contraditórios e dos inúmeros compromissos, já que as massas podem sonhar apenas com uma fatia menor do bolo. Ainda assim, isso só acontece raramente entre nós.

O tema da esfera pública colonizada é fundamental para nosso argumento, posto que foi e é o lócus onde a classe média é arregimentada para os interesses da elite do dinheiro. Tudo acontece, nesse âmbito da informação seletiva e da opinião instrumentalizada, como se o mundo fosse um prolongamento das fantasias e da autoimagem da classe média. A decência e a virtude passam a ser percebidas dentro do estreito contexto da moralidade dessa classe. Para uma classe que explora as outras abaixo dela sob formas cruéis e humilhantes, moralidade não pode ser, por exemplo, o tratamento igualitário dos outros seres humanos ou o comprometimento com chances e oportunidades para todos. Ora, em um contexto de sociedades influenciadas pelo cristianismo, moralidade deveria ser, antes de tudo, igualdade e fraternidade.

Mas não é essa a moralidade que foi cevada pela grande imprensa e por nossos intelectuais mais influentes. "Moralidade" significa, aqui, unicamente se indignar com as falcatruas – sempre seletivas e cuidadosamente selecionadas pela imprensa – do sistema político, de resto montado para ser corrupto, já que montado para ser comprado pela elite do dinheiro. Assim, a classe média pode ganhar sua "boa consciência", mesmo humilhando e explorando os mais frágeis, se escandalizando apenas com a suposta imoralidade estatal.

Nesse sentido, a elite do dinheiro e seus comandados na vida intelectual e na imprensa passam a possuir o coração e a mente da classe média e podem recorrer a esse capital na luta política sempre que necessário. Como as classes populares são menos influenciáveis por esse tipo de mecanismo – protegidas pelo seu racionalismo prático –, a vida política do Brasil, desde então, é dominada por golpes de Estado movidos pela elite do dinheiro, com o apoio da imprensa e da base social da classe média, sempre que a soberania popular possa servir, por pouco que seja, aos interesses das classes populares.[3]

Já nos anos 1950, a elite do dinheiro se aliou à imprensa, que ela não só construiu materialmente, mas à qual também deu o discurso simbólico que a caracteriza. O embate desigual se deu, já nessa época, com o apoio da fração conservadora dominante na classe média, como sua "base popular", contra as classes populares e suas lideranças. Todo o esquema

---

3 O golpe de 2016 vai mudar esse contexto radicalmente. Ver Jessé Souza, *O pobre de direita: a vingança dos bastardos*, Rio de Janeiro: Civilização Brasileira, 2024.

# O MORALISMO PATRIMONIALISTA...

que operou no recente "golpeachment" de 2016 já estava armado desde o segundo governo Vargas.

Muito especialmente, o tema do combate seletivo à corrupção passa a ser usado sistematicamente já contra Getúlio Vargas com retumbante sucesso. Carlos Lacerda e toda a mídia conservadora cerram fileiras e provocam comoção popular já se utilizando de dispositivos que hoje são conhecidos como pós-verdade, ou seja, a construção de versões sem prova com o intuito de produzir determinado efeito difamatório. Mesmo que a mentira se revele enquanto tal mais tarde, seu efeito destrutivo já foi realizado. O suicídio de Vargas a partir de comprovadas inverdades ditas contra ele mostra a eficácia do esquema.

As ideias dominantes para a reprodução do elitismo brasileiro, como a do patrimonialismo, que demoniza seletivamente o ocupante do Estado, e a do populismo, que demoniza as classes populares, não são apenas ensinadas nas escolas e nas universidades. Seu ensino nas universidades é importante, pois confere o prestígio do conhecimento científico, com seu apanágio de universalidade e neutralidade objetiva, a essas visões muito particulares da vida social e política. Armadas dessa consagração do campo científico, elas passam a ter ainda mais peso na formação de uma opinião pública manipulada ao se transformarem em motes usados como arma política pela grande imprensa.

Dependendo do caso específico, às vezes temos a corrupção apenas do Estado, o patrimonialismo como mote principal, ou o populismo, o velho medo da ascensão das classes populares. Mas os dois estão sempre presentes. Afinal, essa é sua função enquanto mecanismo que sempre pode ser ativado ao sabor das circunstâncias: sempre que a regra democrática ferir o mandonismo e o privatismo da elite do dinheiro, o dispositivo pode ser ativado, permitindo a captura da classe média moralista e a estigmatização das classes populares e suas demandas. A esfera pública comprada é o dado decisivo de todo o processo. Por conta disso, sua análise neste livro é tão importante.

Mais ainda que a queda de Getúlio Vargas, foi o golpe de 1964 que mostrou as entranhas e os perigos desse mecanismo. Nesse caso, o populismo foi mais importante que o mote do patrimonialismo e da

A ELITE DO ATRASO

corrupção, ainda que ambos tenham andado de mãos dadas como sempre. Em um contexto de ebulição social e clamor por reformas de base que tornassem o país mais inclusivo, a acusação de populismo casa-se com a de comunismo e mobiliza as Forças Armadas convocadas pela imprensa e pela elite do dinheiro a desempenhar seu "papel constitucional". A fração conservadora majoritária da classe média faz sua parte e confere a aparência de base popular do golpe. Como os golpes precisam ter a aparência de legalidade, as Forças Armadas desempenharam esse papel interpretando a seu modo dispositivos (in)constitucionais. Mesma função exercida pelo aparelho jurídico-policial do Estado no golpe atual.

Foram mais de vinte anos de ditadura feroz e de aprofundamento da já abissal desigualdade brasileira. Desenvolveu-se um modelo econômico e social que beneficiou unicamente a elite do dinheiro, que ganhou novos parceiros internacionais na exploração de um mercado interno cativo e de pouca produtividade. A classe média, que somava no máximo 20% do país, tornou-se a consumidora dos automóveis e dos bens duráveis mais caros e de menor qualidade, na comparação internacional, que o país passou a produzir, relegando as classes populares ao arrocho salarial. O Brasil da elite do dinheiro realizou o seu ideal e se converteu em um país para 20% de sua população – que era e ainda é o tamanho da classe média entre nós.

O golpe de 1964 realiza na prática o acordo antipopular da elite e da classe média ao levar ao paroxismo a constituição de uma sociedade baseada no mais completo apartheid de classes. Passa a existir um mercado de produtos restritos para as classes do privilégio e outro mercado, pior e mais precário, para as classes populares. Além disso, todos os serviços, inclusive os do Estado, passam a institucionalizar e separar escolas da classe média das escolas dos pobres, hospitais da classe média dos hospitais dos pobres, bairros de classe média e bairros para pobres, e assim por diante.

Passam a subsistir dois países dentro do mesmo espaço, o que o economista Edmar Bacha chamou de "Belíndia", uma pequena Bélgica para os 20% de privilegiados e uma grande Índia empobrecida e carente para os 80% restantes. É possível agora ser de classe média e não mais compartilhar espaços sociais com as classes populares. O brasileiro de classe

# O MORALISMO PATRIMONIALISTA...

média passa a se ver efetivamente como um belga e só ver os "indianos" em casa, obedientes e domesticados, como os velhos escravos domésticos. Essa passa a ser a normalidade da vida social brasileira.

A modernização conservadora dos militares construiu a classe média que hoje conhecemos. A expansão do mercado e do Estado nesse período também aumentou quantitativamente a classe média que servia às funções de supervisão, controle, amparo legal, planejamento e administração, funções típicas do *white collar* por oposição ao *blue collar* dos trabalhadores, nessas duas esferas da sociedade. Uma outra fração da classe média, com outro tipo de capital cultural, menos técnico e mais literário, ligado ao novo público de consumo de bens culturais, entra em cena. Essa nova fração assume, nessa época, um perfil mais crítico, e é o público consumidor da pequena revolução cultural que se estabelece no Brasil nos anos 1960 e 1970. Chico Buarque e Caetano Veloso são expressões dessa fração nascente e mais crítica.

A classe média se fraciona e se diferencia internamente, aumentando sua complexidade. A própria expansão e o aprofundamento do capitalismo no país, que vai, por exemplo, criar o agronegócio com alta produtividade para exportação, começam a construir também um setor da classe média ligado à produção de bens simbólicos no país. A posse de conhecimento legítimo, facilitada pela notável ampliação das universidades públicas no Brasil sob os militares, era o fator distintivo – como ainda hoje – para uma classe média que se diferencia de modo fundamental. A classe média, a partir daí, já assume sua feição mais heterogênea, como se apresenta hoje em dia no Brasil.

Parte importante da cultura de resistência desse período vem, mais uma vez, como no tenentismo antes dele, das frações da classe média menos tradicionais e conformistas, contra o governo militar – muitas delas ligadas às novas elites e vanguardas culturais de uma classe média que então se diferenciava internamente. A elite do dinheiro não tinha, até então, nada com isso. A democracia sempre havia sido para ela um estorvo e um grande mal-entendido. Ela tinha o que desejava e dizia muito obrigado aos golpistas armados incentivados por ela mesma por meio da "sua imprensa".

# A ELITE DO ATRASO

Os anos 1960 e 1970 no Brasil presenciaram uma luta desigual de frações mais críticas e rebeldes da classe média – especialmente no campo da cultura, ainda que alguns tenham chegado à radicalidade da luta armada – contra a ditadura militar. Foi apenas a entrada das classes trabalhadoras organizadas, semente do PT, já no fim dos anos 1970, que propiciou a esses setores descontentes o aliado de que necessitavam.

Para a elite do dinheiro, o arranjo com os militares azedou quando eles propuseram, ainda que de cima para baixo e de modo autoritário, um interessante projeto nacional de desenvolvimento, o II PND da era Geisel. Uma série de investimentos na área de mineração e tecnologia, com a abertura de universidades e centros de pesquisa em todo o país, deveria proporcionar uma base vigorosa para um desenvolvimento econômico nacional autônomo. Ainda que o Estado fosse o condutor do processo, ele era aberto à iniciativa privada.

Isso é tudo que jamais interessou à nossa elite do dinheiro e da rapina fácil, do aqui e do agora: um processo nacional de desenvolvimento de longo prazo sob a condução do Estado. A grande imprensa a seu serviço começa a bombardear o projeto e a minar por dentro o acordo que havia propiciado o golpe.[4] O apoio dessa elite do dinheiro e de sua imprensa ao Diretas Já vem daí.[5] Para a grande imprensa, a ressaca foi grande. Censurada e manietada, teve seu prestígio e sua influência decisivamente reduzidos. Alguns órgãos mais liberais, como a *Folha de S.Paulo*, assumiram uma forma mais plural na década de 1990 e permitiram que outras vozes fossem ouvidas.[6] As classes médias das Diretas Já abriram-se para um experimento democrático mais uma vez pela mão dos interesses dos proprietários.

---

4  O *Jornal da Tarde* passa a publicar inúmeros panfletos sob o título "A República Socialista Soviética do Brasil", se referindo ao governo Geisel. Vale chegar ao ridículo para viabilizar o saque da elite do dinheiro.

5  A Globo era tão ligada aos militares que foi a última a aderir.

6  Depoimento de Luis Nassif ao autor.

# 9. O pacto elitista e sua violência simbólica

Como discutimos anteriormente, a classe média como conceito genérico e homogêneo não existe. Como a classe social não pode ser compreendida apenas pela renda, mas também pelo monopólio de outros capitais que estão a seu alcance e que servirão como armas dos indivíduos na competição social pelos recursos escassos, a classe média é uma classe do privilégio. É a socialização familiar diferencial da classe média, como já vimos, que a capacita privilegiadamente, em relação às classes populares, para o sucesso escolar e, depois, para o sucesso no mercado de trabalho.

Afinal, é ela que monopoliza a reprodução do capital cultural valorizado que tanto o mercado quanto o Estado necessitam para se reproduzir. Advogados, economistas, publicitários, artistas, administradores, contadores e assim por diante são, em sua esmagadora maioria, especialistas desse capital cultural valorizado que caracteriza a classe média.

Não existe nenhuma função do mercado ou do Estado que possa ser exercida sem o concurso desses especialistas. Em grande medida, essas funções são todas de controle, direção, supervisão e legitimação do sistema econômico, social e político. Daí que a classe média seja uma classe do privilégio. Ela tem o salário e o prestígio correspondente de quem realiza no dia a dia a dominação social, econômica e política em nome da elite do dinheiro. Traçando um paralelo com nosso passado escravista, a classe média é o capataz da elite do dinheiro, cuja tarefa é subjugar o restante da sociedade como um todo.

Obviamente, não é esse o modo como a classe média se vê. Todas as classes do privilégio tendem, necessariamente, a ver seu privilégio como inato ou merecido. Como diria Weber, os privilegiados não querem apenas exercer o privilégio, mas também que ele seja percebido como merecido, como um direito. Já as classes populares estão condenadas às armas frágeis dos dominados. Sua ação tende a ser reativa e construída contra os valores das classes dominantes sob o poder do discurso do inimigo. Assim, se o individualismo é o valor máximo das classes dominantes, nas classes populares a solidariedade e o espírito de grupo, por exemplo, tendem a ser mais importantes. Se a noção de sensibilidade tende a ser dominante nas classes superiores, a ética da virilidade tende a ser o seu contraponto perfeito nas classes populares.

A situação dos excluídos sociais, a "ralé de novos escravos", é ainda mais precária. Se a classe trabalhadora qualificada e semiqualificada ainda tem perspectivas, ainda que restritas, de futuro e de ascensão social, a ralé foi tão secularmente desprezada e humilhada que, sem contexto político favorável, está condenada ao fracasso. Toda a importância do lulismo recente reside aí. Com ele foi iniciado um esforço que, caso fosse levado adiante, redimiria essa classe condenada pelo ódio covarde devotado ao escravo no espaço de poucas gerações.

O desprezo e a humilhação que essa classe sofre desde o berço, unindo socialização familiar precária, que é o essencial do seu aspecto de classe, com o preconceito covarde e secular contra o escravo, que é seu aspecto de raça, a levam a fantasiar sua realidade intolerável. A fantasia, que assume a forma da fuga pela droga e especialmente pelo álcool, ou dos tipos de religiosidade mágica que prometem o que não se pode realizar, são exemplos do escapismo de quem não tem futuro.[1]

---

1  Ver as pesquisas empíricas em Jessé Souza, *A ralé brasileira*, Rio de Janeiro: Civilização Brasileira, 2022.

O PACTO ELITISTA E SUA VIOLÊNCIA SIMBÓLICA

Essa não é a situação das classes do privilégio. A elite do dinheiro tende a perceber seu privilégio como decorrente de uma superioridade inata. Essa ancestralidade do privilégio tem a ver, primeiro, com a herança de sangue, que implica não só o desfrute da riqueza, mas também o dever de aumentar o patrimônio e a influência. Além disso, os ricos são detentores de bom gosto inato, como se a posse do dinheiro, que possibilita o consumo das coisas melhores e mais caras, fosse mero detalhe sem importância. O consumo diferenciado deve aparecer como expressão de uma sensibilidade também diferenciada. O rico que só tem dinheiro é um rico bronco.

A classe média tende a imitar a elite endinheirada na sua autopercepção de classe sensível e de bom gosto, mostrando que essa forma é essencial para toda a distinção das classes do privilégio em relação às classes populares. Mas a classe média acrescenta a noção de meritocracia, de merecimento de sua posição privilegiada pelo estudo e pelo trabalho duro, mérito percebido como construção individual. Ainda que a meritocracia, como a noção de sensibilidade também, seja transclassista, a classe média é seu habitat natural.

A socialização familiar que produz os indivíduos com capacidades diferenciais é cuidadosamente escondida e nunca lembrada – não se lembra que os filhos das classes populares não só não recebem os mesmos estímulos desde o berço, como também têm que trabalhar e estudar desde a primeira fase da adolescência. Na classe média, não só se transmitem os estímulos privilegiados dos pais aos filhos – como capacidade de concentração e pensamento prospectivo –, como também se compra o tempo livre dos filhos só para os estudos. Não obstante, quando crescem, os filhos da classe média olham para os filhos das classes populares menos afortunados e consideram o próprio sucesso fruto de mérito individual.

Toda essa luta pela distinção social é tão importante quanto a luta pelos bens materiais. Quem não percebe isso não percebe nada de importante na vida social. Mais ainda: são os mecanismos de distinção social que legitimam para si e para os outros o acesso privilegiado a todos os bens

# A ELITE DO ATRASO

escassos, sejam eles materiais ou ideais. Os seres humanos, em qualquer época e em qualquer lugar, querem não apenas ser ricos e felizes, mas também saber que têm direito a isso, mesmo à custa da infelicidade alheia.

No mundo ocidental moderno, não existem duzentas formas, como quer o liberalismo vulgar, para produzir distinção social considerada legítima. A forma é única, apesar de invisível em um mundo onde se percebe apenas a ação do dinheiro e do poder. Ela tem a ver com a dominação de certa visão da moralidade e da virtude como o predomínio da noção de espírito sobre a noção de corpo. Essa forma muito singular de se perceber a moralidade e a virtude não caiu do céu. Ela está associada à história do cristianismo e ao fato de essa tradição ter incorporado a noção platônica de virtude, que defende o controle das paixões do corpo pelo espírito, ao caminho de salvação exigido daí em diante de todo cristão.

Essa é a gênese. Mas a caminhada dessa noção de virtude assume formas seculares e capitalistas depois. Essas formas de perceber a virtude são, no Ocidente, duas: ela se transforma em dignidade do trabalhador útil e produtivo e em sensibilidade da personalidade expressiva. A noção de dignidade do trabalhador útil, daquele que contribui com seu trabalho para o bem comum, é protestante no começo – quando o trabalho é visto como sagrado pela primeira vez – e depois genericamente capitalista. A noção de meritocracia nasce, portanto, aqui, como contribuição individual de cada um à riqueza social compartilhada por todos. A partir de então, quer queiramos ou não – não existe criação individual na moralidade que sentimos –, passamos a admirar quem contribui com seu trabalho para o bem comum e a desprezar ou sentir pena de quem não o faz.

A noção de sensibilidade é mais tardia e nasce como fruto de vanguardas intelectuais, em parte como reação ao mundo percebido apenas como trabalho e acumulação de riquezas. Nasce a ideia de que o ser humano deve expressar sua natureza interior, e não apenas trabalhar e acumular dinheiro. O que passa a ser dito agora é que realizar-se como ser humano envolve não apenas a disciplina do trabalho produtivo, mas também, e até principalmente, a expressão autêntica de suas emoções e sentimentos.

## O PACTO ELITISTA E SUA VIOLÊNCIA SIMBÓLICA

Tendo sido forjada nas elites literárias e intelectuais do século XVIII, essa noção de virtude se massifica nos anos 1960, com os movimentos da juventude contracultural, e é hoje em dia patrimônio de nós todos. Todos nós – queiramos ou não e tenhamos ou não consciência disso – somos seres dominados, para o bem e para o mal, por esses valores.

Quando se fala no mundo do trabalho e no casamento e na família como as duas instâncias fundamentais da vida de cada um, estamos apenas repetindo, com a linguagem da vida cotidiana, a centralização dessa noção bipartida de virtude. Todos nós nos vemos como fracasso ou como sucesso, dependendo do nosso desempenho diferencial nessas duas áreas.

Isso significa que toda forma de autorreconhecimento e de reconhecimento social dos outros tem, necessariamente, a ver com essas duas fontes ocidentais da noção de virtude. Por conta disso, também, não existem centenas de formas diferentes de dotar a vida de sentido, como acreditam o liberalismo e os livros de autoajuda, mas apenas essas ideias criadas historicamente. Os valores que regem nossa vida são, portanto, sociais e compartilhados, nunca uma criação individual.

Normalmente, as pessoas no dia a dia não têm a menor ideia disso. Quando não se percebe conscientemente o que determina nossa ação e nosso comportamento, isso apenas significa que sua eficácia é ainda maior. Somos comandados por essa hierarquia de valores no nosso cotidiano e não temos a menor ideia disso. Esse fato só faz com que a força dessa hierarquia moral seja ainda maior, apesar de invisível. Nesse caso, não temos literalmente nenhuma defesa em relação a ela, posto que ela nos comanda pré-reflexivamente e antes de qualquer tomada de consciência.

Foi, inclusive, minha intuição inicial como pesquisador de que essa hierarquia comanda toda a representação social do capitalismo ocidental, seja no centro, seja na periferia do capitalismo, que me fez desconfiar da validade de nossa teoria dominante: o culturalismo racista e vira-lata. Afinal, essa hierarquia constrói toda a legitimação da hierarquia social aqui no Brasil, no México e na Argentina do mesmo modo que o faz na

## A ELITE DO ATRASO

Alemanha, na Suécia ou nos Estados Unidos. Mas nossa singularidade é outra.

O passado que nos domina não é a continuidade com o Portugal pré-moderno que nos legaria a corrupção só do Estado, como até hoje nos diz o culturalismo dominante entre nós. Nosso passado intocado, precisamente por seu esquecimento, é o do escravismo. Do escravismo nós herdamos o desprezo e o ódio covarde pelas classes populares que tornou impossível uma sociedade minimamente igualitária como a europeia. Foi justamente porque a Europa não teve escravidão que Norbert Elias pôde construir o processo civilizatório europeu a partir da ruptura com a escravidão da antiguidade.

O processo civilizatório, para Elias, é precisamente um gigantesco processo de homogeneização social que abrangeu todas as classes sociais dos principais países europeus, permitindo a construção de um patamar mínimo universalizado para todos. Ele foi resultado, portanto, de um processo de aprendizado coletivo de grandes proporções. Houve uma universalização dos pressupostos psicossociais daquilo que chamamos de "dignidade do produtor útil", que pressupõe internalização de disciplina, autocontrole e pensamento prospectivo.

Nesse contexto, é isso que explica que não haja "subgente" nas grandes democracias europeias, já que as precondições do sucesso escolar e depois no mercado de trabalho competitivo para a esmagadora maioria das pessoas estão alcançadas. No linguajar freudiano de Elias, ele se refere à internalização do superego, representando a instância do autocontrole – que pressupõe disciplina e pensamento prospectivo – individual independente de coerção externa. É isso que propicia uma condução racional da vida, com foco no futuro. Tudo que associamos à noção de personalidade tem aqui sua base material.

O mesmo processo de aprendizado esclarece por que lá se desenvolveu uma sensibilidade em relação ao sofrimento alheio, transformando mecanismos psicossociais, como culpa e remorso, em gatilho para uma sensibilidade política que possibilita representar nos sujeitos a dor e o

## O PACTO ELITISTA E SUA VIOLÊNCIA SIMBÓLICA

sofrimento dos mais frágeis. Como esse processo de homogeneização jamais aconteceu entre nós, temos, aqui, ao contrário, o ódio aos mais frágeis e a culpabilização da própria vítima pelo seu infortúnio construído socialmente.

É a ausência de processos de aprendizado coletivo e de sua institucionalização social e política que explica nossa abissal desigualdade e indiferença ao sofrimento. Não tem nada a ver com corrupção vira-lata herdada dos portugueses e estoques culturais imutáveis. São, afinal, processos de aprendizado coletivo que garantem uma economia emocional/moral e cognitiva, em alguma medida, efetivamente compartilhada e, portanto, um patamar comum para todos os indivíduos de todas as classes sociais.

Em um contexto como esse, a lei jurídica da igualdade formal não funciona perfeitamente, mas possui uma eficácia comparativa inegável com relação a países como o Brasil. Isso não significa, como sabemos depois de estudar as hierarquias opacas do capitalismo, que todos são iguais nos principais países europeus. Obviamente não são. A suposta virtude da sensibilidade separa as classes superiores das classes populares na Europa como em todo lugar. A noção de dignidade meritocrática também hierarquiza os desempenhos na esfera do trabalho de modo muito visível.

Mas o que lá não se tem é a divisão entre "gente" e "não gente" típica de países escravocratas que nunca criticaram essa herança. No nosso caso, criamos, inclusive, uma herança fantasiosa, como se os 350 anos de escravidão não valessem nada e uma continuidade fictícia com Portugal houvesse definido a nação e explicado ao modo dos vira-latas a distância em relação aos Estados Unidos. O que precisa ser compreendido de uma vez por todas é que ser "gente", ser considerado "ser humano", não é um dado natural, mas, sim, uma construção social. Existem características básicas, como consensos sociais compartilhados, que precisam ser universalizadas para que a igualdade jurídica formal tenha alguma eficácia.

Sem a efetiva generalização de uma economia emocional que permita o aprendizado escolar e o trabalho produtivo, cria-se uma classe de "sub-humanos" para todos os efeitos práticos. Pode-se chacinar e massacrar

A ELITE DO ATRASO

pessoas dessa classe sem que parcelas da opinião pública sequer se comovam. Ao contrário, celebra-se o ocorrido como higiene da sociedade. São pessoas que levam uma subvida em todas as esferas, fato que é aceito como natural pela população. A subvida só é aceita porque essas pessoas são percebidas como subgente, e subgente merece ter subvida. Simples assim, ainda que a naturalização dessa desigualdade monstruosa no dia a dia nos cegue quanto a isso. O que singulariza nossa sociedade como um todo, a intuição inicial que guiou todos os meus trabalhos, é, portanto, a subclasse dos sub-humanos. A economia, a sociedade e a política vão ser singulares no nosso caso em decorrência, antes de tudo, desse fato.

Assim, para compreendermos o que existe de singular entre nós e que nos diferencia da França, da Suécia, da Alemanha e até mesmo de Portugal, Espanha ou Itália, temos que acrescentar à hierarquia social compartilhada por todo o capitalismo moderno nossa história singular escravocrata.

Afinal, o moralismo seletivo de nossas classes do privilégio vem daí e foi cevado para construir a solidariedade entre a elite do dinheiro e a classe média, contra qualquer pretensão das classes populares. É aqui que entram os temas do patrimonialismo, nos quais a suposta elite que rapina o país estaria no Estado, e não no mercado, e do populismo tornando suspeita qualquer ação política popular no Brasil. É a ação combinada desses pilares da hierarquia moralista, esta, sim, genuinamente brasileira, que pode esclarecer os instantes mais dramáticos de nossa história social e política.

O "golpeachment" de 2016 permite analisar a singularidade da situação social e política brasileira de modo cristalino. Nas situações limite, os preconceitos sociais que nos guiam na vida prática vêm à tona sem fingimento ou vergonha. Os interesses inconfessos dos atores e das classes sociais também são assumidos ou se mostram para a análise de modo especialmente claro. A seguir, veremos isso, a partir do papel que desempenharam no "golpeachment" as quatro classes sociais que compõem o

## O PACTO ELITISTA E SUA VIOLÊNCIA SIMBÓLICA

Brasil moderno: a elite do dinheiro, a classe média e suas frações, a classe trabalhadora precária e os excluídos da ralé de novos escravos.

Como esse golpe foi reacionário, ou seja, uma reação de cima à pequena ascensão social de setores populares, o fator decisivo é compreender a ação das classes do privilégio: a elite do dinheiro e a classe média e suas frações. É isso que iremos fazer a seguir. As classes populares permaneceram, fora instantes episódicos importantes,[2] passivas e algumas vezes, inclusive, açodando e participando do movimento. O golpe de 2016, como aliás todos os outros, foi gestado e posto em prática pela elite do dinheiro, e cabe analisar e perceber seus motivos e compreender a ação de seu "partido político" específico: a grande imprensa.

A grande imprensa é uma empresa que se disfarça, mentindo para seus leitores e telespectadores, e "tira onda" de serviço público. Como "partido político", é a instituição que consegue arregimentar e convencer sua clientela, coisa que os partidos elitistas como o PSDB só conseguiram em bolsões regionais. O partido verdadeiramente nacional da elite endinheirada é a grande imprensa. A "política" do golpe foi midiaticamente produzida e os partidos só tiveram que ratificar os consensos sociais produzidos midiaticamente. Por conta disso, chamar o golpe de "parlamentar" é se prender às aparências e esquecer o principal.

Vamos a seguir analisar os motivos inconfessos da elite do dinheiro para o golpe e a ação das diversas frações da classe média como massa de manobra das elites a partir da arregimentação midiática. Digo que a classe média foi massa de manobra dado que não havia, exceto para as capas superiores da classe média associadas ao pacto rentista, nenhum motivo racional para isso. A classe média não ganhou nada e só perdeu com o golpe. Mas agiu como se fosse a protagonista do processo. Esse é, afinal, o acordo elitista do Brasil desde Getúlio Vargas. O incrível é que ele foi

---

2 Como no belo movimento dos estudantes secundaristas contra os cortes na educação pública, em 2016.

## A ELITE DO ATRASO

ativado em um contexto socioeconômico positivo e até único na história brasileira. É isso que precisa ser aprofundado e mais bem compreendido.

Depois analisaremos as frações da classe média para compreender sua diferenciação interna e sua complexidade. Em seguida, examinaremos a forma como a manipulação midiática se deu, possibilitando o engajamento ativo da maioria da classe média em um processo realizado contra seus melhores interesses.

## 10. A elite do dinheiro e seus motivos

O fundamental para compreender os reais interesses envolvidos no golpe de 2016 no Brasil é perceber a nova relação com a política e a sociedade que a nova dominância do capital financeiro sobre as outras frações do capital implica no mundo inteiro. Entre os anos de 1945 e 1975, o mundo desenvolvido viveu suas três décadas de ouro, no sentido de menor concentração de renda, maior igualdade em todas as esferas da vida e um aumento significativo da escolaridade e do bem-estar geral. O Brasil era candidato à mesma bonança, mas o golpe de 1964, apoiado pela mesma elite e pela mesma imprensa de hoje, abortou o processo.

Essa época de bonança tem a ver com o pacto socioeconômico que marcou o pós-guerra. Países destruídos ou semidestruídos pela guerra, sob o imperativo de reconstruir suas economias, necessitavam da força de trabalho nacional e internacional. O capital precisava dos trabalhadores como nunca antes e teve que entrar em compromisso com a classe trabalhadora. Dessa vez, os proprietários também não podiam apelar para as divisões dos trabalhadores que haviam possibilitado seu domínio irrestrito até então, como as divisões entre trabalhadores brancos e negros nos Estados Unidos mostram tão bem. Divisão em muitos casos açodada e alimentada pelos donos do capital.

Por outro lado, a "ameaça" comunista e sua bandeira de igualdade tinham agora, depois da libertação de grande parte do continente europeu pelas forças soviéticas, um componente real e palpável. O capitalismo passou a ter a obrigação de ser realmente igualitário. O novo pacto social do pós-guerra envolvia, portanto, pela primeira vez em grande escala, redistribuição de renda e acesso a consumo e bem-estar para as grandes massas da população.

O chamado pacto social-democrata envolvia uma inédita participação política dos sindicatos e dos partidos da classe trabalhadora, que muito frequentemente decidiam o resultado das eleições. Os Estados nacionais desfrutavam do máximo poder que já tinham alcançado e regulavam grande parte da atividade econômica. Pela primeira vez na história a capacidade produtiva do capitalismo tinha sido posta a serviço da sociedade como um todo, e não apenas para o proveito de meia dúzia de capitalistas.

Eu próprio tive, enquanto jovem estudante em meados da década de 1980, fazendo meu doutorado na Alemanha, uma experiência pessoal nesse tipo de regime social. Apesar de ter uma bolsa de estudos modesta – equivalente ao que os próprios pais alemães davam a seus filhos para poderem estudar em outra cidade – e de pagar o seguro de saúde mais barato, a qualidade de vida era excelente. Literalmente não se viam pobres nas ruas. Mesmo os filhos de famílias problemáticas, que moravam nas estações de trem das grandes cidades com seus cachorros, recebiam dinheiro do governo para não passarem fome.

Eu podia escolher qualquer médico com meu módico plano de saúde, independentemente do prestígio do profissional. O médico do presidente da Mercedes-Benz poderia ter sido meu médico também, se eu assim o desejasse, por determinação legal. Lembro-me do orgulho dos alemães de não terem uma assistência de saúde diferenciada para cada classe social. Na minha primeira ida ao oftalmologista, ganhei um par de óculos e um de lentes de contato sem custo adicional. Qualquer remédio, por mais caro que fosse, custava ao consumidor o equivalente a € 1 – ou R$ 6,25 – na

## A ELITE DO DINHEIRO E SEUS MOTIVOS

moeda de 2025. O restante era subsidiado. Saúde e educação de primeira qualidade para literalmente todas as pessoas.

E isso tudo sem comprometer a eficiência e o dinamismo da economia como um todo. O mantra de nossos economistas conservadores desde sempre, de que é necessário achatar o salário dos trabalhadores para se ter crescimento econômico, mostrava sua falácia. A Alemanha que conheci como jovem refletia riqueza por todo lado. O país possuía, como ainda hoje possui, de quatro a cinco grandes corporações de alta tecnologia em todos os ramos industriais de importância, quase sempre com capital dividido entre o Estado e a iniciativa privada. Para mim, aquilo tudo era como a realização concreta do "paraíso comunista" de Karl Marx: o suficiente para cada um, segundo a sua necessidade. Aprendi que o capitalismo regulado – não o socialismo estatizado – era a forma mais perfeita de organização social.

Mas esse arranjo passara a ser criticado obstinadamente a partir dos anos 1970 e 1980. A taxa de lucro dos capitalistas era ligeiramente decrescente devido à ação dos sindicatos e dos partidos trabalhistas, além da pressão política por redistribuição de renda. Nada mais razoável do que retribuir à sociedade uma parte do que se apropria do trabalho coletivo pelo capital. Os capitalistas não deixavam de ter um padrão de vida excelente, e não sabiam o que fazer com tanto dinheiro. Mas queriam mais. Sempre muito mais. A velha acumulação infinita do narcisismo infantil que luta por uma conta com mais zeros do que os outros. Um dinheiro que não se consegue sequer gastar e não tem mais nenhuma relação com necessidades reais. Uma versão adulta da brincadeira infantil de medir o pênis para ver quem tem o maior.

Em pouco tempo, a luta por uma taxa de lucro mais alta se tornou a obsessão dos capitalistas em todo o mundo. A queda do Muro de Berlim, em 1989, retirou de cena a concorrência socialista, o que facilitou a imposição de novos discursos. A estratégia bem-sucedida equivaleu a uma revolução reacionária de impacto mundial: reverter todos os ganhos da

A ELITE DO ATRASO

classe trabalhadora nos últimos duzentos anos, seja no mercado e na vida econômica, seja no Estado e na vida política e social.

No âmbito do mercado e da vida econômica, o principal inimigo a ser abatido eram os sindicatos. Na Alemanha, se deu violento ataque ao salário acertado em negociações com grandes sindicatos a partir da produtividade de cada setor. Nos Estados Unidos, o ataque foi ainda maior. Os salários estacionaram nas décadas seguintes, chegando ao mesmo nível de 1975, ainda que a produtividade tenha mais do que dobrado no mesmo período.[1] Os grandes aliados da guerra contra os sindicatos foram, por um lado, o desemprego tornado estrutural, possibilitando a "flexibilização" do regime de trabalho, e, por outro, a entrada massiva do trabalho feminino, que foi percebido como "libertação" por muitas líderes feministas.[2]

Com os sindicatos na defensiva, o desafio da reorganização do capitalismo, a partir dos anos de 1980, passou a ter, na dimensão econômica, dois pilares interligados: transformar o processo de acumulação de capital, de modo a voltar a garantir taxas de lucro crescentes; e justificar esse processo de mudança segundo a semântica do "expressivismo" e da liberdade individual, que havia fincado fundamentos sólidos no imaginário social a partir dos movimentos contraculturais dos anos 1960 em todo o mundo. Como haviam chamado atenção Boutanski e Chiapello, o capitalismo só sobrevive se "engolir" seu inimigo – no caso a contracultura expressivista – e transformá-lo em seus próprios termos, ou seja, nos termos da acumulação infinita de capital.

Toda a semântica da luta expressivista dirigida contra o capitalismo fordista do trabalho repetitivo e alienador foi utilizada segundo os interesses do capitalismo financeiro e seu novo discurso, que associa trabalho superexplorado a empreendedorismo, liberdade e criatividade. Essa "antropofagia" é sempre um desafio – ou seja, é um risco e pode falhar – e requer enorme coordenação de interesses em todas as esferas sociais para vencer resistências e criar um imaginário social favorável, ou, em

---

1 Wolfgang Streeck, *Gekaufte Zeit*, Frankfurt: Suhrkamp, 2013.

2 *Ibidem.*

# A ELITE DO DINHEIRO E SEUS MOTIVOS

outros termos, uma violência simbólica bem construída e aceita por todos como autoevidente. Tão autoevidente quanto a construção da falácia do patrimonialismo e do populismo entre nós.

O maior desafio da reestruturação do capitalismo financeiro e flexível foi, como não podia deixar de ser, uma completa redefinição das relações entre o capital e o trabalho. Desde o seu início, a história da industrialização no Ocidente havia sido a epopeia de uma luta de classes cotidiana em todas as fábricas, um combate latente – e muitas vezes declarado e manifesto – entre a dominação do capital por meio de seus mecanismos de controle e disciplina, de um lado, e a rebelião dos trabalhadores contra sua opressão, de outro.

Mesmo em pleno período de "compromisso de classes fordista", fazia parte da tradição de luta dos trabalhadores se perceber como um soldado de uma "guerra de guerrilha" contra toda tentativa de controle e disciplina do trabalho julgada excessiva. A uma rotina de trabalho baseada na medição milimétrica de tempos de movimentos, se contrapunha toda a criatividade dos trabalhadores em construir nichos secretos de autonomia. Durante os duzentos anos de hegemonia do capitalismo industrial no Ocidente – muito especialmente durante o "compromisso de classes fordista" –, a dominação do trabalho pelo capital significou sempre custos crescentes de controle e vigilância. Nesse sentido, não é de modo algum surpreendente que a nova forma fabril que estava destinada a substituir o fordismo viesse, sintomaticamente, de um país não ocidental sem qualquer tradição importante de luta de classes e de movimento organizado dos trabalhadores no sentido ocidental do termo, o Japão.[3]

A grande vantagem do toyotismo japonês em relação ao fordismo ocidental era, precisamente, a possibilidade de obter ganhos incomparáveis de produtividade graças ao "patriotismo de fábrica", que subordinava os trabalhadores aos objetivos da empresa. A chamada *lean production* (produção flexível) fundamentava-se precisamente na não necessidade de pessoal hierárquico para o controle e disciplina do trabalho, permitindo

---

3 André Gorz, *Miserias del presente, riqueza de lo posible*, Buenos Aires: Paidós, 1998, cap. II.

# A ELITE DO ATRASO

cortes substanciais dos custos de produção e possibilitando contar apenas com os trabalhadores diretamente produtivos. A secular luta de classes dentro da fábrica, que exigia gastos crescentes com controle, vigilância e repressão, aumentando os custos de produção e diminuindo a produtividade, deveria ser substituída pela completa mobilização dos trabalhadores em favor do engrandecimento e maior lucro possível da empresa.

O que está em jogo no capitalismo flexível é transformar a rebeldia secular da força de trabalho em completa obediência ou, mais ainda, em ativa mobilização total do exército de trabalhadores em favor do capital. O toyotismo pós-fordista permitia não apenas cortar gastos com controle e vigilância, mas, mais importante ainda, ganhar corações e mentes dos próprios trabalhadores. A adaptação ocidental do toyotismo implicou cortar gastos com controle e vigilância em favor de uma auto-organização "comunicativa" dos trabalhadores por meio de redes de fluxo interconectadas e descentralizadas. A nova semântica "expressiva" – o velho inimigo de 1968 agora "engolido" e redefinido "antropofagicamente" – serve para que os trabalhadores percebam a sua capitulação completa em relação aos interesses do capital como uma reapropriação do trabalho pelos próprios trabalhadores, sonho máximo do movimento operário ocidental nos últimos duzentos anos.

Na verdade, as demandas impostas ao novo trabalhador ocidental – quais sejam: expressar a si próprio e se comunicar – escondem o fato de que essa comunicação e expressão são completamente predeterminadas no conteúdo e na forma. Transformado em simples elo entre circuitos já constituídos de codificação e de decodificação, cujo sentido total lhe escapa, o trabalhador "flexível" aceita a colonização de todas as suas capacidades criativas em nome de uma "comunicação" que se realiza em todas as suas vicissitudes exteriores, excetuando-se sua característica principal de autonomia e espontaneidade.[4]

Como nota André Gorz, a verdade é que a caricatura do trabalho expressivo do capitalismo flexível só é possível porque não existe autonomia

---

4 *Ibidem.*

## A ELITE DO DINHEIRO E SEUS MOTIVOS

no mundo do trabalho se não existir também autonomia cultural, moral e política no ambiente social maior. Vimos anteriormente a ênfase de Habermas no vínculo entre as esferas privada e pública, uma retroalimentando a outra, para que qualquer processo de aprendizado durável seja possível. É preciso solapar as bases da ação militante, do debate livre e da cultura da dissidência para realizar sem peias a ditadura do capital sobre o trabalho vivo. As novas empresas da *lean production* no Ocidente preferem contratar mão de obra jovem, sem passado sindical, com cláusulas explícitas de quebra de contrato em caso de greve: em suma, o novo trabalhador deve ser desenraizado, sem identidade de classe e sem vínculos de pertencimento à sociedade maior. É esse trabalhador que vai poder ver na empresa o lugar de produção de identidade, de autoestima e de pertencimento.

O novo espírito do capitalismo que se consolidou a partir dos anos 1990 revelou-se uma caricatura perfeita do sonho iluminista e expressivista. Os novos gerentes, engenheiros e executivos se apropriaram, nos seus próprios termos – ou seja, como sempre, os termos da acumulação infinita do capital –, de palavras de ordem como criatividade, espontaneidade, liberdade, independência, inovação, ousadia, busca do novo etc. O que antes era utilizado como crítica ao capitalismo se tornou afirmação dele, possibilitando a colonização da nova semântica a serviço da acumulação do capital. Temos aqui um perfeito exemplo da tese de Boltanski e Chiapello acerca das virtualidades antropofágicas do capitalismo em relação a seus inimigos.[5]

No âmbito do Estado e da política, o ataque também era frontal e redefinia a forma como a política seria percebida e exercida a partir de então. Estava na base do contrato social do Estado de bem-estar que a ideia distributivista – uma estrutura de impostos na qual quem ganha mais também paga mais – seria a base financeira que possibilitaria uma sociedade afluente e igualitária. No âmbito do capitalismo fordista, em

---

5 Luc Boltanski e Eve Chiapello, *O novo espírito do capitalismo*, São Paulo: Martins Fontes, 2009.

A ELITE DO ATRASO

que a fração mais importante do capital é a burguesia industrial, esse esquema era viável.

Com a dominância crescente do capitalismo financeiro, todo o esquema do Estado fiscal cai por terra. Os novos capitalistas financeiros passam a ter, comparativamente, um poder muito maior de chantagear a política e o Estado. Em um átimo, um fundo de investimento pode retirar investimentos bilionários de um país e aplicá-los em outro. Transferir uma planta industrial é bem mais complicado. O poder de barganha aumenta a tal ponto que os ricos podem se dar ao luxo de quebrar o pacto democrático de que quem ganha mais tem também de pagar mais impostos. Crescentemente, os ricos passaram a pagar muito pouco ou deixaram simplesmente de pagar impostos por mecanismos legais e ilegais de evasão de renda, agora facilitados pelos paraísos fiscais, especialmente criados para "lavar dinheiro" do capitalismo financeiro e satisfazer a nova máxima dos capitalistas vitoriosos: "Sonegadores fiscais de todo o mundo, uni-vos!"

Com o Estado impossibilitado de forçar o pagamento de tributo dos mais ricos, em um contexto de extraordinária concentração de renda nas mãos de poucos, passou a existir a necessidade de "pedir emprestado" aquilo que não se pode mais exigir. A passagem do Estado fiscal para o Estado devedor é marcada por esse fato basilar. O Estado precisava se financiar com o resultado do trabalho coletivo. Esse resultado, a riqueza social, por sua vez, passou a estar concentrada nas mãos do 1% mais rico que não paga mais imposto, seja porque compra os políticos para não passar leis nesse sentido – caso da CPMF no Brasil, por exemplo –, seja pela evasão fiscal ilegal. No caso brasileiro, estima-se a evasão fiscal anual em US$ 520 bilhões. Corrupção real – literalmente quinhentas vezes maior que toda a corrupção apenas da "política" –, que não é vista como tal pela população midiaticamente manipulada. Não nos esqueçamos de que a farsa da Lava Jato se rejubila de ter recuperado a merreca de menos de US$ 1 bilhão![6]

---

6  Rodrigo Janot, "O custo de romper o círculo da corrupção", *Folha de S.Paulo*, 25 de maio de 2017.

## A ELITE DO DINHEIRO E SEUS MOTIVOS

Como os ricos que ficaram cada vez mais ricos deixaram de pagar impostos por métodos "legais" e ilegais, o Estado tinha agora que pedir emprestado o que lhe era devido por direito. Como quem tem dinheiro são os plutocratas, os bancos e os fundos de investimento do capital financeiro, o Estado tem que pedir emprestado a eles o que eles não pagam mais em impostos. O Estado, em nome de toda a sociedade, tem que pedir aos ricos o que eles pagavam em impostos devidos, agora sob a forma de empréstimo, e pagar, ainda por cima, juros que, no caso brasileiro, são estratosféricos.

A taxa de juros reais no Brasil é a maior do mundo para remunerar precisamente o 1% mais rico que, no nosso caso, deixa literalmente de pagar impostos. O orçamento estatal, agora pago pela classe média e pelos pobres em sua maior parte, deixa de ser usado em serviços essenciais para pagar de volta aos ricos, por meio da "dívida pública", o que eles deveriam ter pago como todos os outros cidadãos. Os ricos não só não pagam o que deveriam, como ficam ainda mais ricos porque cobram uma sobretaxa, que é a maior do mundo no caso brasileiro, pelo dinheiro que emprestam e que deveriam ter pago como imposto.

A situação seria cômica se não fosse tão trágica. Os muito ricos passaram a ser credores de toda a sociedade e passaram a exigir dela todo tipo de sacrifício, por meio de uma dívida pública criada precisamente pelo fato de que quem deveria pagar mais impostos simplesmente deixa de pagá-los. Isso sem contar o fato de que ninguém no Brasil sabe de onde efetivamente essa dívida pública provém. Jamais foi realizada uma auditoria na dívida pública. Como todo especialista que estuda o assunto sabe muito bem, o segredo da dívida pública só serve para encobrir todo tipo de falcatrua "privada" dos bancos e dos proprietários.[7] A mais comum tem a ver com a socialização das dívidas de plutocratas e poderosos que ficam com o lucro enquanto a população fica com o prejuízo.

---

7 Maria Lucia Fattorelli, "A dívida pública é um megaesquema de corrupção institucionalizado", *Carta Capital*, 6 de junho de 2015.

## A ELITE DO ATRASO

É desse modo, pelo mecanismo absurdo de uma dívida assumida pela sociedade como um todo a uma classe de sonegadores, que se explica a captura do Estado e da política pelo capital financeiro. Toda crise fiscal, inclusive a brasileira, é, portanto, uma crise de receita, e não de despesa, como a imprensa venal e comprada – devedora dos bancos que são também os seus principais anunciantes – alardeia. A luta inglória pelos ridículos 0,38% da CPMF mostra como a classe rentista naturalizou esse novo *status quo*. O pato da Fiesp no "golpeachment" de 2016 é um escárnio, posto que não é essa elite que paga o orçamento. Quem paga o pato são os pobres, responsáveis por 53% do orçamento brasileiro.

O capitalismo financeiro passa a ser a fração dominante entre as frações do capital, posto que, agora, todas as frações dos proprietários, como do agronegócio, do comércio e da indústria, passam a ter sua fonte de ganho principal nos investimentos especulativos do capital financeiro. A dívida pública funciona como um gigantesco bombeamento de recursos da sociedade inteira para o bolso da classe dos sonegadores. Esse 1% que tudo detém não é apenas dono das empresas, do agronegócio, dos apartamentos das cidades, dos bancos e dos fundos de investimento. Ele agora é o dono também do orçamento do Estado!

A PEC 55, que congela todas as despesas por vinte anos para garantir o pagamento da dívida pública à classe dos sonegadores, com dinheiro pago pelos pobres, é o melhor exemplo de que o golpe de 2016 foi feito por essa classe para atender a seus interesses mais venais e indefensáveis. Usar a corrupção do Estado como pretexto é outro escárnio. Quer corrupção maior do que esse esquema? Qual a diferença dele em relação a qualquer esquema criminoso? É porque é "legal" – ou seja, produzido segundo as formalidades legais do processo legislativo comandado por um parlamento comprado por essa classe para fazer exatamente o que faz?

É aqui que entra a grande imprensa como real "partido" do capital financeiro, para desviar a atenção da população para o gigantesco processo de expropriação do qual ela é vítima e criar bodes expiatórios. Como é possível todos os dias tamanha distorção sistemática da realidade? Ora,

## A ELITE DO DINHEIRO E SEUS MOTIVOS

a espoliação da sociedade inteira pode ser facilmente deslocada para a corrupção dos tolos, a propina dos políticos desonestos. O tema do patrimonialismo, ou seja, da elite supostamente dentro do Estado como grande problema nacional, e não a elite do dinheiro fora do Estado e que o usa para seus fins, serve exatamente para isso.

O grande esquema de corrupção sistêmica que o capitalismo financeiro impõe, que implica superexplorar e enganar as classes sociais abaixo da elite, capturar o Estado e a política para seus fins, e instaurar uma imprensa e uma esfera pública que implicam distorção sistemática da realidade, é naturalizado e percebido como dado imutável. Uma realidade na qual só se pode obedecer. Se corrupção é, antes de tudo, enganar o outro, pergunto ao leitor: qual é a corrupção verdadeira e qual é a corrupção para os tolos?

Mas tamanha manipulação e logro da população não poderiam existir se a própria classe média, o público privilegiado da imprensa desde seus primórdios, já não tivesse, ela própria, propensão e disposição para ser manipulada e enganada precisamente desse modo – e de nenhum outro. A imprensa manipulativa não cria o mundo. Ela não é tão poderosa. Ela manipula preconceitos já existentes de modo a retirar deles a maior vantagem possível, tanto material quanto simbólica, para a elite do dinheiro que a sustenta com anúncios e falcatruas diversas.

## 11. A classe média e suas frações

Qual a especificidade da classe média? Quais os modos mais adequados para falar à mente e ao coração da classe média? Quais seus medos específicos? Quais seus desejos particulares? É a partir dessas questões que podemos conhecer o comportamento de qualquer classe social, assim como o de qualquer indivíduo também. Saber a sua renda – a forma como o liberalismo (não) percebe as classes sociais – não nos esclarece nenhuma dessas questões.

O mais importante aqui é entender como cada classe legitima sua vida e sua ação prática no mundo. Como a classe média é uma classe intermediária, entre a elite do dinheiro, de quem é uma espécie de "capataz moderno", e as classes populares, a quem explora, ela tem que se autolegitimar tanto para cima quanto para baixo. Uma estrutura de justificação da vida bifronte, como o deus Juno da mitologia.

Minha tese é que ela se justifica para cima com o moralismo e para baixo com o populismo. Não por acaso, precisamente as duas ideias centrais que a elite do dinheiro e seus intelectuais orgânicos construíram para tornar a classe média cativa e manipulável simbolicamente. Nossos intelectuais e pensadores do patrimonialismo e do populismo legaram à mídia a linguagem e a semântica para que elas possam se dirigir a

## A ELITE DO ATRASO

seu público cativo, a classe média consumidora do capitalismo seletivo, fazendo de conta que defende seus interesses e os interesses da nação.

A elite do dinheiro soube muito bem aproveitar as necessidades de justificação e de autojustificação dos setores médios. Comprou uma inteligência para formular uma teoria liberal moralista feita com precisão de alfaiate para as necessidades do público que queria arregimentar e controlar. Esse tipo de compra não se dá apenas nem principalmente através do dinheiro, mas pelos mecanismos de consagração de um autor e de uma ideia que aparentemente seguem todas as regras específicas do campo científico.

Não basta construir a universidade mais importante e de maior prestígio, como a elite paulistana criou a USP e as teses do patrimonialismo e do populismo. É necessário ter também os jornais nas mãos da elite para reverberar teorias falsamente críticas para o público indefeso. É preciso ter as editoras de maior nome, influência, acesso aos financiamentos de pesquisa, aos prêmios, às honrarias e aos mecanismos de consagração intelectual. Assim, é possível usar a posição de proprietária dos meios de produção material para se apropriar dos meios simbólicos de produção e reprodução da sociedade. É aqui que entra o contexto que existe até hoje entre imprensa, universidade, editoras, premiações, honrarias e capital econômico. Como o dinheiro não pode aparecer comprando diretamente os valores que guiam as esferas da cultura, do conhecimento e da informação, essas esferas precisam construir mecanismos de consagração internos, como se fossem infensos à autoridade do dinheiro e do poder.

Se os ricos se legitimam pelo bom gosto supostamente inato para esconder sua origem monetária e levam uma vida "exclusiva", apartada do restante da sociedade, a legitimação dos privilégios da classe média é distinta. Como seu privilégio é invisível pela reprodução da socialização familiar que esconde seu trabalho prévio de formar vencedores, a classe média é a classe por excelência da meritocracia e da superioridade moral. Essas categorias servem tanto para distingui-la quanto para justificar seus privilégios em relação aos pobres e também em relação aos ricos.

## A CLASSE MÉDIA E SUAS FRAÇÕES

Os pobres são desprezados enquanto os ricos são invejados pela classe média. Existe uma ambiguidade nesse sentimento em relação aos ricos que vincula admiração e ressentimento. A suposta superioridade moral da classe média dá à sua clientela tudo aquilo que ela mais deseja: o sentimento de representar o melhor da sociedade. Não só a classe que "merece" o que tem por esforço próprio, conforto que a falsa ideia da meritocracia propicia para legitimar a distância em relação aos pobres, mas, também, a que tem algo que ninguém tem, nem os ricos: a certeza de sua perfeição moral.

Isso não significa dizer que o moralismo não tenha eco também nas outras classes. Em alguma medida, esse discurso nos toca a todos. Mas, na classe média tradicional, ele está "em casa". Como a única corrupção que a incomoda é a reservada aos poderosos que controlam o poder político e econômico, sua própria impotência social os preserva. Como, na imensa maioria dos casos, não possui os meios de participar das grandes negociatas que envolvem milhões, na prática, a classe média não tem sequer o dilema moral de se deixar ou não corromper. Como justificação e legitimação da própria vida, o esquema moralista é, portanto, perfeito. Em relação aos poderosos, a classe média pode se ver sempre como "virgem imaculada" e moralmente perfeita.

De outro modo, como explicar tamanho estreitamento da noção de moralidade, a qual faz com que deixe de ter qualquer relevância, por exemplo, a forma como se relaciona com os mais frágeis socialmente? Como alguém que explora as outras classes abaixo dela sob a forma de um salário vil, de modo a poupar tempo nas tarefas domésticas, e apoia a matança indiscriminada de pobres pela polícia, ou até a chacina de presos indefesos, consegue ter a pachorra de se acreditar moralmente elevado? Moralidade no Ocidente significa, antes de tudo, respeito pelo outro, especialmente o outro fragilizado por situações das quais não possui nenhuma culpa. Daí que a indignação moral tão seletiva da classe média entre nós, com a corrupção seletiva da política e do Estado, e apenas quando ocupado por partidos populares, seja pouco mais que uma legitimação mesquinha

## A ELITE DO ATRASO

e superficial de uma conduta cotidiana imoral e desumana em relação à maioria pobre e sem chances.

O segundo ponto da justificação da classe média, para baixo, em relação às classes populares, é o mais interessante e a transforma definitivamente na marionete perfeita da elite do dinheiro. A classe média brasileira possui um ódio e um desprezo pelo povo cevados secularmente. Essa é talvez nossa maior herança intocada da escravidão, nunca verdadeiramente compreendida e criticada entre nós. Para que se possa odiar o negro, o pobre e o humilhado, tem-se que construí-lo como culpado de sua própria (falta de) sorte e ainda torná-lo perigoso e ameaçador.

Se possível, deve-se humilhá-lo, enganá-lo, desumanizá-lo, maltratá-lo e matá-lo cotidianamente. Era isso que se fazia com o escravizado e é exatamente a mesma coisa que se faz com a ralé de novos escravos hoje em dia. Transformava-se o trabalho manual e produtivo em vergonha suprema como "coisa de preto" e depois espantava-se que o negro não enfrentasse o trabalho produtivo com a mesma naturalidade que os imigrantes estrangeiros, para quem o trabalho era símbolo de dignidade. Dificultava-se de todas as formas o estabelecimento da família escravizada e espantava-se com as famílias desestruturadas dos nossos excluídos de hoje, mera continuidade de um ativismo perverso para desumanizar os escravos de ontem e de hoje.

Os escravizados foram sistematicamente enganados, compravam a alforria nas minas e eram escravizados novamente e vendidos para outras regiões, eram brutalizados, assassinados covardemente. A matança continua também agora, com os novos escravos de todas as cores. O Brasil tem mais assassinatos – de pobres – que qualquer outro país do mundo. São 40 mil pobres assassinados por ano no Brasil, na média dos últimos anos. Em 2017, registrou-se o maior número, com 59 mil mortes. Existe uma guerra de classes e de raça hoje declarada e aberta. Construiu-se toda uma percepção negativa dos escravizados e de seus descendentes, como feios, fedorentos, incapazes, perigosos e preguiçosos, isso tudo sob

# A CLASSE MÉDIA E SUAS FRAÇÕES

forma irônica, povoando o cotidiano com ditos e piadas preconceituosas. Hoje muitos se comprazem em ver a profecia realizada.

A concepção que um ser humano tem de si mesmo não depende de sua vontade e é construída pela forma como ele é percebido pelo seu meio social maior. É isso que significa dizer que somos produtos sociais. Nos tornamos, em grande medida, aquilo que a sociedade vê em nós. O Brasil não simplesmente abandonou os escravos e seus descendentes à miséria. Os brasileiros das classes superiores cevaram a miséria e a construíram ativamente. Construiu-se uma classe de humilhados para assim explorá-los por pouco e estabelecer uma distinção meritocrática covarde contra quem nunca teve igualdade de ponto de partida. Não se entende a miséria permanente e secular dos nossos excluídos sociais sem esse ativismo social e político covarde e perverso de nossas classes "superiores".

Em um contexto de democracia de massas, a dominação covarde precisava ser repaginada e modernizada. A teoria do populismo das massas serve a esse propósito. Qualquer tentativa, mesmo tímida, como a que tivemos recentemente, de mitigar esse sofrimento e essa condenação secular tem que ser estigmatizada e condenada no nascedouro. Se existe alguma política a seu favor, só pode ser para manipular seu voto supostamente inconsciente. Quando se diz que a democracia entre nós sempre foi um mal-entendido, como afirmou Sérgio Buarque, o motivo não é o patrimonialismo que ele inventou. O mal-entendido é que classes sem valor não devem nem podem ter qualquer participação na política. Uma classe que não sabe votar, uma classe que nem deveria existir. Essa é a função da noção de populismo entre nós: revestir de caráter científico o pior e o mais covarde dos preconceitos.

O moralismo estreito para inglês ver e o ódio secular às classes populares parece-me a mais brasileira de todas as nossas singularidades sociais. Como os preconceitos são sociais, e não individuais, como somos inclinados a pensar, todas as classes superiores no Brasil partilham dessa visão. Ainda que, mais uma vez, o moralismo esteja verdadeiramente "em casa" na classe média. Mesmo que esta seja muito heterogênea: toda ela,

# A ELITE DO ATRASO

sem exceção, inclusive o autor que aqui escreve, é portadora em maior ou menor grau desse tipo de preconceito. De alguma maneira, "nascemos" com ele e o introjetamos e incorporamos, seja de modo inconsciente e pré-reflexivo, seja de modo refletido e consciente, como ódio aberto.

Mais uma vez, as ideias, os valores, os preconceitos são todos sociais, e não existe nada de individual neles. Mesmo quem critica os preconceitos os tem dentro de si, como qualquer outra pessoa criada no mesmo ambiente social. O que nos diferencia é a vigilância em relação a eles e a tentativa de criticá-los de modo refletido em alguns e sua ausência em outros. Mas todos nós somos suas vítimas. Afinal, eles nos são passados desde tenra idade, quando não temos defesas conscientes contra eles. E normalmente nos são transmitidos não como discurso articulado, o que facilitaria sua crítica, mas por olhares, inflexões de voz, lapsos, expressões faciais etc. Tudo isso por parte de pessoas que amamos e que tendemos a imitar. As crianças decodificam o que esses sinais procuram dizer e assumem para si os preconceitos, naturalizando-os como naturalizamos o ato de respirar ou o fato de o sol nascer todos os dias.

É desse modo que toda a classe média desenvolve uma mistura de medo e raiva em relação aos pobres em geral. No que tange aos que servem, a relação pode se tornar, eventualmente, mais ambígua, especialmente nas frações mais críticas, que tentam desenvolver mecanismos de compensação para sua culpa de classe. Mas a regra é o sadismo mesmo nessas relações mais próximas, de modo muito semelhante ao tratamento dos escravos domésticos na escravidão. A continuidade é óbvia. Como nunca criticamos a escravidão, e como sempre, inclusive, tentamos torná-la invisível, como se nunca tivesse existido, suas práticas continuadas com máscaras modernas também não são percebidas como continuidade.

Mas se a maior parte da classe média é de tendência conservadora, por ser criada nesse tipo de ambiente, ela não o é do mesmo modo em todos os segmentos. Mais ainda. O próprio reduto da crítica social mais acerba também é composto e representado pela classe média com capital cultural mais crítico.

## A CLASSE MÉDIA E SUAS FRAÇÕES

A partir de um estudo que idealizei e coordenei pessoalmente,[1] combinando material empírico produzido quando fui presidente do IPEA – acrescido de entrevistas que realizei por conta própria em várias grandes cidades brasileiras –, podemos, como hipótese de trabalho, diferenciar quatro nichos ou frações na classe média. As questões centrais que permitiram essa reconstrução foram precisamente a noção de moralidade mais ou menos abrangente e mais ou menos refletida, e a percepção em relação às outras classes sociais. Essas duas questões, ou variáveis, nos dão uma ideia precisa da forma como os indivíduos entrevistados percebem a si mesmo e aos outros. Essas são as questões que nos dão acesso à moralidade específica de cada um e, portanto, ao que chamamos de visão política. A visão política que temos, assim como a da fração de classe a que pertencemos, é precisamente resultado da forma como percebemos a nós mesmos e aos outros.

O fator decisivo para a compreensão da heterogeneidade das visões políticas da classe média é o tipo de capital cultural diferencial que é apropriado seletivamente pelas respectivas frações, construído pela socialização familiar e escolar distinta – que, como vimos, é o que constitui verdadeiramente as classes sociais. É essa combinação, inclusive, que irá determinar sua renda mais tarde. São elas, portanto, que formam os indivíduos diferencialmente aparelhados para a competição social. A classe média é a classe por excelência do capital cultural legítimo e valorizado. Aquele tipo de capital cultural que junta um certo conhecimento – que a capacita à função de capataz moderno da elite – a formas de sociabilidade também aprendidas na família e na escola – que possibilitam sua utilização como privilégio e distinção.

A complexidade e a heterogeneidade da classe média são determinadas pelo fato de que a junção de conhecimento valorizado com habilidades

---

1 A pesquisa "A radiografia do Brasil contemporâneo" realizou mais de seiscentas entrevistas qualitativas em todo o Brasil com pessoas de todas as classes sociais. Seu objetivo inicial era produzir material de reflexão para o programa Pátria Educadora, que foi abortado pelo golpe de 2016, mas se transformou no maior banco de dados qualitativos sobre o Brasil contemporâneo.

sociais específicas, além de certo capital econômico de partida – os três aspectos que a separam das classes populares –, possui distinções importantes, ainda que no mesmo segmento privilegiado de classe. Nenhum desses aspectos que mencionamos é consciente ou refletido. Na vida, nós os utilizamos o tempo todo como meio de auferir sucesso no dia a dia, sem obrigatoriamente sabermos conscientemente o que estamos fazendo.

Isso tem a ver com uma peculiaridade importante do capital cultural, que é o fato de ele se confundir com a própria pessoa. O capital cultural, ao contrário do capital econômico, precisa ser incorporado, ou seja, tornado corpo, reflexo automático, para produzir efeito. Ele representa um conjunto de predisposições para a ação que assimilamos na família e na escola e que nos definem, em grande medida, enquanto indivíduos. Geralmente, não temos distanciamento reflexivo em relação àquilo que o capital cultural que incorporamos faz de nós, do mesmo modo que não temos distanciamento reflexivo em relação àquilo que somos. Ao contrário, desenvolvemos um estilo de vida e um conjunto de justificações para proteger e legitimar o que já somos.

A atividade profissional que "escolhemos" já está, assim como o nível de renda que teremos mais tarde, em boa medida, prefigurada pelo tipo de capital cultural que incorporamos. Os tipos de classe média que construímos refletem esse fato. Os quatro nichos ou frações de classe que reconstruímos a partir desse trabalho[2] se referem às que denominamos como fração protofascista, fração liberal, fração expressivista – que costumo apelidar de "classe média de Oslo" – e a menor delas, a fração crítica.

Em termos quantitativos, a fração liberal é a maior, com cerca de 35% do total, seguida pela fração protofascista, com cerca de 30%. Os 35% restantes compõem aquilo que poderíamos chamar de classe média com mais alto capital cultural, ou capital cultural reflexivo. No contexto dessas frações com mais alto capital cultural, compostas por pessoas que, comparativamente,

---

2 O resultado pode ser conferido em Jessé Souza, *A classe média no espelho*, Rio de Janeiro: Estação Brasil, 2018.

# A CLASSE MÉDIA E SUAS FRAÇÕES

estudaram mais tempo, conhecem outras línguas, viajam e leem mais, consomem produtos culturais mais diferenciados e se inclinam a perceber a própria vida e a vida social mais como invenção cultural e menos como natureza dada, existe uma subdivisão importante.

Cerca de 60% dessa classe média mais instruída – ou cerca de 20% do total de toda a classe média – forma aquilo que podemos chamar de fração expressivista. Já vimos aqui que o Ocidente, na sua história, logra institucionalizar duas fontes de toda a moralidade possível: a noção de produtividade para o bem comum, aquilo que confere dignidade para qualquer indivíduo; e a noção de personalidade sensível, em parte criada contra o produtivismo como forma de se inventar narrativamente um novo tipo de ser humano.

A ideia aqui, que ganha as mentes e os corações de todos em gradações diversas, é a de que aquilo que define o que há de mais alto, ou seja, a virtude, nos seres humanos não é apenas sua capacidade produtiva, mas a possibilidade de ser fiel aos próprios sentimentos e emoções mais íntimos. Como esses sentimentos e emoções são, por definição, reprimidos e silenciados para o bem da disciplina e da capacidade produtiva, nós temos que aprender a conhecê-los e expressá-los.

Já vimos também que o capitalismo aprendeu a lidar até com esta que foi a crítica mais radical à sua essência, tendo em vista que a crítica socialista também era produtivista. Foi o capitalismo financeiro que domou o conteúdo revolucionário do expressivismo e transformou as bandeiras da contracultura em estímulo à produção. Desde então, criatividade passou a ser encontrar soluções ágeis para os dilemas corporativos e sensibilidade passou a ser a habilidade de gerir pessoas.

Mais importante ainda, pode-se agora ser expressivista sem qualquer crítica social que envolva efetiva distribuição de riqueza e de poder. Expressivismo, também em país de maioria pobre como o nosso, passa a ser a preservação das matas, o respeito às minorias identitárias e a discussão de temas como sustentabilidade e responsabilidade social de empresas. O charme dessa posição é que ela "tira onda" de emancipadora, como na luta

## A ELITE DO ATRASO

pelos direitos das minorias e pela preservação da natureza. Esses temas são, na verdade, realmente fundamentais. O engano reside na reversão das hierarquias. Em um país onde tantos levam uma vida miserável e indigna deste nome, a superação da miséria de tantos é a luta primeira e mais importante. As lutas pela preservação da natureza e das liberdades das minorias, importantes como são, devem ser acopladas a esse fio condutor que implica a superação de todas as injustiças. Não é assim que a fração expressivista percebe o mundo. As lutas pelas minorias e pela natureza preservada são levadas a cabo, na realidade, em substituição a uma pauta mais abrangente, que permitiria ligar essas lutas à luta geral contra todo tipo de opressão material ou simbólica.

Tudo se dá como se esse pessoal "bem-intencionado" morasse em Oslo, e não no Brasil, e tivesse apenas relações com seus amigos de Copenhague e Estocolmo. Para um sueco que efetivamente resolveu os problemas centrais de injustiça social e distribuição de riquezas, não é estranho que se dedique à preservação de espécies raras e faça dessa luta sua atuação política principal. Que um brasileiro faça o mesmo e se esqueça da sorte de tantos seres humanos tão perto dele é apenas compreensível se ele os torna invisíveis. Por conta disso, decidi chamar essa fração da classe média, que tira onda de moderna e emancipadora, de "classe média de Oslo". Ela é fundamental para que possamos compreender o Brasil moderno.

Os eleitores que se identificaram com as campanhas presidenciais de Marina Silva em 2014 e 2018 são exemplos clássicos desse tipo de classe média. Como a questão da divisão de riqueza e poder – a que realmente importa na sociedade – está em segundo plano, o capitalismo financeiro está muito à vontade nesse esquema. Explorar mulher ou homem, branco ou negro, heterossexual ou homossexual não apresenta qualquer diferença para o capital financeiro. Não à toa, quando candidata à Presidência, Marina Silva foi apoiada por bancos conhecidos. A Rede Globo também nada de braçada nesse mundo do pseudocharme emancipador. Essa é a inteligência do novo capitalismo que usa a linguagem da emancipação para melhor oprimir e explorar (ver capítulo 13).

## A CLASSE MÉDIA E SUAS FRAÇÕES

Na outra ponta desses 35% de maior capital cultural comparativo, temos a menor fração entre todas, que é a fração que denomino "crítica". Ela perfaz, nos nossos cálculos, apenas 15% do total da classe média. O que faz com que eu a denomine "crítica" não é nenhuma tomada de posição política particular, mas, sim, uma atitude singular em relação ao mundo. O mundo social é percebido como algo construído, o que enseja também uma atitude mais ativa em relação a ele. Essa atitude básica se contrapõe à percepção do mundo como dado, como uma natureza sob outra forma, em relação à qual é preciso se adaptar. A forma de adaptação mais comum é se sentir pertencente a correntes dominantes de opinião. A pequena fração crítica tem que navegar em mares turvos, já que está em luta constante contra a corrente dominante. Ela mostra a dificuldade de se chegar a formas de liberdade pessoal e social e de autonomia real no contexto de uma sociedade perversa e repressiva. Por conta disso, ela também é prenhe de contradições, como todas as outras frações.

Quanto às frações dominantes, responsáveis pela ampla maioria de 65%, a análise das entrevistas me levou a separá-las em protofascista e liberal. Essa é a classe média tradicional do conhecimento técnico, ou seja, daquele tipo de conhecimento que serve diretamente às necessidades do capital e de sua reprodução, e tem menor contribuição para uma transformação da própria personalidade. Esta inclusive, a própria personalidade, não é vista como um processo de descoberta e criação. O distanciamento em relação a si mesmo e o distanciamento reflexivo em relação à sociedade exigem pressupostos improváveis. Daí que sejam raros, mesmo na classe média privilegiada.

Para que se perceba a vida como invenção, é necessário saber conviver com a incerteza e a dúvida, duas das coisas que a personalidade tradicional e adaptativa mais odeia. A convivência com a dúvida é afetivamente arriscada e demanda enorme energia pessoal. O maior desafio aqui não é simplesmente cognitivo, mas de natureza emocional. Procura-se, para evitar a incerteza e o risco, a segurança das certezas compartilhadas. São elas que dão a sensação de tranquilidade e certeza da própria justeza e

# A ELITE DO ATRASO

correção. Andar na corrente de opinião dominante com a maioria das outras pessoas confere a sensação de que o mundo social compartilhado é sua casa.

Essas são as frações mais suscetíveis à imprensa e a seu papel de articular e homogeneizar um discurso dominante para além das idiossincrasias individuais. O que a grande empresa de imprensa vende a seu público cativo é essa tranquilidade das certezas fáceis, tornando o moralismo cínico da imprensa – que nunca tematiza seu próprio papel nos esquemas de corrupção – o arranjo de manipulação política perfeito para esses estratos sociais. É esse compartilhamento afetivo e emocional, já advindo da força da socialização familiar anterior, que faz com que essas pessoas procurem o tipo de capital cultural mais afirmativo da ordem social. Nele, o capataz da elite, que ajuda a reproduzir na realidade cotidiana todos os próprios privilégios, está em casa.

Se essas são as frações de classe média cujas cabeças são feitas pela mídia tradicional e dominante, o processo não é unilateral. A mídia não cria para elas uma interpretação do mundo do nada. Trata-se muito mais de uma dialética de interdependência, em que a mídia aprende a se comunicar com sua classe de referência e seus consumidores mais leais, enquanto as frações tradicionais recebem dela o que precisam: um discurso homogêneo e totalizador que permita a defesa de suas opiniões, generalizado e compartilhado o suficiente para lhes dar as certezas de que tanto precisam. O conforto aqui é aquele que legitima a visão tradicional e afirmativa do mundo. A tranquilidade de se estar no caminho correto – correção esta que não é, por definição, uma descoberta pessoal e arriscada, mas, sim, aquela que é percebida como tal porque se tem a companhia da maioria.

Essas são também as frações do moralismo, ou seja, daquela noção de moralidade tão pouco arriscada e construtivista quanto sua forma de cognição do mundo. O que é justo e moral não é percebido como algo que se construa paulatinamente, à custa de experiências cotidianas desafiadoras, em um processo de aprendizado doloroso por meio do qual se reconhece, no melhor dos casos, nosso próprio envolvimento em tudo

## A CLASSE MÉDIA E SUAS FRAÇÕES

aquilo que criticamos da boca para fora. Esse tipo de aprendizado moral exige o incondicional reconhecimento de que o mal nos habita a todos e que só nos livramos dele – e ainda assim apenas parcialmente – sob o custo de uma vigilância eterna.

O moralismo é muito diferente. Ele pula todas as etapas arriscadas e incertas e abraça só o produto fácil, vendido a baixo custo pela mídia e pela indústria cultural construída para satisfazer esse tipo de consumidor: a boa consciência das certezas compartilhadas. É nesse terreno que o liberal se afasta do protofascista. Para o liberal, os rituais da convivência democrática são constitutivos, ainda que possa ser convencido das necessidades de exceções no contexto democrático.

O protofascista, que, na verdade, se espraia da classe média para setores significativos das classes populares, é bem diferente. O golpe lhe trouxe o mundo onde pode expressar legitimamente seu ódio e seu ressentimento. O ódio às classes populares é aqui aberto e proclamado com orgulho, como expressão de ousadia ou sinceridade. O protofascista se orgulha de não ser falso como os outros e poder dizer o que lhe vem à mente. O mal e o bem estão claramente definidos, e o bem se confunde com a própria personalidade.

Mais ainda. Como nunca aprendeu a se criticar, o protofascista tem uma sensibilidade à flor da pele, e qualquer crítica aciona uma reação potencialmente violenta. Assim, qualquer crítica é percebida como negação da personalidade como um todo, pela ausência de qualquer distanciamento em relação a si mesmo, gerando uma violência também totalizadora. Essa banalidade do mal não existia antes entre nós. Ela foi criação midiática, ainda que ninguém na Rede Globo ou nas outras mídias, agora, queira assumir a responsabilidade pelo que fez.

**PARTE 3**

# A CORRUPÇÃO REAL E A CORRUPÇÃO DOS TOLOS

## 12. A corrupção real e a corrupção dos tolos: uma reflexão sobre o patrimonialismo

A classe média, malgrado sua heterogeneidade, é dominada por ideias semelhantes, o que dificulta enormemente a construção de uma concepção alternativa e crítica de nossa sociedade. Foi isso que fez com que, quando a Rede Globo e a grande mídia conservadora chamaram seu público cativo – a fração protofascista da classe média – às ruas entre 2013 e 2016, quantidades significativas de pessoas das outras frações também reagissem ao apelo. Toda a manipulação política desses setores é marcada pelo prestígio da noção de patrimonialismo e, por consequência, da corrupção apenas da política, e nunca do mercado. A não ser que o empresário tenha cometido o crime capital de ter se associado ao governo do PT. Para esse não há perdão. Ele deve ficar, inclusive, como exemplo para o futuro. Mas todos os outros não apenas estão soltos, como também, como Joesley Batista, culpam a política, como se tivessem sido forçados a agir como agiram, e não o contrário. Como é possível tamanha desfaçatez na inversão da captura da política pelo mercado?

Isso se deve, a meu ver, à carga de prestígio associada à noção de patrimonialismo como a pseudoexplicação mais importante para tudo o que acontece na sociedade brasileira. A noção de populismo, também muito importante para legitimar o ódio e o desprezo aos pobres, é uma

A ELITE DO ATRASO

noção auxiliar. A ideia de patrimonialismo é ainda mais fundamental, já que eivada de prestígio acadêmico e repetida por todos os intelectuais orgânicos dessas frações. A grande imprensa, depois, envenena seus leitores distribuindo a distorção sistemática da realidade que essa leitura implica, por assim dizer, em pílulas todos os dias. Por conta disso, examinaremos mais de perto essa noção sob o ponto de vista de sua (in)capacidade explicativa. Como esta seção inevitavelmente pressupõe um debate mais teórico, o leitor menos interessado nessas questões pode pulá-lo e passar diretamente à conclusão e ao posfácio. Na conclusão, veremos mais de perto como o conluio entre a grande mídia e a Lava Jato, legitimando sua ação precisamente com a noção de patrimonialismo, preparou o terreno para nossa elite do atraso, mais uma vez, praticar seu saque e sua rapina à custa de toda a população.

Como pesquisador, acho importante comprovar empiricamente o que se diz. Por conta disso, vou realizar um experimento que possa demonstrar, para qualquer um, a influência avassaladora dessa ideia-força, falsa e superficial como ela é, na nossa sociedade. Reunirei aqui as ideias de figuras públicas de destaque na vida brasileira que expressam o quadro heterogêneo que montamos da classe média, ou seja, a classe que é responsável pelo comando da reprodução da sociedade, assumindo tanto as funções de controle e supervisão material quanto de justificação e legitimação da ordem social. E isso tanto no mercado quanto no Estado. Veremos como a ideia-força do patrimonialismo efetivamente conseguiu dominar todas as frações da classe média e se tornar o principal obstáculo para qualquer percepção realmente nova e crítica da sociedade brasileira.

Assim, tomei como exemplos recentes intervenções públicas de três figuras que são referência para todas as frações da classe média que analisamos até agora: o procurador Deltan Dallagnol, o "intelectual" da Lava Jato, como expoente da fração protofascista da classe média; o ministro Luís Roberto Barroso, do STF, como representante das frações do centro – a liberal e a classe média de Oslo –; e, finalmente, o ministro da Fazenda do terceiro governo Lula, Fernando Haddad, como representante da fração crítica, mais à esquerda. O que existe de comum

192

## A CORRUPÇÃO REAL E A CORRUPÇÃO DOS TOLOS...

em todos eles é o fato de pensarem a sociedade brasileira sob a égide da noção de patrimonialismo.

Esse fato mostra a força espantosa dessa ideia que se naturalizou entre nós de tal forma que pessoas tão diferentes, com interesses até opostos, expressam sua visão de mundo através dela. Como vimos, a elite econômica que logrou consolidar uma visão de mundo hegemônica em seu benefício fez com que qualquer crítica social seja realizada segundo seus próprios termos, enfraquecendo, obviamente, seu alcance e radicalidade. A ausência de perspectivas efetivamente críticas que vivemos advém desse fato mais que de qualquer outro.

Entre os três exemplos, quem está mais em casa no tema do patrimonialismo é o intelectual da Lava Jato, o ex-procurador Deltan Dallagnol. A fração que ele expressa, a fração protofascista da classe média, que logrou nos últimos anos sair do armário e se assumir enquanto tal, gritando alto e bom som seus preconceitos e seus ódios antes escondidos, tem no combate seletivo à corrupção do suposto Estado patrimonial sua legitimação mais importante. Retirei o texto de Dallagnol que exponho a seguir de sua página no Facebook. Um texto dentre literalmente centenas de outros com exatamente o mesmo conteúdo. Percebemos, facilmente, por que não a reflexão, mas sim a repetição de uma suposta certeza, faz parte do núcleo de justificação dessa fração de classe.

Postagem de 8 de janeiro de 2016 (https://l1nk.dev/f6Bhj).

> No post de 25 de dezembro (que se encontra aqui: https://l1nk.dev/M8OzM), vimos que a ausência de organização da sociedade e da formação de uma identidade nacional permitiu um Estado controlado por elites corruptas, os "donos do poder", num ambiente favorável a práticas como clientelismo, coronelismo, nepotismo.
>
> Além disso, o estamento aristocrático, na clássica avaliação de Raymundo Faoro, desenvolveu-se em um "estamento burocrático", formado por autoridades públicas que são espécies de "seres superiores" que não se subordinam à lei: fazem o

que querem e não são punidos. A autoridade é transferida dos cargos aos seus ocupantes, como se o poder irradiasse da pessoa e sem limites, em vez de irradiar de sua função e dentro dos limites de seu exercício – o que explicaria a comum, mas infeliz, pergunta: "Você sabe com quem você está falando?" Some-se, dentro desse contexto, que, analisando as características do brasileiro, o célebre Sérgio Buarque de Holanda, em seu consagrado *Raízes do Brasil*, definiu-o o "homem cordial". O tecido social teria por base relações de afetividade, paixão ou sentimento, criando o "jeitinho brasileiro".

A concepção vira-lata do brasileiro que estamos criticando mostra-se aqui à luz do sol. Sérgio Buarque e Raymundo Faoro como legitimação perfeita do protofascismo brasileiro. O brasileiro é supostamente malformado de nascença por uma herança cultural pensada como "estoque cultural" do mesmo modo e com os mesmos objetivos que o racismo da cor da pele antes representava. A manipulação midiática da conjuntura política concreta faz com que essa fração seja a tropa de choque perfeita da elite econômica, a qual pode se dar ao luxo de se manter à sombra, sem precisar se envolver nas disputas políticas de rua.

Os "camisas amarelas", explorados como todas as outras classes e setores sociais por essa mesma elite, dispõem-se a defender seus interesses econômicos devidamente travestidos em princípios morais precisamente para dirigir seu ódio de classe a qualquer liderança popular.

A operação Lava Jato foi, desde o começo, uma caça aos petistas e a seu líder maior como forma de garantir e assegurar a distância social em relação aos pobres que não os torne tão ameaçadores como eles haviam se tornado com Lula. O maior perigo representado pelos pobres foi quando eles começaram a entrar para a universidade pública, reduto dos privilégios da classe média, pois durante a administração do PT o número de matriculados aumentou de 3 para 8 milhões.

Se não fosse essa a razão, o que faria os "camisas amarelas" – versão nacional dos "camisas negras" de Mussolini – ficarem em casa quietinhos no momento em que as denúncias de corrupção no âmbito da Lava Jato passaram a abranger também os partidos de elite? Se fosse a corrupção o que indigna esse povo, o panelaço deveria ser ensurdecedor quando políticos de direita foram gravados pedindo propina, certo? Onde estavam os "camisas amarelas"? É a seletividade da corrupção não só no Estado, mas apenas dos partidos de esquerda, que querem diminuir a distância entre as classes sociais, o que verdadeiramente move e comove nossos "camisas amarelas". Deltan Dallagnol é sua mais perfeita expressão: líder tosco, primitivo, cheio de certezas e verdades seletivas. Seu breve mandato de deputado federal é indício de seu afã por poder. Por fim, Dallagnol foi cassado pelo Tribunal Superior Eleitoral por ter se exonerado do Ministério Público antes que sindicâncias apurassem sua atuação duvidosa e suspeita à frente da força-tarefa da Lava Jato.

Mas o patrimonialismo, como leitura social dominante dos brasileiros acerca de si mesmo, não comove apenas os protofascistas. Os supostos "liberais" e os "classe média de Oslo" também são dominados por essa leitura. O ministro Luís Roberto Barroso é um perfeito exemplo dessa fração. Para uma comunicação no dia 8 de abril de 2017, em uma universidade americana, o ministro do STF preparou uma fala que condensa sua imagem do Brasil moderno. O título da fala é sugestivo: "Ética e jeitinho brasileiro: por que a gente é assim?" Os seguintes parágrafos são os pilares da argumentação do ministro Barroso:

> O patrimonialismo remete à nossa tradição ibérica, ao modo como se estabeleciam as relações políticas, econômicas e sociais entre o Imperador e a sociedade portuguesa, em geral, e com os colonizadores do Brasil, em particular. Não havia separação entre a Fazenda do rei e a Fazenda do reino, entre bens particulares e bens do Estado. Os deveres públicos e as obrigações privadas se sobrepunham. O rei tinha participação direta e pessoal nos tributos e nos frutos obtidos na colônia. Vem desde aí a difícil separação entre esfera pública e privada, que é a marca da formação nacional.

O *cor* ou *cordis* vem de coração e revela o primado da emoção e do sentimento nas relações interpessoais, acima dos formalismos e do verniz superficial da polidez. A cordialidade, nesta acepção, reconduz à versão positiva do jeitinho, manifestado na pessoalização das relações sociais pela afetuosidade, informalidade e bom humor. Mas esta é, também, a raiz das disfunções apontadas acima, que se materializam na indisciplina, no desapreço aos ritos essenciais, no individualismo que se sobrepõe à esfera pública.

Como mostrei exaustivamente no decorrer do livro, patrimonialismo e personalismo, assalto ao Estado e o "jeitinho brasileiro" do "homem cordial" estão umbilicalmente ligados, e um não existe sem o outro. Os dois parágrafos do ministro não me deixam mentir. Um explica o Brasil na dimensão institucional e o outro, na dimensão subjetiva e interpessoal. Obviamente, de modo muito conveniente, a instância do mercado e, portanto, do poder dos proprietários é tornada invisível, e só resta o Estado como amálgama institucional e prolongamento do jeitinho supostamente brasileiro do homem cordial. É a crítica mais desprovida de consequências práticas que se pode fazer e, ao mesmo tempo, a que aparenta maior radicalidade. Investe-se contra uma elite abstrata que pode ser todos e ninguém, inclusive o próprio ministro, mantendo-se a consciência tranquila e ganhando-se a boa vontade de qualquer plateia.

Isso se deve ao fato de que o que marca a distinção dessa fração em relação aos protofascistas é sua maior ligação com os valores da "civilização europeia", em termos de abertura aos princípios democráticos abstratos. O ministro chega a falar em desigualdade como um elemento fundamental de nossa sociabilidade, algo, por exemplo, completamente ausente do discurso tacanhamente moralista e moralizador de Dallagnol e dos protofascistas. No entanto, como no discurso falsamente emancipador da Rede Globo, ou a desigualdade é pensada na chave identitária das minorias – que não contempla a divisão de riquezas – ou a questão central da redistribuição de renda e riquezas assume importância marginal e sem consequências reais para a análise.

Ainda assim, ao contrário dos protofascistas que encontraram agora o que procuraram a vida inteira, um discurso de ódio para chamar de seu, midiaticamente repetido todos os dias para oferecer a ilusão de segurança e certeza compartilhada, os liberais e os integrantes da "classe média de Oslo" estão em posições ligeiramente diferentes. Alguns se sentem enganados ao verem o ódio protofascista, gestado com apoio da grande imprensa desde 2013, se transformar perigosamente em um monstro completamente fora de controle. Outros foram seduzidos pela propaganda e pelo medo protofascista. O ódio encoberto aos negros e pobres se tornou maior que o amor superficial pela forma democrática.

Mas, infelizmente, essa leitura conservadora da sociedade brasileira não é privilégio das frações conservadoras e liberais da classe média. Ela atinge também sua fração crítica. Até mesmo um refinado e sofisticado intelectual como o ministro Fernando Haddad defende posições muito próximas às do ministro Barroso e do procurador Dallagnol. Em artigo na revista *Piauí* do mês de junho de 2017, denominado "Vivi na pele o que aprendi nos livros: um encontro com o patrimonialismo brasileiro", Haddad reflete sobre sua trajetória utilizando-se dos mesmos conceitos e mesmos autores, levando, não por acaso, a visões muito próximas. Vejamos:

> O patrimonialismo é, antes de mais nada, uma antítese da República. O despotismo é outra antítese da República. Entre nós, brasileiros, nenhuma obra do pensamento social e político descreve melhor o patrimonialismo, hoje com suas entranhas expostas no noticiário do país, do que *Os donos do poder*, de Raymundo Faoro. O texto, publicado em 1958, deveria ser relido, *cum grano salis*, como veremos.
> "Na peculiaridade histórica brasileira", escreve Faoro, "a camada dirigente atua em nome próprio, servida dos instrumentos políticos derivados de sua posse do aparelhamento es-

tatal." Não há sutileza aqui: ele afirma que o Estado no Brasil é objeto de posse, tomado pela camada dirigente como seu. E prossegue: a comunidade política comanda e supervisiona todos os negócios relevantes, "concentrando no corpo estatal os mecanismos de intermediação, com suas manipulações financeiras, monopolistas, de concessão pública de atividade, de controle de crédito, de consumo, de produção privilegiada, numa gama que vai da gestão direta à regulamentação material da economia". E conclui: "A comunidade política conduz, comanda, supervisiona os negócios como negócios privados seus, na origem como negócios públicos, depois em linhas que se demarcam gradualmente."

A essa forma acabada de poder, institucionalizada num certo tipo de domínio, Faoro chama de patrimonialismo. E nota que, ao contrário do mundo feudal, que é "fechado por essência, não resiste ao impacto com o capitalismo, quebrando-se internamente", o patrimonialismo se amolda "às transições, às mudanças, em caráter flexivelmente estabilizador do mundo externo". Ou seja, Faoro já percebia que o patrimonialismo brasileiro – que segundo sua tese remonta à dinastia portuguesa de Avis (1385-1580) durante a expansão comercial lusitana para África, Índia e Brasil – adaptou-se à chegada do capitalismo. Ou seja, ele o concebia como um modelo arcaico que sobreviveu à modernização.

Em um artigo publicado na revista *Reportagem* em janeiro de 2003, logo após a primeira eleição de Lula, eu alertava que o PT ainda não havia feito o diagnóstico adequado sobre a natureza do que chamei de "patrimonialismo moderno".

Argumentei que, dada a natureza patrimonialista do Estado brasileiro, "a mera chegada ao poder de um partido de esquerda, por si só, ainda que prometesse respeitar todos os direitos constituídos e os contratos celebrados, seria percebida como um ato em si mesmo expropriatório". E, portanto, passível de forte reação contrária. Mas que o nó da questão era, como o próprio Faoro apontava em sua obra, a possibilidade histórica de um patrimonialismo social-democrata, que empreendesse "uma política de bem-estar para assegurar a adesão das massas".

Ainda que o texto denote a capacidade do autor de reflexão pessoal e de apropriação autônoma de conceitos, o que inexiste nos exemplos anteriores, temos um exemplo perfeito de como uma leitura naturalizada e não refletida nos seus pressupostos essenciais pode comprometer a capacidade de análise até mesmo das mentes mais brilhantes. Falar de "patrimonialismo moderno", como faz Haddad, é um contrassenso conceitual. Por boas razões. Como veremos a seguir, para Max Weber – o inventor do conceito e de quem se retira o "prestígio científico" para tornar a ideia "respeitável" –, o patrimonialismo é inseparável de precondições que são pré-modernas.

Se existem fenômenos modernos que parecem semelhantes àqueles a que a dominação patrimonial se referia, então vale a pena não só usar um outro termo, para evitar as confusões que nada ajudam a ciência, mas, muito mais importante, são exigidos outros pressupostos e outra análise. Muitas vezes, o que parece igual não o é efetivamente sob reflexão mais cuidadosa. Depois, ainda se corre o risco de se pensar a apropriação privada da política nos termos subjetivados e pessoalizados que a tese do patrimonialismo nasceu para implementar e legitimar. Com isso, esconde-se ainda mais a relação já obscura entre economia e política.

Como os exemplos mostram, da direita à esquerda, a sociedade brasileira é colonizada por uma mesma interpretação. Como não se tem prática social alternativa sem uma compreensão da realidade também alternativa, a questão é de vida ou morte para a crise brasileira. Ou a atravessamos sem nenhum aprendizado verdadeiro, que é a ameaça mais real, ou repensamos nossa herança e nossa sociedade de modo radicalmente novo. Por conta disso é que pretendo contribuir, nas próximas páginas, para esse processo de aprendizado, desconstruindo o conceito de patrimonialismo

A ELITE DO ATRASO

e desvelando as razões mais profundas de sua influência ubíqua para que nossas velhas questões possam ser percebidas de modo novo.

O conceito de patrimonialismo é a noção explicativa mais importante – importante como um juízo de fato, não de valor – para a compreensão do Brasil moderno. E isso acontece tanto na dimensão intelectual dos especialistas quanto na do senso comum compartilhado pelas pessoas comuns e leigas na análise da realidade social. A sua trajetória de sucesso é sem igual, e logra ser dominante tanto na direita quanto na esquerda do espectro político. Para mim, esse sucesso tão acachapante reflete a vitória do liberalismo conservador entre nós, levando à colonização, inclusive, do pensamento crítico e de "esquerda" no Brasil. Sérgio Buarque é o pai do liberalismo conservador brasileiro, tendo construído as duas noções mais importantes para a autocompreensão da sociedade brasileira moderna: a noção de homem cordial, inferior e desonesto, e a noção de patrimonialismo. O homem cordial é a concepção do brasileiro como vira-lata, ou seja, como conjunto de negatividades: emotivo, primitivo, personalista e, portanto, essencialmente desonesto e corrupto. A elite de proprietários pode manipular melhor o povo se ele não tem autoestima e já se vê como inferior moralmente e sem valor. O suposto "homem cordial", inferior e desonesto, deve ser tornado, então, pelo mercado e pelos seus donos, um homem tão democrático, produtivo, puro e honesto quanto os americanos, o exemplo de "homem-divino" para Sérgio Buarque e para a esmagadora maioria dos brasileiros, intelectuais ou não. O desmascaramento do fabuloso esquema de corrupção planetário do capitalismo financeiro americano a partir da crise de 2008 não parece ter enfraquecido as bases do viralatismo nacional.

Já o patrimonialismo é uma espécie de amálgama institucional do homem cordial, desenvolvendo todas as suas virtualidades negativas, dessa vez, no Estado. Por alguma razão, Sérgio Buarque não descreve o mercado como marcado pela mesma viralatice. Aliás, o mercado sequer existe como configuração de interesses organizados, sendo o próprio Estado a única instância institucionalizada e organizada percebida pelo autor, e apartada dos indivíduos. Além dele só existem indivíduos privados, sem

## A CORRUPÇÃO REAL E A CORRUPÇÃO DOS TOLOS...

que uma lógica da propriedade privada e sua tendência à acumulação ampliada, levando a oligopólios e monopólios, seja sequer mencionada. A lógica de funcionamento do mercado é tornada invisível, e a noção de elite dominante, portanto, restringe-se à esfera estatal.

A partir da obra de Sérgio Buarque, temos a possibilidade de articular de modo convincente uma concepção de mundo liberal conservadora, como a interpretação dominante de toda a sociedade brasileira acerca de si mesma. Como essa visão contempla uma crítica da elite supostamente incrustada apenas no Estado, a visão do autor passa a ter a aparência de uma visão crítica da sociedade brasileira como um todo. Isso acontece ainda que seu homem cordial faça supor que existe no Brasil um tipo social genérico e compartilhado, apesar de todas as nossas marcadas distâncias sociais entre as classes. Como a ideia liberal do sujeito genérico – a noção de um indivíduo sem passado, sem família e sem classe social – esconde a origem social de todos os privilégios individuais, negar as distinções sociais e ainda passar-se por crítico não é para qualquer um. Mas a criação de Sérgio Buarque já comemora quase cem anos de domínio inquestionado enquanto interpretação dominante do Brasil moderno.

A prova da enorme influência dessa ideia, tanto no âmbito intelectual quanto na vida concreta e prática da sociedade brasileira, pode ser vista e comprovada na obra dos mais respeitados pensadores brasileiros a partir de então. Como as ideias influentes de uma sociedade não ficam nos livros, mas ganham as salas de aula das escolas e universidades, inspiram programas de governo, fornecem o mote para os artigos dos jornais, estimulam o que é dito nas TVs e o que é discutido em todas as conversas entre amigos nos botequins país afora, estamos lidando com a forma como toda uma sociedade se percebe e em relação à qual age em conformidade. Isso não é pouco. Afinal, toda decisão prática e concreta, em qualquer área da vida, é motivada por uma ideia, ainda que normalmente esta se mantenha implícita e não articulada.

A sacada genial de Sérgio Buarque de construir uma visão de mundo liberal conservadora – posto que esconde as verdadeiras razões da desigualdade e da injustiça social – com a aparência e o charme de uma suposta crítica

# A ELITE DO ATRASO

social é a ideia-força mais importante para a compreensão da manutenção da desigualdade e da injustiça social no Brasil. Afinal, a injustiça flagrante dos privilégios que se tornam permanentes tem que ser legitimada – no contexto de uma sociedade, como a capitalista, que proclama ter acabado com todos os privilégios de nascimento – para que possa se reproduzir.

Essa legitimação tem de esconder o mundo social injusto e também, se possível, ainda deslocar a atenção para aspectos falsamente importantes – ou, pelo menos, secundários. A forma mais significativa como isso acontece na sociedade brasileira é por meio da substituição, no núcleo da análise social, dos conflitos de classe pela questão da corrupção sempre e apenas estatal. Como esse deslocamento é, a meu ver, objetivamente falso, então é possível demonstrá-lo, com as armas da argumentação científica, para qualquer leitor de boa vontade – ou seja, aquele que ame a verdade – de modo irrefutável.

Se Sérgio Buarque é o filósofo do liberalismo conservador brasileiro, ao construir o esquema de categorias teóricas nas quais ele pode ser pensado de modo pseudocrítico, Raymundo Faoro é seu historiador oficial. É Faoro, afinal, quem cria a narrativa histórica de longa duração desde o início do Estado português unitário e sua suposta transposição para o Brasil. Sua inegável erudição criou um efeito de convencimento que foi capaz de ganhar o coração não apenas dos leigos, mas também da imensa maioria dos intelectuais e homens de letras do Brasil contemporâneo. Devido à importância de sua visão, não superada até hoje, vamos reproduzir e criticar em detalhe seus argumentos, tentando, como sempre, ser claros o bastante para que qualquer um, mesmo sem ser treinado em ciências sociais, possa compreender.

A tese do livro de Faoro é clara desde o início: sua tarefa é demonstrar o caráter patrimonialista do Estado e, por extensão, de toda a sociedade brasileira. Esse caráter patrimonialista responderia, em última instância, pela substância intrinsecamente não democrática, particularista e baseada em privilégios que sempre teria marcado o exercício do poder político no Brasil. Ou seja, o conceito de patrimonialismo passa a ocupar o lugar que

# A CORRUPÇÃO REAL E A CORRUPÇÃO DOS TOLOS...

a noção de escravidão e das lutas de classe que se formam a partir dela deveria ocupar. A corrupção patrimonial substitui a análise das classes sociais e suas lutas por todos os recursos materiais e imateriais escassos. Faoro procura comprovar sua hipótese buscando raízes que se alongam até a formação do Estado português no remoto século XIV de nossa era. Um argumento central que perpassa todo o livro é o de que o Brasil herdou a forma do exercício do poder político de Portugal. Como em Sérgio Buarque, a herança ibérica que supostamente fincaria fundas raízes na nossa sociedade passou a ser responsável por nossa relação exterior, e para inglês ver, com o processo de modernização capitalista.

O Brasil seria uma sociedade pré-moderna, pois reproduz a forma patrimonialista de exercício do poder que vigorava em Portugal, como procura demonstrar Faoro nas várias centenas de páginas de seu livro construídas para validar uma única tese política: a ação intrinsecamente demoníaca do Estado contraposta à ação intrinsecamente virtuosa do mercado. Essa é a ideia-força fundamental do liberalismo brasileiro por boas razões. Afinal, nas poucas vezes em que se verificou historicamente qualquer preocupação política com as demandas das classes populares, estas sempre partiram do Estado. É aqui que começa, portanto, o deslocamento da questão secularmente principal da sociedade brasileira, sua abissal desigualdade e a atmosfera de conflito abafado/generalizado que ela produz, como a nossa mais importante peculiaridade social, em nome do falso conflito mercado/Estado. Esse conflito é falso por vários motivos que aprofundaremos adiante. Por enquanto examinemos como Faoro constrói seu argumento.

Vamos reconstruí-lo para posteriormente criticá-lo, partindo das suas duas teses principais, que estão intimamente relacionadas: 1) o Brasil herda de Portugal, para nossa desgraça, sua singularidade social e política; 2) o principal elemento que prova essa herança é a estrutura patrimonial do Estado e, por consequência, de toda a vida social. A síndrome do liberalismo conservador construída por Sérgio Buarque é continuada e aprofundada por Faoro em todas as suas virtualidades, com exceção, como

A ELITE DO ATRASO

também no caso de Sérgio Buarque, do racismo de classe "populista", que é criação posterior.

Para Faoro, a formação do Estado português possui singularidades importantes dentro do contexto europeu. Portugal é o primeiro país da Europa a unificar seu território sob o comando incontestável de um único rei. Enquanto na maior parte dos países europeus a luta por primazia e comando entre os vários grandes senhores territoriais ainda duraria séculos, até que o poder e prestígio de apenas um pudesse se impor em relação a todos os outros como um fato indisputado, a situação em Portugal foi bem outra.

A guerra da reconquista do território português, que culminou na expulsão dos mouros, possibilitou a incorporação de terras do inimigo à propriedade pessoal do senhor do reino e dos exércitos. O patrimônio do rei no século XIV já era maior do que o do clero e três vezes maior do que o da nobreza.[1] Note o leitor que isso não significa qualquer confusão entre público e privado, já que a própria noção de público é historicamente posterior. Mesmo como simples ideia, a noção de soberania popular, que dá ensejo à oposição público *versus* privado como conhecemos hoje, é muito mais tardia, sem falar na sua efetivação concreta como ideia política. Se a noção de soberania popular começa a ser elaborada nos séculos XVI e XVII, sua efetivação concreta é ainda mais tardia e só vai se tornar ideia prática no século XVIII, na Revolução Americana e na Revolução Francesa. Faoro usa, portanto, uma ideia a-histórica e fora de contexto para fundamentar sua tese. Algo como fazer filmes sobre a Antiguidade e imaginar neles tramas de amor romântico que historicamente foram criadas 2 mil anos depois. Assim como é a-histórica a noção de poder total do rei como negativa, já que é ela que antecipa o Estado democrático moderno.

De certo modo, o sucesso de Portugal, a unificação prematura que o predispôs a grandes conquistas, é a causa última, para Faoro, de seu fracasso

---

1 Raymundo Faoro, *Os donos do poder*, Porto Alegre: Globo, 1984, p. 4.

204

# A CORRUPÇÃO REAL E A CORRUPÇÃO DOS TOLOS...

como sociedade moderna. Assim, desde a prematura centralização e unificação do Estado português medieval, a qual, por sua vez, permite a concentração de recursos necessários à aventura ultramarina, guarda em si um efeito não esperado e perverso: impede as condições propícias para o desenvolvimento do capitalismo industrial. Ou, em outras palavras, impede a constituição mesma de uma sociedade moderna, visto que o Estado, ao substituir a atividade empresarial individual baseada no cálculo, intervém inibindo o exercício das liberdades econômicas fundamentais. Com isso, não apenas a atividade econômica é comprometida, mas o próprio exercício das liberdades públicas básicas, acarretando, também, a tibieza da vida democrática enquanto tal.

Nesse sentido, a grande oposição ideológica do livro será aquela entre uma sociedade guiada e controlada, de cima, pelo Estado, e as sociedades onde o Estado é um fenômeno tardio e o autogoverno se combina com o exercício das liberdades econômicas. O conceito central para dar conta da singularidade sociopolítica luso-brasileira é a noção de Estado ou estamento patrimonial. O estamento seria uma camada social cuja solidariedade interna é forjada a partir de um estilo de vida comum e de uma noção de prestígio compartilhado, seguindo a lição weberiana. De modo a-histórico e conceitualmente frágil, como veremos em breve, Faoro equipara o caso português com o dos mandarins chineses, em uma sociedade muito diferente da portuguesa, inclusive em relação ao aspecto decisivo do desenvolvimento da economia monetária.[2]

Mas as filigranas conceituais não são o objeto principal da atenção de Faoro, mais interessado em criar a imagem de um "estamento incrustado no Estado" – a tal "elite", como se ela estivesse até hoje no Estado, e não no mercado –, o qual se apropria do aparelho de Estado e usa o poder de Estado de modo a assegurar a perpetuação de seus privilégios. Historicamente, o estamento se teria consolidado a partir da crise política portuguesa de

---

2 Max Weber. *Die Wirtschaftsethikder Weltreligionen: Konfuzianismus und Taoismus*, Tübingen: J.C.B. Mohr, 1991.

## A ELITE DO ATRASO

1383-1385. O novo contexto de poder daí resultante constrói um novo equilíbrio entre a nascente burguesia e a nobreza lentamente decadente. Desse equilíbrio de forças,[3] temos a estruturação de uma comunidade dentro do Estado que fala em nome próprio: o estamento. Básico para o conceito de estamento é a noção de honra. Honra é o conceito central das sociedades pré-capitalistas tradicionais. Ela funda-se no prestígio diferencial e na desigualdade. Para Faoro:

> Os estamentos florescem, de modo natural, nas sociedades em que o mercado não domina toda a economia, a sociedade feudal ou patrimonial. Não obstante, na sociedade capitalista, os estamentos permanecem, residualmente, em virtude de certa distinção mundial, sobretudo nas nações não integralmente assimiladas ao processo de vanguarda... O estamento supõe distância social e se esforça pela conquista de vantagens materiais e espirituais exclusivas. As convenções, e não a ordem legal, determinam as sanções para a desqualificação estamental, bem como asseguram privilégios materiais e de maneiras. O fechamento da comunidade leva à apropriação de oportunidades econômicas, que desembocam, no ponto extremo, nos monopólios de atividades lucrativas e de cargos públicos. Com isso, as convenções, os estilos de vida incidem sobre o mercado, impedindo-o de expandir sua plena virtualidade de negar distinções pessoais. Regras jurídicas, não raro, enrijecem as convenções, restringindo a economia livre, em favor de quistos de consumo qualificado, exigido pelo modo de vida. De outro lado, a estabilidade econômica favorece a sociedade de estamentos, assim como as transformações bruscas, das técnicas ou das relações de interesse, os

---

3 Precisamente nesse equilíbrio de forças entre burguesia ascendente e nobreza decadente, Elias percebe o momento mais propício para a monarquia centralizada absoluta.

# A CORRUPÇÃO REAL E A CORRUPÇÃO DOS TOLOS...

enfraqueçem. Daí que representem eles um freio conservador, preocupados em assegurar a base de seu poder. Há estamentos que se transformam em classes e classes que evolvem para o estamento – sem negar seu conteúdo diverso. Os estamentos governam, as classes negociam.[4]

Temos, nessa citação, o denso resumo do argumento que será desenvolvido no decorrer de todo o livro. Temos a ideia do resíduo estamental (de outras épocas) que se torna permanente e fragiliza a atividade do livre mercado (para o liberalismo radical de Faoro, o mercado enquanto tal, e não o mercado temperado e controlado, é a base tanto do capitalismo quanto da democracia). A referência a situações de instabilidade, quando ocorrem mudanças bruscas, ajuda a esclarecer a dialética de constante desaparecimento/reaparecimento da realidade estamental, sob a forma do eterno retorno do mesmo, o famoso "vinho novo em odres velhos" na metáfora antissociológica – posto que nega a influência dos ambientes institucionais cambiantes – tão repetida no decorrer do livro pelo autor. De resto, para completar o quadro, define a função do estamento como sendo a de governar. É esse seu trabalho. O Estado é o seu negócio.

O ponto fundamental da definição, no entanto, que responde tanto por sua fragilidade em última instância como conceito, quanto por sua extraordinária eficácia menos como instrumento de convencimento intelectual e mais como mensagem política, é a intencionalidade que lhe é atribuída. Aí, precisamente, reside sua enorme força de convencimento. Ela possibilita encontrar um culpado para nossas mazelas e nosso atraso. Em oposição ao uso histórico e dinâmico da categoria de patrimonialismo em Weber, seu uso por Faoro é estático e tendencialmente a-histórico. Faoro se interessa pouco pelas transformações históricas do que ele chama de estamento burocrático e procura sempre ressaltar, ao contrário, a permanência inexorável do mesmo sob mil disfarces que são apenas uma

---

4 Raymundo Faoro, *Os donos do poder*, *op. cit.*, pp. 46-47.

A ELITE DO ATRASO

aparência de diferença. Isso resulta, creio eu (sem prejuízo da primorosa historiografia política, especialmente do período que vai de 1822 a 1922, que ele, apesar de tudo, consegue realizar), da forma teleológica e esquemática como ele constrói seu argumento.

Seu argumento é teleológico, ou seja, antecipa um fim estranho à argumentação que coloniza e subordina todos os argumentos utilizados. Isso acontece na medida em que ele, a partir de sua primeira intuição influenciada pela leitura de Joaquim Nabuco acerca da influência da elite de funcionários letrados no Brasil da segunda metade do século XIX, alonga essa influência retrospectivamente a um período de quase oito séculos.[5] Nesse caminho, o leitor atento percebe muitas vezes a camisa de força que significa a transposição para as situações históricas as mais variadas de uma ideia que deixa, ao limite, de ser uma categoria histórica e assume a forma de uma maldição, uma entidade demiúrgica que tudo explica e assimila.

É isso que irá explicar de que modo a categoria a-histórica de estamento patrimonial que o autor constrói pode transmutar-se, quase imperceptivelmente, na noção pura e simples de Estado interventor. Toda a argumentação do livro se baseia nessa transfiguração: sempre que temos Estado, temos um estamento que o controla em nome de interesses próprios, impedindo o florescimento de uma sociedade civil livre e empreendedora.

Apesar da narrativa elegante e erudita, literalmente todos os pressupostos, tanto os históricos quanto os sociológicos, da análise de Faoro são falsos. Eles repetem também, passo a passo, a síndrome conceitual do liberalismo conservador cuja fragilidade conceitual e histórica é clara como a luz do sol de meio-dia: o Brasil não herda de Portugal sua estrutura social, mas sim da escravidão, que não existia em Portugal. O patrimonialismo ou a existência de um Estado forte não se contrapõem ao desenvolvimento capitalista, como mostra o exemplo dos Estados Unidos, o qual desde meados do século XIX deve sua expansão territorial e

---

5 Raymundo Faoro, "As ideias no lugar de Raymundo Faoro", entrevista a Marcelo Coelho, *Folha de S.Paulo*, 14 de maio de 2000.

## A CORRUPÇÃO REAL E A CORRUPÇÃO DOS TOLOS...

econômica não só ao poderio militar estatal, mas também à intervenção do Estado na construção de ferrovias e de universidades em todo o país para impulsionar o desenvolvimento tecnológico e produtivo. É a partir dessa época de forte intervenção estatal, inclusive com protecionismo e tarifas alfandegárias que vigoraram até a Segunda Guerra Mundial, que os Estados Unidos se tornam potência mundial, como aliás todos os exemplos históricos concretos antes e depois disso. Não existe nenhum exemplo histórico de desenvolvimento de um mercado capitalista dinâmico sem que o Estado tenha sido o apoio e esteio principal.

Frágil e absurda como essa ideia é, ela continua a ser a ideia-força principal do liberalismo conservador brasileiro, que permanece viva no imaginário social cotidiano de todos nós. Episódios como os escândalos de corrupção no Estado – todos, sem exceção, estimulados por interesses de mercado –, na sua subjetivação e novelização infantilizada dos aspectos políticos, que passam longe de qualquer discussão racional dos conflitos sociais e políticos verdadeiramente em jogo, aludem à tese do patrimonialismo. É essa tese superficial e sem qualquer fundamento conceitual sério que serve de contraponto para a pobreza do debate público político entre nós.

Assim, vale a pena uma pequena digressão conceitual e histórica dessa noção em Max Weber, cujo prestígio científico todos, inclusive Faoro, vão buscar. O leitor menos afeito a esse tipo de debate pode tranquilamente pular estas páginas. Mas como é a suposta referência a Weber – o autor que estudei mais tempo e mais apaixonadamente que qualquer outro, por haver me ensinado a importância da dominação ideal e simbólica no mundo social – que confere prestígio a essa noção, essa discussão é incontornável. A discussão weberiana acercada da noção de patrimonialismo é complexa e multifacetada. No sentido mais formal, o patrimonialismo é uma variação do tipo de dominação tradicional.[6] Ao contrário das formas primárias de dominação tradicional, como a gerontocracia e o patriarcalismo, caracterizadas pela ausência de um

---

6 Max Weber, *Wirtschaft und Gesellschaft*, Tübingen: J.C.B. Mohr, 1985, pp. 130-139.

# A ELITE DO ATRASO

quadro administrativo, o patrimonialismo se caracteriza pela presença de um quadro administrativo, o que traz para Weber as consequências mais importantes para o exercício da dominação política.[7]

É que na estrutura tripartite, a partir da qual Weber pensa a dinâmica interna às esferas sociais,[8] a esfera social responsável pela política articula-se e define-se enquanto tal a partir do peso relativo da relação também triádica entre o líder, o quadro administrativo e os dominados. Portanto, a entrada do quadro administrativo em cena inaugura, de certo modo, a política em toda a sua complexidade. Isso porque entra em cena também o tema central da delegação do poder, já que o exercício do poder sobre grande número de pessoas e sobre extenso território exige um quadro administrativo como elo intermediário entre a liderança e os liderados.

A partir da forma específica que o quadro administrativo intermediário assume na relação entre dominador e dominados, teremos o exercício do poder mais ou menos controlado pelo líder; ou ainda do exercício mais ou menos de fato nas mãos de quem tem a delegação do poder, ainda que não o poder formal. Por conta disso, Weber irá definir também as diversas subdivisões do subtipo de dominação patrimonial precisamente a partir da maior importância relativa do líder ou do quadro administrativo.

Quando atentamos para a contextualização histórica em Weber, queremos, acima e antes de tudo, enfatizar o fato de que o patrimonialismo não é compatível com esferas sociais diferenciadas – nas palavras de Weber e como ele preferia se referir: "esferas da vida". As esferas da vida diferenciadas, como economia, política e direito, por exemplo, implicam que cada qual possui um princípio valorativo ou critério regulador que lhe é próprio e que serve de padrão para a conduta dos sujeitos nessa esfera. Implica também que todo o conjunto de papéis sociais, expectativas de

---

7 *Ibidem*, pp. 134-137.

8 *Ibidem*, cap. V, pp. 245-381. Ver também o texto primoroso de Pierre Bourdieu acerca da estrutura triádica do campo religioso verificável em várias esferas importantes, como a política por exemplo. Pierre Bourdieu, "Uma interpretação da teoria da religião de Max Weber", in: *A economia das trocas simbólicas*, São Paulo: Perspectiva, 2011. pp. 79-181.

comportamento, construção organizacional e padrões de institucionalização vão se guiar e ser avaliados precisamente pelo mesmo critério regulador. Toda a sociologia weberiana pode, inclusive, ser compreendida como uma tentativa de explicar de modo genético e causal por que apenas no Ocidente moderno logrou-se uma configuração social que não só possibilita, mas também estimula a diferenciação entre as diversas esferas sociais e o ganho em eficiência e racionalidade (instrumental) que essa mesma diferenciação social implica.

Também essa ideia é passível de ser compreendida por qualquer pessoa. Pensemos na economia. É só, por exemplo, quando a economia se liberta da religião, que impedia a prática da usura, ou seja, o empréstimo de dinheiro a juros, que a economia pode se desenvolver como esfera própria, sem a intromissão de princípios e valores de outras esferas. O mesmo processo ocorreu com o direito. O direito autônomo nasce historicamente como garantia de procedimentos formais – esses que a Lava Jato aboliu para regredir o direito brasileiro em séculos – que são universais, precisamente para que a política, ou seja, o direito do mais forte, não seja a regra. A diferenciação das esferas da vida existe para que elas se desenvolvam sem a intromissão dos princípios das outras esferas. No mundo pré-moderno, a indiferenciação das esferas da vida, que comprometia sua eficiência, era a regra.

A explicação weberiana do patrimonialismo em todos os seus casos concretos parte precisamente da impossibilidade da existência de esferas sociais diferenciadas no contexto patrimonial. Isso não quer dizer que não existam aspectos políticos ou aspectos econômicos da ação social nesses campos, mas essas ações são situadas e contextualizadas, crescendo, por exemplo, em tempos de guerra, para voltar a inexistir em tempos de paz, não desenvolvendo, portanto, todas as virtualidades de um campo diferenciado. Nesse sentido, o patrimonialismo para Weber representa antes de tudo um simples aumento quantitativo da "economia doméstica" (*Hausgemeinschaft*),[9] que no mundo pré-moderno abarcava todas as esferas

---

9 *Ibidem*, pp. 671-676.

# A ELITE DO ATRASO

em si, ainda que existam pressupostos ideais novos, como a necessidade de legitimação carismática do líder patrimonial.[10]

Mesmo que o aumento quantitativo de novas conexões e funções para o exercício do poder seja requerido nessa grande comunidade doméstica, o que acontece, como nota Thomas Schwinn em sua excelente discussão acerca precisamente do caráter necessariamente indiferenciado das esferas sociais no patrimonialismo,[11] é a mera substituição do princípio segmentado-horizontal da comunidade doméstica em favor de uma segmentação verticalizada com caráter hierárquico.[12]

O ponto decisivo aqui é que todos os aspectos da vida estão amalgamados de modo radical, especialmente, mas não apenas, os econômicos e políticos. Mesmo que possam existir empreendimentos de grande vulto econômico no contexto patrimonial, como os assegurados por privilégios de monopólio de comércio e manufatura, os mesmos podem ser retirados de modo mais ou menos arbitrário, impedindo cálculo e previsibilidade que são indispensáveis à institucionalização da esfera econômica. Está pressuposto no argumento weberiano que é precisamente a irremediável confusão entre as diversas esferas sociais que garante a apropriação do excedente social nos termos patrimoniais: precisamente como "butim livre para a formação de fortunas" dos setores privilegiados.[13]

Como a interpretação dominante do suposto patrimonialismo brasileiro[14] enfatiza a variante na qual o estamento (*stand*), ou seja, onde o quadro administrativo, e não a liderança, assume a proeminência e o efetivo exercício do poder – em próprio interesse e em desfavor tanto da liderança quanto dos liderados –, então nada mais razoável que ilustremos nossa crítica a essa apropriação indébita pela comparação como caso histórico

---

10 *Ibidem*, p. 662. Ver também Thomas Schwinn, *Differenzierung ohne Gesellschaft: umstellung eines soziologischen Konzepts*, Weilerswist: Velbrück Wissenschaft, 2001, p. 216.

11 *Ibidem*, pp. 211-302.

12 *Ibidem*, p. 217.

13 Max Weber, *Wirtschaft und Gesellschaft, op. cit.*, pp. 642-646.

14 Os dois grandes nomes da recepção weberiana no Brasil são Sérgio Buarque e Raymundo Faoro.

## A CORRUPÇÃO REAL E A CORRUPÇÃO DOS TOLOS...

analisado em detalhe por Weber e por ele considerado o caso mais puro de patrimonialismo estamental.[15]

Se prestarmos atenção à análise que Weber desenvolve em seu estudo sobre confucionismo e taoísmo nas suas relações com o império patrimonial chinês,[16] podemos perceber facilmente até que ponto seu conceito de patrimonialismo é contextual e historicamente determinado. Como o patrimonialismo jamais se reduz à esfera da política em estrito senso, já que ela, em sentido diferenciado e estrito, ainda não existe, a dominação social implica uma articulação específica de diversos interesses além dos estritamente políticos. Em primeiro lugar, a confusão entre as diversas esferas sociais, da qual o patrimonialismo retira sua própria condição de possibilidade, exige a existência de uma série de fatores socioeconômicos externos ao que chamaríamos hoje em dia de dominação política em sentido estrito. Alguns desses fatores importantes são: a inexistência de uma economia monetária desenvolvida, a existência de um direito não formal e uma legitimação em grande medida mágico-religiosa do poder político. Todos esses elementos marcam a sociedade chinesa patrimonial de séculos atrás.

O ponto central em todos esses casos parece-me a impossibilidade de cálculo racional que esses fatores envolvem e estimulam reciprocamente. A extração do excedente social concentrado no estamento patrimonial dos mandarins só pode ser obtida em um contexto em que não apenas existe enorme dificuldade de controle pela autoridade central, mas, também, no qual a possibilidade de cálculo da atividade econômica e do produto do trabalho, precisamente pelo pouco desenvolvimento da economia monetária, é reduzida ao mínimo. Toda a possibilidade de cálculo entre receita e despesa, planejamento e racionalização da vida, depende da existência dessas precondições, que, no caso chinês, não eram garantidas. Sendo uma forma política a extração do excedente social via

---

15 Max Weber, *Wirtschaft und Gesellschaft, op. cit.*, p. 650.
16 *Idem, Die Wirtschaftsethik der Weltreligionen: Konfuzianismus und Taoismus, op. cit.*

tributo, o patrimonialismo vive da impossibilidade de se saber quanto se produz e quais são os custos da produção. Daí ser a tradição a única barreira efetiva aos impostos excessivos. Os mandarins retiravam seu poder desse desconhecimento dos fatores de produção, tanto para iludir o poder do imperador, que desconhecia o ritmo de produção, quanto para forçar ao máximo permitido pela tradição o pagamento de impostos dos camponeses pobres.

No caso brasileiro, só em meados do século XX se constituiu uma verdadeira burocracia com os meios para a atuação em todo o território nacional, mas já num contexto de desenvolvimento capitalista intenso e rápido. O caso brasileiro era, portanto, muito diferente sob todos os aspectos do chinês. Primeiro, jamais existiu no período colonial brasileiro qualquer coisa semelhante ao estamento burocrático chinês. A colonização do país foi deixada nas mãos de particulares que eram verdadeiros soberanos nas suas terras, onde o Estado português conseguia impor sua vontade apenas de modo muito tênue. A ênfase de Faoro em uma dominação remota de Portugal no Brasil, que atravessava praias e sertões com seus olhos de *big brother*, tudo vendo e controlando, equivale a uma quimera. Portugal era um país pequeno e pouco populoso, e sua estratégia de delegar a particulares a colonização das novas terras era um imperativo de sobrevivência. Aqui, como em outros lugares, a fantasia histórica serve apenas para corroborar uma tese política, no caso liberal e conservadora, sem qualquer fundamento na realidade.

Além disso, entre 1930 e 1980, o Brasil foi um dos países de maior crescimento econômico no mundo, logrando construir um parque industrial significativo sem paralelo na América Latina. Como se pode exibir tamanho dinamismo econômico em um contexto como o do patrimonialismo, que pressuporia indiferenciação da esfera econômica e, portanto, a ausência de pressupostos indispensáveis, e ausência de estímulos duradouros de toda espécie à atividade econômica? Essa questão por si só seria um desafio intransponível para os defensores do patrimonialismo brasileiro. Mas nunca é levantada. Daí essa noção valer até hoje como pressuposto

## A CORRUPÇÃO REAL E A CORRUPÇÃO DOS TOLOS...

central e nunca explicitado de como funciona a realidade brasileira. Para seus defensores atuais, isso seria tão óbvio que dispensaria explicitação.[17]

Na sociologia brasileira, portanto, o conceito de patrimonialismo perde qualquer contextualização histórica, fundamental no seu uso por Max Weber, e passa a designar uma espécie de mal de origem da atuação do Estado enquanto tal em qualquer período histórico. Em Faoro,[18] que fez dessa noção, como vimos, seu mote investigativo com extraordinário impacto e influência até hoje – para a maioria dos intelectuais e jornalistas brasileiros, trata-se de um pressuposto implícito e fundamental –, a noção de patrimonialismo carece de qualquer precisão histórica e conceitual. Na visão dele, o "patrimonialismo brasileiro" viria desde o Portugal medieval, confundindo épocas históricas com fundamentos sociais muito distintos.

Como vimos, na Idade Média não havia sequer a noção de soberania popular e, portanto, não existia sequer a ideia de "bem público" no sentido moderno. A ideia de "propriedade pública" só existe em um contexto histórico que contempla também a ideia de que todo poder deriva do povo. E tal ideia só se consolida na Revolução Francesa, de 1789. Só a partir dessa época é que um particular pode ser "corrupto", no sentido moderno do termo, ao se apropriar privadamente de algo que pertence ao público. Assim, se não havia sequer a ideia da separação entre bem privado (do rei) e bem público, o rei e seus prepostos não podiam roubar o que já era deles de direito. A ideia básica do "culturalismo vira-lata" brasileiro, de que herdamos de Portugal a desonestidade nos negócios públicos, é, portanto, ridícula, para se dizer o mínimo.

Em segundo lugar, no âmbito de suas generalizações sociológicas, o patrimonialismo acaba se transformando, de forma implícita, em um equivalente funcional para a estigmatização da mera intervenção estatal. No decorrer do livro de Faoro, o conceito de patrimonialismo perde crescentemente qualquer vínculo concreto, passando a ser substituto da

---

17  Bolivar Lamounier e Amaury de Souza, *A classe média brasileira*, Rio de Janeiro: Campus, 2009. Ver também Alberto Carlos Almeida, *A cabeça do brasileiro*, Rio de Janeiro: Record, 2007.

18  Raymundo Faoro, *Os donos do poder, op. cit.*

## A ELITE DO ATRASO

mera noção de intervenção do Estado, seja quando este é furiosamente tributário e dilapidador, por ocasião da exploração das minas no século XVIII, seja quando é benignamente interventor, como quando d. João cria, no início do século XIX, as precondições para o desenvolvimento do comércio e da economia monetária, quadruplicando a receita estatal e introduzindo inúmeras melhorias públicas.

A imprecisão contamina até a noção central de estamento, uma suposta elite incrustada no Estado, que seria o suporte social do patrimonialismo. O tal estamento é composto, afinal, por quem? Pelos juízes? Pelo presidente? Pelos burocratas? O que dizer do empresariado brasileiro, que foi, no nosso caso, o principal beneficiário do processo de industrialização financiado pelo Estado interventor desde Vargas? Ele também é parte do estamento estatal? Deveria ser, pois econômica e socialmente foi ele que mais ganhou com o suposto Estado patrimonial brasileiro. Como fica, em vista disso, a falsa oposição entre mercado idealizado e Estado corrupto?

A aplicação da noção de patrimonialismo ao caso brasileiro é, portanto, uma óbvia fraude conceitual, destinada a usar o prestígio científico de um dos mais importantes pensadores de todos os tempos para legitimar uma ideia extremamente conservadora e frágil conceitualmente, e lhe dar uma aparência de rigor científico e de crítica social. O nosso liberalismo, falso e conservador como sempre foi, consegue com esse contrabando conceitual passar-se por interpretação inovadora e erudita. Na verdade, a noção de patrimonialismo aplicada à realidade brasileira não vale um tostão furado. Aliás, a noção de patrimonialismo passa a ser fundamental exatamente por sua imprecisão conceitual. Ela está no lugar da noção de escravidão e serve para tornar invisíveis as relações sociais de humilhação e subordinação criadas nesse contexto. Além disso, tenta criar uma aparência de crítica social, um charminho crítico falso, ao apontar o dedo moralizador contra uma falsa elite, na verdade mero instrumento dos proprietários que têm o verdadeiro poder. Uma falsa elite que existe apenas para tornar invisível a atuação da elite real que comanda o mercado da rapina e do saque social. A elite do patrimonialismo, que ninguém define, é uma elite falsa, posto que

# A CORRUPÇÃO REAL E A CORRUPÇÃO DOS TOLOS...

comprada pela elite econômica que permanece invisível na análise, mostrando seu potencial mistificador.

Não é que Faoro e os outros liberais não falem de escravidão. Eles falam, sim. Muito se fala sobre a escravidão, mas pouco se "reflete" a respeito dela. Fala-se na escravidão como se fosse um nome, e não um conceito científico que cria relações sociais muito específicas. Muitas de nossas características foram atribuídas à dita herança portuguesa, mas não havia escravidão em Portugal. Somos, nós brasileiros, portanto, filhos de um ambiente escravocrata, que cria um tipo de família específico, uma justiça específica, uma economia específica. Aqui valia tomar a terra dos outros à força para acumular capital, como acontece até hoje, e condenar os mais frágeis ao abandono e à humilhação cotidiana. Isso é herança escravocrata, não portuguesa. O patrimonialismo, percebido como herança portuguesa, substitui a escravidão como núcleo explicativo de nossa formação. Essa é sua função real. Por conta disso, até hoje, reproduzimos padrões de sociabilidade escravagistas como exclusão social massiva, violência indiscriminada contra os pobres, chacinas contra pobres indefesos que são comemoradas pela população etc.

Mas isso ainda não é o pior. O patrimonialismo esconde as reais bases do poder social entre nós. Ele assume que interesse privado é interesse individual privado, de pessoas concretas, as quais se contraporiam aos interesses organizados apenas do Estado. Tudo como se houvesse interesses organizados apenas no Estado, suprema estratégia de distorção da realidade. É uma noção de senso comum do leigo, que não percebe os interesses privados organizados no mercado e sua força, que implica o controle de preços, da imprensa, da formação de monopólios privados e da captura do Estado para o interesse de meia dúzia de grandes plutocratas. É para esconder essa realidade que o conceito de patrimonialismo e de corrupção apenas do Estado como causa de todas as nossas mazelas existe. Daí decorre a noção absurda, mas tida como verdade acima de qualquer suspeita entre nós: a noção de que a elite poderosa está no Estado, com isso invisibilizando a ação da elite real, que está no mercado, tanto nos oligopólios quanto na intermediação financeira.

## A ELITE DO ATRASO

Se compararmos nosso capitalismo com o narcotráfico, o político corrupto é o aviãozinho do tráfico, que fica com as sobras; a boca de fumo que faz o dinheiro grande é o mercado da rapina selvagem que temos aqui. O conceito de patrimonialismo serve, precisamente, para encobrir os interesses organizados no mercado, que funcionam para se apropriar da riqueza social, já que a noção de privado é absurdamente pessoalizada, permitindo todo tipo de manipulação. A real função da noção de patrimonialismo é fazer o povo de tolo e manter a dominação mais tosca e abusiva de um mercado desregulado completamente invisível.

## 13. Normalizando a exceção: o conluio entre a grande mídia e a Lava Jato

No dia 17 de junho de 2017, arrisquei uma olhadela no programa *Painel*, comandado por William Waack, na GloboNews. Foi a mais perfeita introdução aos principais argumentos deste livro que eu poderia imaginar. Waack propôs a seus convidados a análise da conjuntura política nacional com base na crise entre os poderes da República. A partir daí, cada um se esmerou na análise de qual poder estaria invadindo a seara alheia. O mais importante, como sempre acontece na vida, no entanto, seria aquilo que não foi mencionado e, portanto, que não poderia ter sido respondido: seria perguntar quem mais ajudou para que a bagunça institucional entre os poderes e a crise atual do Brasil atingisse tamanhas proporções.

Pus-me, então, naquela posição que certamente o leitor e a editora também já devem ter se posto em diferentes ocasiões: e se eu estivesse lá respondendo às questões erradas montadas no perverso teatrinho do jornalismo da Globo para fazer as pessoas de imbecis? Ninguém nasce imbecil, mas todos podemos ser feitos de imbecis, e a Rede Globo – assim como toda a grande mídia privada, sem exceção – se especializou nesse trabalho. Eu teria respondido que quem mais contribuiu para a crise atual, tanto a econômica quanto a política, assim como também para a própria crise entre os poderes, foi a própria Globo – juntamente com toda a grande mídia, que a Globo comanda ao construir a pauta da mídia como um todo. Teríamos de começar por analisar seu papel no golpe e no pós-golpe de 2016, portanto, já que todo o descalabro foi efeito e consequência da mentira midiaticamente produzida de que a Lava Jato era puramente uma operação de combate à corrupção e não uma estratégia de tomada do poder. Seria interessante saber o que o jornalista William Waack faria: interromperia o programa? Faria de conta que não existo? Bem, deve ser por isso que o jornalismo da Globo só convida analistas alinhados com seu pensamento estreito.

Por que a grande mídia, e muito especialmente a Globo, continua tratando a corrupção como se fosse algo que estivesse em todas as instituições, menos nela? Até quando? E ainda apresenta comentaristas e âncoras com ar de indignados com a situação moral do país, permitindo a identificação com a audiência imbecilizada? Por que os procuradores da operação Lava Jato, da boca para fora tão indignados com a corrupção quanto os âncoras da Globo, não tiveram o menor interesse em saber a efetiva participação da imprensa e, em particular, da emissora, nos esquemas de beneficiamento a empresas privadas de que apenas a Odebrecht estava sendo acusada? Emílio Odebrecht, em seu depoimento à Lava Jato, referindo-se às necessidades de sua empresa no Brasil, ressaltou que, além de aportar a engenharia dos projetos, tinha também de cuidar de sua viabilidade financeira. Assim ele declarou textualmente:

> O que me entristece, e aí eu digo [em relação a] da própria imprensa, que a imprensa toda sabia, que o que efetivamente acontecia era isso. Por que agora é que tão fazendo tudo isso? Por que não fizeram isso há dez, quinze, vinte anos atrás? Porque isso tudo é feito há trinta anos... Por exemplo, na quebra dos monopólios, nós ajudamos a quebra dos monopólios, inclusive sobre a parte de telecomunicações, nós chegamos a montar uma sociedade privada com três ou quatro empresas... uma delas era até a Globo... para criar um embasamento acerca do que estava acontecendo no mundo...

# NORMALIZANDO A EXCEÇÃO...

> para que isso facilitasse aquilo que era decisão de governo, de quebra de monopólio das telecomunicações, da parte do petróleo, e outras coisas...

Um procurador da Lava Jato, que ouvia o depoimento, interrompeu o presidente da Odebrecht, não para pedir mais detalhes e abrir um fulcro que levaria ao elo mais interessante que uma investigação desse tipo poderia apurar. Não a mera associação com partidos políticos, mas a associação entre empresas privadas, imprensa e poder público, com o fito de enganar o público. Em vez disso, o procurador diz, candidamente, "sempre há um momento para começar", se autojustificando, em vez de aproveitar a revelação para inquirir e saber mais. Emílio Odebrecht não se faz de rogado com o desinteresse dos procuradores e volta com o assunto:

> Mas é importante que haja compreensão disso, isso é uma realidade... Essa imprensa sabia disso tudo, e fica agora com essa demagogia... Todos sabiam como funcionava e acho que todos deveriam fazer essa lavagem de roupa suja... pela omissão que tiveram durante todo esse tempo...

O empresário mencionou a existência de uma sociedade privada, com participação da Globo, com o objetivo de fazer lobby pela privatização da telefonia pública e pela quebra do monopólio do Estado no setor do petróleo e outros setores. Fernando Henrique Cardoso diria desse trabalho da mídia de enganar o público em relação às supostas vantagens da privatização, com um interlocutor privilegiado, que "o pessoal está até exagerando".[1] Apesar da relutância dos procuradores da Lava Jato, visivelmente constrangidos com a revelação, afinal, ela se referia não ao suposto patrimonialismo do PT ou de Lula, mas à associação de interesses entre a elite do atraso e da rapina e ao papel de sua imprensa, de dourar

---

1 Jessé Souza, *A herança do golpe*, Rio de Janeiro: Civilização Brasileira, 2022.

## A ELITE DO ATRASO

a pílula ao saque das riquezas de todos em benefício de uma meia dúzia de ricaços, Emílio Odebrecht só desistiu depois de muito tentar chamar a atenção dos "paladinos" da justiça seletiva.

Emílio Odebrecht queria contar, afinal ele sabia que a Globo e as outras mídias estavam mantendo uma imagem imaculada em um esquema para lesar a sociedade, ficando apenas ele e sua empresa com a conta. Ninguém gosta de ser tratado como tolo e ver seu parceiro de esquema sair imaculado e sem culpa, e ainda tirando onda de inocente e fazendo o teatrinho de enojado pela situação, como a Rede Globo e o restante da grande imprensa fizeram durante os anos de alto prestígio da Lava Jato. A hipocrisia da Globo e da imprensa em geral era o que irritava e enojava Emílio Odebrecht. Por conta disso, ele se referiu várias vezes ao fato, o que qualquer um pode conferir no seu depoimento, que continua disponível na internet, mas os procuradores da Lava Jato se mostraram tão seletivos no seu combate à corrupção quanto William Waack, hoje na CNN, na escolha de seus interlocutores. Certamente, acharam que essa informação não viria ao caso, como costumava dizer o juiz Sérgio Moro em suas audiências quando as informações não se referiam a Lula e ao PT.

Como a Globo conseguiu tamanho poder de, como Emílio Odebrecht insinuou, saber de tudo que acontecia e ainda tirar onda de vestal da moralidade nacional? E, com base no seu monopólio virtual da informação, manter uma sociedade imbecilizada e conscientemente desinformada, subjugar os poderes da democracia representativa e cooptar o aparelho judiciário-policial do Estado, ajudando, como nenhuma outra instituição, o aprofundamento de uma crise sistêmica, sem perder a concessão pública? Tamanho feito requer governos autoritários e ditadura. Como a Globo conseguiu o feito em tempos de democracia formal?

A formação do que chamei de pacto antipopular entre uma ínfima elite do dinheiro, que encara a sociedade como um todo como espólio para saque financeiro, e os setores mais conservadores da classe média deu-se pelo que chamamos de colonização da esfera pública pelo poder do dinheiro. Se as classes populares são exploradas e reprimidas com violência e a questão social, até hoje, é tratada como questão de polícia e violência física, a classe média é mantida leal por outros motivos. Esse ponto é essencial para a compreensão do Brasil contemporâneo.

A servidão da classe média e de suas frações mais conservadoras à elite, que as explora e as usa para a reprodução de seu poder cotidiano, é conseguida por meios simbólicos. Em vez do cassetete da polícia, temos aqui a manipulação midiática das necessidades de autolegitimação da classe média transmutadas em defesa de uma ideia de moralidade tão amesquinhada e estreita que se reduz a se escandalizar somente com a suposta corrupção apenas patrimonialista. A crítica da imaturidade das classes populares sob a forma do populismo fecha o pacote do acordo transclassista que se une contra qualquer forma de ascensão popular verdadeira.

O lócus onde esse acordo entre desiguais se consuma é uma esfera pública para inglês ver, colonizada pelo dinheiro e sem qualquer pluralidade de opiniões que permita a construção de sujeitos autônomos com opinião própria. Contra a classe média, portanto, a violência da elite de proprietários que controla não só a produção material, mas também a produção intelectual e a informação, é uma violência simbólica. Um tipo de violência não percebido enquanto tal, posto que se vende como se fosse convencimento real.

O mecanismo principal desse tipo de dominação é uma imprensa desregulada e venal, que vende uma informação e uma interpretação da vida social enviesada pelos interesses do pacto antipopular. Isso acontece tanto porque é dependente de seus anunciantes quanto porque participa, ela própria, do mesmo esquema elitista dominante do saque e da rapina do trabalho coletivo. Como não houve aqui a criação do mecanismo da TV pública, que não se confunde com TV estatal, em uma sociedade com pouca leitura e pouca reflexão, a dominação simbólica mais violenta encontrou terreno fértil para se desenvolver.

A história da sociedade brasileira contemporânea não pode ser compreendida sem que analisemos a função da mídia e da imprensa conservadora. É a grande mídia que irá assumir a função dos antigos exércitos de cangaceiros, que é assegurar e aprofundar a dominação da elite dos proprietários sobre o restante da população. A grilagem agora não assumirá mais apenas a forma de roubo violento da terra dos posseiros pobres, mas também a forma da colonização das consciências com o fito de possibilitar, no entanto, a mesma expropriação pela elite. Substitui-se a violência física, como elemento principal da dominação social, pela violência simbólica, mais sutil, mas não menos cruel.

Nos últimos cinquenta anos, nenhum grupo empresarial midiático foi mais bem-sucedido nem se esmerou tanto na tarefa de distorcer sistematicamente a realidade brasileira, em nome de interesses inconfessáveis, quanto a Rede Globo. Não que ela esteja sozinha ou seja muito pior que o resto da grande imprensa. Não, toda a grande imprensa se irmana no ataque à democracia e à soberania popular. A *Folha de S.Paulo* e *O Estado de S. Paulo*, apenas para citar dois exemplos entre milhares possíveis, mostraram a mesma foto de capa depois das manifestações no dia 24 de maio de 2016, em Brasília, contra o governo Temer, em que um vândalo ataca com pedras um prédio público.

Para quem viu, como eu, a manifestação inteira por vídeo – que deixava claro o ataque e a provocação policial com cavalaria e com bombas de efeito moral sobre os manifestantes até então pacíficos –, a violência simbólica, a mentira consciente e a fraude do público eram estarrecedoras. Uma imprensa em conluio com uma repressão antidemocrática e abusiva, em nome da distorção sistemática da informação, não é privilégio da Globo. A revista *Veja*, por exemplo, se esmera em matérias cuja finalidade é produzir ódio e informação enviesada e distorcida para seu público da fração protofascista da classe média. Mas a Globo levou a fraude e a distorção sistemática da realidade a níveis de ficção científica. E, pelo seu tamanho, influência e ousadia no golpe de 2016, merece atenção especial. Além disso, os donos de jornais e revistas possuem uma empresa privada, enquanto a Rede Globo é uma concessão pública.

O início do império da Globo foi construído à sombra da ditadura militar. Começando a operar em rede no país como um todo, ela passa

# NORMALIZANDO A EXCEÇÃO...

a servir como porta-voz dos interesses do governo militar. O programa *Amaral Neto, o repórter* serve diretamente como propaganda ufanista do governo e de suas realizações de modo acrítico. O *Jornal Nacional,* cuidadosamente monitorado, assume a forma "nacional", como o nome já diz, e alcança toda a população cumprindo um mote caro aos militares no poder.

De resto, a Globo assume mimeticamente a dinâmica e a forma da época do "Brasil grande". Excelência técnica passa a valer como símbolo do tipo de modernidade que chegava ao país, e a própria empresa passa a explorar ao máximo os ganhos materiais e simbólicos que essa associação lhe garantia. Modernidade capenga certamente, posto que retirava da esfera pública sua característica principal e decisiva: a pluralidade dos argumentos em disputa. Vimos na reconstrução histórica inspirada por Habermas que "modernidade" efetiva e real é a capacidade de produzir informação plural e juízo autônomo. É fundamentalmente isso que a modernidade tem de positivo quando comparada com outras épocas históricas. O resto é secundário ou mais do mesmo, com outras máscaras. É isso que se perde com sua colonização pelo dinheiro: a capacidade de reflexão e aprendizado de todo um povo!

Nossa esfera pública tardia já nasceu sob império da manipulação, sem jamais ter conhecido outra experiência. Falta ao público brasileiro qualquer padrão de comparação para avaliar o que recebe em casa. A Globo vicejou nesse contexto. Males da época, poderíamos dizer. Não é verdade, já que, mesmo na redemocratização, esse projeto é inclusive aprofundado. A partir daí, a Globo jamais deixou de se apresentar como um misto de TV estatal e pública, utilizando-se dos ganhos simbólicos e materiais que esse tipo de confusão consciente provoca no seu público cativo.

Essa confusão, que foi vital para o crescimento da empresa sob os militares, se revelaria ainda mais produtiva no contexto da redemocratização. Galvão Bueno e seu nacionalismo de fachada e exagerado são um símbolo dessa estratégia empresarial que procura confundir de propósito a empresa

A ELITE DO ATRASO

com a nação, o interesse particular e venal com o interesse público e universal. Quem não lembra, entre os mais velhos, do tema de Ayrton Senna a cada vitória e depois a volta triunfal segurando a bandeira brasileira, enquanto o locutor aos gritos comemorava mais uma vitória que era de toda a nação e sentida enquanto tal pelos telespectadores? Os exemplos práticos dessa estratégia de engodo volitivo e refletido são incontáveis.

Campanhas como Criança Esperança reforçam essa imagem de TV de interesse público, desviando seu fito real. Mas, além dessa farsa inicial, que acompanha a empresa até hoje, a Globo também se especializou em veicular a farsa maior do capitalismo financeiro em escala mundial: esconder a superexploração do trabalho que ele implica e ainda se vender como crítica da sociedade. Assim, a defesa de minorias, desde que não envolva repartição de riqueza e de poder social, é apoiada pela empresa, que pode posar de crítica e emancipadora. Também a glorificação da periferia das grandes cidades, desde que não envolva real incorporação das classes populares aos bens civilizatórios, o que exigiria a discussão de suas carências, que são reais. Inúmeras novelas, assim como o programa *Esquenta*, com Regina Casé, serviram para esconder o engodo.[2] Aqui se chama "favela" de "comunidade", como se com isso a vida prática dessas pessoas pudesse melhorar pela magia da palavra bonita que espelha uma mentira.

A Globo é a roupagem perfeita para um capitalismo selvagem e predatório que chama a si mesmo de emancipador e protetor dos fracos e oprimidos. A glorificação do oprimido não ajuda em nada na melhoria do cotidiano cruel e opressivo dos pobres, mas emula a necessidade de legitimação da vida que se leva quando as possibilidades de mudanças efetivas estão interditadas. O mais cruel é que as possibilidades de redenção

---

2 Maria Eduarda da Mota Rocha, "O núcleo Guel Arraes, da Rede Globo de Televisão, e a consagração da 'periferia'", *Sociologia & Antropologia*, vol. 3, n. 6, 2013; *Idem*, "Nacionalismo e diversidade: do programa 'Esquenta', da Rede Globo, à cerimônia de abertura das olimpíadas do Rio 2016", *Revista Política e Sociedade*, vol. 16, 2017.

## NORMALIZANDO A EXCEÇÃO...

real são tanto mais impossíveis quanto maior a influência dessa mensagem mistificadora produzida pela emissora. Como no golpe de 2016, a emissora ajudou a impedir a continuidade de um processo de ascensão social dos pobres que era real. O processo de manipulação social caminha sempre no sentido de extrair a riqueza de todos e concentrar o poder nas mãos de poucos – inclusive da família que manda na empresa –, dando a impressão de que se é defensor dos melhores valores da igualdade e da justiça. Mesmo toda a fraude golpista da moralidade seletiva é construída como se a TV fosse mero veículo neutro de informação.

Assim, no curso do desmantelamento do Estado, da economia e da democracia brasileiras iniciadas pelo governo Temer, a Globo mostrou uma série de programas especiais que criticavam o fascismo de Donald Trump, lá longe, nos Estados Unidos, como se não estivesse acontecendo algo muito pior aqui, com a própria Globo no centro do esquema de legitimação. E como se o fascismo descrito por George Orwell – o mote da crítica da TV a Trump – aqui não tivesse o dedo da empresa como um dado fundamental. A Rede Globo opera como uma TV falsamente pública, da ditadura até hoje, sem qualquer mudança. Programas especiais são realizados para mostrar a corrupção como dado cultural e histórico do Estado e dos políticos, encobrindo o mercado e a ação da própria mídia. Programas diversos apresentam o populismo como grande farsa petista, confirmando nossa intuição de que esses dois elementos são as mentiras constitutivas da violência simbólica construída desde o século passado.

A colonização da esfera pública assume não apenas a forma de rebaixamento de todos os conteúdos para ampliar o público consumidor; ela assume também a forma da confusão proposital do interesse privado sempre apresentado como público. Nesse engodo e fraude deliberada, coloniza-se não apenas o consumidor do produto cultural, mas também o cidadão induzido a uma crença da qual se encontra literalmente sem defesa. É a partir dessa confusão deliberada, construída com maestria técnica e cuja expressão é corporificada por figuras bonitas, talentosas e

## A ELITE DO ATRASO

charmosas, que a Globo assume um papel central e muito mais importante que todos os outros veículos e mídias de comunicação somados.[3]

A Globo é a mídia por excelência que fez reverberar na população indefesa o pacto antipopular que reconstruímos neste livro. O que foi produzido pelos intelectuais na construção da oposição entre mercado divinizado e Estado demonizado, quando ocupado por líderes populares, foi a ideia-guia da Globo e do jornal que existia antes disso, toda vez que fizeram política. A imprensa atacou de modo virulento e ajudou no episódio do "suicidamento" de Getúlio Vargas, apoiou o golpe de 1964 e se tornou com prazer e desenvoltura a voz da ditadura. Também perseguiu Leonel Brizola – como sempre, por dinheiro – e ajudou no desmonte dos CIEPs e dos investimentos em educação popular no Rio de Janeiro. Envolveu-se em fraudes explícitas na apuração de eleições para beneficiar Moreira Franco contra Brizola.[4] Apoiou Fernando Collor de Mello contra Lula, utilizando-se dos recursos mais baixos que um jornalismo de latrina pode usar, com a edição maldosa do debate entre os concorrentes para favorecer Collor. Apoiou a venda e as privatizações do patrimônio público, enganando seus espectadores no governo FHC para facilitar o saque do patrimônio público.[5]

O envolvimento em episódios como a operação Lava Jato faz, portanto, parte do DNA da emissora. Foi a Globo que apoiou, juntamente com o restante da mídia venal, a rejeição da PEC 37, desconhecida da população em geral, antes que o *Jornal Nacional*, na voz de William Bonner, recomendasse à sua turba dos "camisas amarelas" a sua derrubada em nome do combate à corrupção em meio aos grandes protestos de junho de 2013.[6] A iniciativa, na verdade, era uma medida autoritária de interesse da fração

---

3 "Rede Globo é a emissora preferida, aponta pesquisa encomendada pelo governo federal", *g1*, 16 de junho de 2010.

4 Paulo Henrique Amorim e Maria Helena Passos, *Plim-plim: a peleja de Brizola contra a fraude eleitoral*, São Paulo: Conrad, 2005.

5 Aloysio Biondi, *O Brasil privatizado*, São Paulo: Geração, 1999.

6 Jessé Souza, *A herança do golpe, op. cit.*

corporativa dominante no Ministério Público, que queria aumentar seu poder e diminuir controles democráticos que são a regra em toda sociedade civilizada. A partir daí, uma série de vazamentos seletivos e ilegais, então criminalizando unilateralmente o PT, levou ao "golpeachment" da presidenta eleita pelo voto popular. O conluio entre a Globo, comandando a grande mídia, e a farsa da operação Lava Jato tem aí sua semente, sua estratégia e seu alvo seletivo. Tudo descarado desde o começo, quando o próprio juiz Sérgio Moro já havia defendido explicitamente que o apoio da mídia é fundamental para deslegitimar o poder político.[7] Poder político que um juiz, monocraticamente, decide ser digno de deslegitimação com alvo partidário seletivo e de uma parcialidade chocante. Além disso, usou a pecha simplória de "antidemocrático" a um movimento de extrema direita que se mostrou abertamente golpista, tendo inclusive, como sugere um inquérito da Polícia Federal, tramado o assassinato de Lula e Alckmin.

Percebam que, ainda em 2016, já havia uma espécie de soberania judicial autoconstituída entre a Globo e próceres da extrema direita, basta relembrar de um fato bem marcante, quando Sérgio Moro levantou o sigilo de uma escuta ilegal da presidenta Dilma para que fosse veiculado pela grande mídia e, assim, impedir Lula de assumir a Casa Civil – o que foi feito sem maiores problemas pela Globo. Expor uma comunicação da presidenta da República dessa maneira, em qualquer outro lugar onde as leis também se aplicam a juízes inflados por uma mídia venal, deveria ter levado o autor do vazamento à prisão e a sua destituição do cargo. Esse é certamente um caso único nas sociedades modernas: um grupo de mídia se intrometeu seletivamente na política, se aliou a juízes e agente públicos com interesses particularistas, chantageou e ameaçou juízes de tribunais superiores e políticos, usando a turba protofascista da classe média como massa de manobra, e conseguiu destronar um governo eleito democraticamente.

---

7 Sérgio Fernando Moro, "Considerações sobre a operação mani pulite", *Revista CEJ*, vol. 8, n. 26, 2004.

## A ELITE DO ATRASO

Não satisfeita, decidiu assumir a governança da sociedade em suas próprias mãos. Ajudou a eleger, em 2018, um governo que todos sabiam ser uma quadrilha de ladrões, hoje denunciada por todos, inclusive por ela própria, em nome do combate à corrupção. Apoiou uma agenda recessiva e retrógrada que nunca teve apoio popular ao arrepio da vontade da maior parte da sociedade. Isso tudo como se estivesse apenas informando a realidade como ela é. Na verdade, coube à Globo o papel principal, sendo acompanhada, no entanto, por toda a grande mídia, na construção do estado atual de deslegitimação crônica das instituições democráticas acusadas de práticas pelas quais a Globo deveria ter sido a primeira a pagar. Com a instância política fragilizada e a espada de Dâmocles do moralismo seletivo na cabeça da política como um todo, a Globo se alça à instância decisiva do projeto político liberal e conservador. O objetivo, como sempre, é legitimar o saque da sociedade como um todo pela elite do atraso, da qual faz parte e da qual é também, por assim dizer, a "boca".

Sua sanha se dirige ao PT e aos movimentos populares que o apoiam. A Lava Jato forneceu concretude ao ataque à democracia pelos vazamentos seletivos ilegais até as eleições municipais de 2016, fazendo crer à população que apenas o PT havia cometido ilegalidades. Com essa fraude, fez o partido minguar e fez o PSDB renascer das cinzas nas eleições daquele ano, sob a liderança de João Doria, eleito prefeito de São Paulo. Tudo em nome da verdade e da democracia. A mentira institucionalizada pelas corporações do Estado, que deveriam zelar por aquilo que estavam destruindo, só há pouco tempo atrás veio à tona. O que está em jogo, portanto, não é apenas o ataque à democracia e ao princípio da soberania popular, mas também o próprio princípio da igualdade social, que é a bandeira máxima do PT e dos movimentos populares em seu núcleo. Perceber como isso continua em vigor, mesmo com o terceiro governo Lula, não é muito difícil. Basta observarmos a recepção das análises econômicas da Globo, sempre anunciando a "gastança" do governo diante de medidas que deram escopo à PEC da Transição e ao novo arcabouço fiscal – e até mesmo o alarde falso sobre aumento de impostos diante do debate da

# NORMALIZANDO A EXCEÇÃO...

reforma tributária. E a Globo faz isso mesmo sabendo que tais medidas tornaram possível, a partir de 2023, o aumento dos investimentos em programas sociais, a saída de milhões de brasileiros do mapa da fome[8] e a menor taxa de desemprego da história do Brasil.[9]

A soberania popular é atacada constantemente desde 2013. É importante perceber aqui pressupostos importantes. Mesmo a sentença de um juiz, que não é eleito diretamente, só tem alguma validade jurídica quando se pressupõe que foi ungido no cargo por delegação de competência – o que implica a soberania popular manifesta. Depois que a noção de soberania pelo direito divino dos reis com sangue azul perdeu validade, o único princípio que justifica e legitima o poder no Ocidente é a soberania popular consagrada pelo voto de todos os cidadãos.

Não existe saída ao tema da soberania popular como única forma legítima de exercício do poder político. A opção à soberania popular é a violência ditatorial. Não existe nada a meio caminho entre soberania popular e violência nua e crua. Assim, a Globo, no seu ataque à ideia de soberania popular, teve que se valer de uma fraude bem perpetrada: ao chamar seu público cativo às ruas, primeiro a fração protofascista e só depois, com os vazamentos seletivos apenas contra o PT, porções significativas das outras, fabricou a ilusão da soberania virtual e, na prática, colocou o país sob risco de um novo golpe militar.

A soberania virtual coloniza o potencial legitimador da soberania popular ao dar a impressão de que a corrige em ato, com o povo nas ruas sob a máscara de uma democracia direta comandada pela Rede Globo, retificando o que foi feito nas urnas, supostamente sem saber o que estava fazendo. Sem isso, não se entende de onde a Globo e a grande imprensa a serviço da elite do saque tiraram legitimidade para realizar a lambança que promoveram no país, fazendo de conta que estavam interessadas no

---

8 Rafael Saldanha, "Quase 15 milhões de pessoas deixaram de passar fome no Brasil em 2023, diz ONU", *CNN Brasil*, 24 de julho de 2024.

9 Júlia Nunes, "Desemprego cai a 6,2% no trimestre terminado em outubro, o menor patamar da história, diz IBGE", *g1*, 29 de novembro de 2024.

# A ELITE DO ATRASO

combate à corrupção. Sem a fraude gigantesca da soberania virtual não se compreende o que se passou de 2013 a 2022 sob a batuta dessa fábrica de mentiras institucionalizada, hoje literalmente tão sem controle quanto as instituições e corporações do Estado, como o poder judiciário e o Ministério Público, que a Globo liderou nesse massivo ataque à jovem democracia brasileira.

É claro que as empresas arriscam seu capital de confiança nesse jogo, acreditando que podem fazer seu público de tolo o tempo todo. Um cálculo arriscado, mesmo se levarmos em conta a ausência de padrão de comparação do público brasileiro, acostumado a ser usado como massa de manobra sem nunca ter tido acesso a uma mídia plural. A distorção sistemática da realidade nos últimos anos superou qualquer coisa que tenhamos testemunhado antes. A possibilidade de se perceber que as próprias empresas de comunicação fazem parte do jogo da elite do atraso na manutenção dos privilégios de uma meia dúzia em desfavor da população como um todo se torna, hoje, mais que nunca, um risco real.

Repare o leitor que jamais se reflete acerca de um sistema político construído para ser corrupto, ou seja, construído para ser comprado pela elite do atraso para manter seus privilégios econômicos. O ataque midiático é feito para parecer que a corrupção é obra de pessoas privadas ou partidos específicos. O crescente apoio popular à ditadura, assim como também as formas não democráticas de sociabilidade e de ódio aberto que se instauraram no Brasil desde então têm nessa fraude midiática gigantesca seu início. É que o ataque não se limitou à democracia. A Globo como que concentra o ódio secular e escravocrata ao povo e passa a expressar o pacto elitista e antipopular em ato. A perseguição seletiva e sem tréguas ao PT e aos movimentos sociais que o apoiam equivale a um ataque ao princípio mesmo da igualdade social como valor fundamental das democracias ocidentais. É que a luta contra a desigualdade do PT e de Lula foi tornada, pela propaganda televisiva, mero instrumento para a corrupção no Estado.

Como o PT foi o motor da ascensão social dos miseráveis e pobres em geral, atacá-lo como corrupto e como organização criminosa – sendo

## NORMALIZANDO A EXCEÇÃO...

acompanhado pelos próprios agentes do Estado envolvidos na operação Lava Jato – equivale a tornar suspeita a própria demanda por igualdade. É a igualdade que é tornada meio para um fim, no caso a suposta corrupção, o que implica retirar sua validade como valor, ou seja, como um fim em si. A Globo e a grande mídia não só contribuíram para o mais massivo ataque à democracia e ao direito brasileiro de que se tem notícia, como atacaram também, em uma das sociedades mais desiguais e perversas do planeta, a igualdade social como princípio, ao torná-la suspeita e mero instrumento para outros fins.

Depois, quando o ódio se escancarou no país e figuras que representam o elogio à tortura e à violência mais grotesca, como Jair Bolsonaro e seu fascismo aberto, passaram a representar ameaças reais à democracia e aos direitos humanos mais elementares, a Globo e a grande mídia agiram como se não tivessem nenhuma responsabilidade. Escondem o fascismo que praticam diariamente e criticam o resultado que produzem sem assumir a menor responsabilidade pelo que fazem. A Globo e a operação Lava Jato, no entanto, foram os agentes principais dessa verdadeira regressão civilizacional que sacode o país deixado em frangalhos, econômica, política e moralmente, por sua ação combinada. Para sua audiência imbecilizada, no entanto – assim como a Globo critica Bolsonaro da boca para fora –, passa despercebida sua ação a favor dos valores antidemocráticos, o que, na realidade, cria o campo de ação para os Bolsonaros da vida.

O resultado, que é o que importa na vida, é que a cruzada contra a corrupção dos sócios da Globo, da grande mídia e da Lava Jato, que seria uma piada ridícula e digna de riso e escracho se não fosse trágica, feriu de morte nosso jovem experimento democrático e ainda criminalizou e estigmatizou a bandeira da igualdade social. Nada mais vivificador do nosso ódio secular aos pobres do que isso. Existe algo mais fiel à nossa tradição escravocrata que isso? Tudo produzido agora simbolicamente, como se quisesse o bem dos necessitados, dourando a pílula por fora, que contém, no entanto, o mesmo conteúdo venenoso de sempre.

E não é apenas a participação da grande mídia nos esquemas da elite do atraso e do saque que não interessa aos paladinos da justiça entre nós,

## A ELITE DO ATRASO

como vimos. O assalto à sociedade fraudada e enganada pode ser ainda muito pior. A grande mídia coloniza para fins de negócios, escusos ou não, toda a capacidade de reflexão de um povo, ao impossibilitar o próprio aprendizado democrático que exige opiniões alternativas e conflitantes, coisa que ninguém nunca viu acontecer em época alguma em nenhum de seus programas. Isso equivale a imbecilizar uma nação que certamente não nasceu imbecil, mas foi tornada imbecil para os fins comerciais de uma única família que representa e expressa o pior de nossa elite do saque e da rapina.

O que se perde aqui, como vimos em detalhe neste livro, é simplesmente o recurso mais valioso de uma sociedade, que é sua capacidade de aprender e de refletir com base em informações isentas. Distorcer sistematicamente a realidade social, mentir e fraudar uma população indefesa é fazer um mal incomparavelmente maior que surrupiar qualquer quantia financeira. É que o mal aqui produzido é literalmente impagável. O que se frustra aqui são os sonhos, os aprendizados coletivos e as esperanças de centenas de milhões. O que se impede aqui é o processo histórico de aprendizado possível de todo um povo, que é abortado por uma empresa que age como um partido político inescrupuloso. Isso apenas para que fique registrada a noção de mal maior em uma sociedade que tende a perder qualquer critério de aferição e de comparação de grandezas morais.

Mas o aspecto econômico do conluio entre a Globo e a Lava Jato também foi estarrecedor. Uma empresa venal e politicamente radicalizada, agindo sob os auspícios de uma concessão pública, se junta com servidores públicos cegos por interesses corporativos para promover a pior recessão econômica, com milhões de desempregados, fruto de sua ação direta. Pior ainda. Destroçando anos de trabalho em direção a uma inserção econômica internacional mais autônoma e menos dependente do país.

Não vamos ser ingênuos. O início da Lava Jato foi a perspectiva de se acabar com o sonho dos Brics e dos brasileiros que aspiram a um país próspero para a maioria. Os americanos são os defensores de um *status quo* mundial em que o Brasil e toda a América Latina só entram como

NORMALIZANDO A EXCEÇÃO...

fornecedores de matéria-prima, sem acesso a progresso industrial e tecnologia de ponta. A tecnologia para a usina de Volta Redonda, por exemplo, antes sempre recusada pelos Estados Unidos, teve que ser conseguida como contrapartida da entrada do Brasil na Segunda Guerra.

O Brasil deveria e deve subsistir, para os americanos, como quintal empobrecido e mercado interno colonizado. O pré-sal e a Petrobras eram a carta na manga do país para uma inserção internacional menos dependente. Com um esquema de espionagem com acesso a todos os e-mails e à comunicação virtual de todo o mundo, como ficou provado nos escândalos envolvendo aliados como a Alemanha e a escuta da comunicação pessoal da primeira-ministra Angela Merkel, só bastava à CIA municiar os inimigos do PT para dar início à operação desmonte.[10] Afinal, se existe uma coisa que não muda na América Latina é que os Estados Unidos estão por trás de todos os golpes de Estado.

Esse foi o resultado real, independente do que juristas imaturos e açodados midiaticamente tenham na cabeça, do conluio Globo/grande imprensa e Lava Jato. Aí se empobrece o estado do Rio de Janeiro ao ponto do descalabro público e tem-se a pachorra de culpar os 3% de propina do Sérgio Cabral. Mas quem afundou o Rio de Janeiro foi a ação da Globo à frente da imprensa golpista e da Lava Jato ao acabarem com a Petrobras, de quem o Rio de Janeiro é dependente, para vender o pré-sal aos saqueadores de dentro e de fora do país. Troca-se a corrupção real, que tira as chances de vida de centenas de milhões, para se culpar a "corrupção dos tolos", a da propina dos políticos, que é obviamente nefasta, mas que equivale à dos aviõezinhos do tráfico de drogas.

Se compararmos nosso capitalismo com o narcotráfico, do qual ele não se separa a não ser por exterioridades, a política e os políticos são os aviõezinhos que sujam as mãos, se expõem à polícia seletiva e ficam com as sobras da expropriação da população. A boca de fumo são os oligopólios e os atravessadores financeiros, que compram a política, a justiça

---

10 O filme *Snowden*, de Oliver Stone, ao contar a vida do famoso espião americano que se voltou contra a estratégia de escuta planetária de seu país, aponta a Petrobras como empresa-chave que cabia desestabilizar.

# A ELITE DO ATRASO

e a imprensa de tal modo a assaltar legalmente a população. Todas as reformas agora em discussão, apoiadas pela imprensa e pelo empresariado, visam ao arrocho salarial e à opressão dos trabalhadores e aposentados, para aumentar ainda mais o lucro dessa meia dúzia.

A "boca de fumo" real da grande corrupção brasileira está localizada no Banco Central e é gerenciada por pessoas com doutorado em Chicago, onde aprenderam todas as manhas para transferir o resultado do trabalho coletivo para as mãos de uma meia dúzia. Uma "dívida pública" que não é nem "dívida", posto que sem contraprestação à sociedade, nem "pública", posto que cheia de falcatruas privadas, daí que jamais auditada e de conteúdo secreto, assegura o controle do orçamento público pago pelos pobres e pela classe média. Juros extorsivos, onze vezes maiores que os praticados num país de juros médios como a França, garantem uma forma de apropriação da riqueza coletiva de modo opaco e invisível para a população endividada e achacada pelo rentismo.

Foi por isso que uma das medidas mais nocivas do governo Temer foi o Teto de Gastos, que congelou os gastos com saúde e educação para garantir o pagamento dos juros reais mais altos do planeta – um assalto ao bolso coletivo que só os feitos de imbecis não percebem – por um orçamento pago pelos pobres. Cinquenta e três por cento do orçamento é pago por pessoas que ganham até três salários mínimos, em um contexto no qual os ricos ou não pagam imposto ou o sonegam em paraísos fiscais. Esse é o assalto e a corrupção real, que a corrupção dos tolos – só dos políticos, como passa na Globo e na revista *Veja*, e que foi percebida na Lava Jato – tem o papel de esconder.

Com o cidadão feito de completo imbecil, é fácil convencê-lo de que a Petrobras, como antro da corrupção dos tolos, só dos políticos, tem que ser vendida aos estrangeiros honestos e incorruptíveis que nossa inteligência vira-lata criou – o que nossa mídia repete em pílulas todos os dias. Com base na corrupção dos tolos, cria-se, na sociedade imbecilizada por uma mídia venal que distorce a realidade para vendê-la com maior lucro próprio, as precondições para a corrupção real, a venda do país e de suas riquezas a preço vil. Esse é o resultado real e palpável do conluio entre a grande imprensa e a extrema direita: é melhor entregar de vez a Petrobras, a base de toda uma matriz econômica autônoma, aos estrangeiros supostamente honestos e bem-intencionados. Quanto se levou nessa tramoia só saberemos, como sempre, quando for tarde demais, tanto para os culpados quanto para as centenas de milhões de vidas empobrecidas e desempregadas.

O que a Lava Jato fez com a Odebrecht e a Petrobras foi algo que só uma sociedade completamente entorpecida por uma mídia paga por saqueadores legalizados da riqueza de todos torna possível. Dos americanos pode-se dizer muita coisa, mas nunca que foram ou são idiotas que destroem a riqueza nacional e a capacidade produtiva nacional como a Globo e a Lava Jato ajudaram a fazer, passando-se por moralizadores da nação. Nos Estados Unidos, as pessoas são responsabilizadas, mas as empresas seguem preservadas, garantindo assim o emprego de quem trabalha nelas e o benefício econômico que geram, situação totalmente diferente do que fez a Lava Jato. Para não provocar perdas na economia nacional, tudo é resolvido em acordos secretos, entre corporações e instâncias do Judiciário dos Estados Unidos.[11] A Globo, em associação com a grande mídia a maior parte do tempo, e a Lava Jato fizeram o contrário disso deixando nós todos com cara de imbecis. A título de combater a corrupção dos tolos, turbinaram e legitimaram a corrupção real como nunca antes neste país das multidões de imbecilizados.

Como a condução do processo golpista é, em grande parte, externa, existe, inclusive, a bem fundada suspeita de alguns de nossos melhores jornalistas investigativos[12] de que a Globo já esteja em mãos do serviço de espionagem americano que tudo sabe, posto que viaja, controla e tem acesso a toda informação trocada de modo digital no planeta. Tendo sido a emissora

---

11  Ver "Corporate Settlements in The United States: Criminalization of American Business", *The Economist*, 28 de agosto de 2014.

12  Luis Nassif, "Xadrez de como a Globo caiu nas mãos do FBI", *Jornal GGN*, 22 de junho de 2017.

eleita para ser parceira da CBF e da Fifa durante décadas, resta ao cidadão, ainda não feito de completo imbecil, imaginar o que a CIA e a NSA têm na manga potencialmente contra ela, depois da devassa que realizaram nos negócios escusos da entidade maior do futebol mundial. Precisamente o futebol, o fundamento do lucro maior da Globo. Imagine a chantagem: apresentar a empresa que posa de defensora da honestidade nacional, uma verdadeira "virgem no cabaré", em negócios que não ficam nada a dever aos Sérgio Cabral da vida?

O fundamento da confusão entre corrupção real e corrupção dos tolos é uma leitura enviesada e interessada da sociedade brasileira, a qual, no entanto, logrou confundir e enganar tanto a direita quanto a esquerda. É necessário aprender com a nossa catástrofe, que é recorrente. As falsas ideias existem para fazer as pessoas de tolas, posto que apenas os feitos de tolos dão de bom grado e volitivamente o produto de seu esforço a quem os engana e oprime. Sem uma crítica às ideias, não existe prática social verdadeiramente nova. A ideia central que nos faz de tolos é a de que nossa história e a história de nossas mazelas têm sua raiz no patrimonialismo só do Estado. Foi por conta dela que a Rede Globo e a Lava Jato legitimaram seu ataque combinado à economia e à sociedade brasileira. É a pseudoexplicação patrimonialista que está no lugar da explicação pela escravidão e por sua herança de ódio e de humilhação dos mais frágeis.

É ela que legitima a corrupção dos tolos, que se regozija de ter recuperado a merreca de US$ 1 bilhão na operação Lava Jato, isso ao preço da destruição de toda uma estrutura produtiva e milhões de empregos perdidos. Ou seja, à custa de nosso futuro. A corrupção dos tolos da farsa da Lava Jato e da Rede Globo e seus parceiros da grande mídia comprada só existe para tornar invisível a corrupção real da qual são sócios. Exemplos da corrupção real aconteceram, por exemplo, na operação do governo Temer, uma marionete da elite do atraso, que fez o país e a Receita Federal perderem R$ 25 bilhões em decisão suspeita em favor do banco Itaú.[13] Só

---

13 Wellton Máximo, "Decisão sobre Itaú e Unibanco faz Receita deixar de arrecadar R$ 25 bi", *UOL*, 10 de abril de 2014.

## NORMALIZANDO A EXCEÇÃO...

nessa operação, carregada de suspeição envolvendo denúncias de venda de votos, o país perdeu 25 vezes mais que o recuperado pela corrupção dos tolos da Lava Jato. Isenções fiscais bilionárias à elite rural e a companhias estrangeiras mostram a quem este tipo de assalto e rapina servem.

A cobertura da grande imprensa para esse tipo de transação suspeita é pífia por boas razões. Primeiro, os bancos são os maiores anunciantes, além de parceiros de negócios e negociatas. Depois, só em uma transação relativa aos direitos de transmissão da Copa de 2002, a Globo teria sonegado, segundo auditoria da Receita Federal, em intrincado esquema de ocultação em paraísos fiscais, R$ 358 milhões ao fisco.[14] Outras grandes empresas de comunicação estariam na mesma situação, segundo outras auditorias.[15] Fica explicado por que esse tipo de corrupção jamais aparece na GloboNews.

A elite do atraso e seu braço midiático fazem parte, portanto, do mesmo esquema de depenar a população em benefício próprio. É o que explica a constante necessidade de criar espantalhos para desviar a atenção do público do que lhe é surrupiado e explicar a penúria que seu saque provoca por outras causas. O espantalho perfeito é a corrupção dos tolos só da política, quando esses são meros lacaios de quem financia sua eleição para que protejam seus privilégios no mercado. Usa-se o desconhecimento da população, provocado pela distorção sistemática da realidade produzida pela própria mídia, para manipular as pessoas ao sabor da conjuntura que convém à elite do atraso.

Quem comanda o assalto à população é a fração financeira do capital e da propriedade, por meio de uma dívida pública que só cresce, e pelo mecanismo de transferência de renda via juros e controle do orçamento público. Como as outras frações dos proprietários, como a indústria, o comércio e o agronegócio, retiram o lucro grande também da especulação

---

14 "Dívida da Globo em impostos chega a R$ 358 milhões", *Pragmatismo Político*, 17 de julho de 2014.

15 Intervozes, "Por que a dívida da Globo não é manchete de jornal?", *Carta Capital*, 31 de julho de 2014.

financeira, isso explica que o comando de todo o processo econômico e político seja exercido pela fração dos rentistas.

Que esse processo, por sua vez, representa um ataque direto à população como um todo por uma pequena elite do saque fica claro ao vermos que os grandes bancos lucram mais, precisamente, quando o país como um todo fica pior. Em 2015, quando o país afundava na maior crise de sua história, o Itaú teve seu maior lucro desde então, somando R$ 23,35 bilhões ou 15,4% a mais em relação a 2014, ano em que já tinha batido o recorde anterior, com mais de R$ 20 bilhões. Para efeito de comparação, em 2023, o lucro do Itaú foi de R$ 35,6 bilhões.[16] O Bradesco veio logo atrás. Isso sem contar o lucro, ainda muito maior, encoberto sob a forma de provisões no próprio Banco Central. Como isso é possível? Como tamanha transferência de renda é realizada sem que ninguém na grande mídia nos esclareça como ela acontece?

É importante, por conta disso, analisar a corrupção real, e não apenas a dos tolos, propagada pela grande imprensa. Certamente, nunca fomos tão feitos de tolos quanto na questão central, como vimos, da política nacional: a dívida pública. Todo o orçamento público e toda a arrecadação tributária, que é obtida onerando precisamente os mais pobres no Brasil, segundo pesquisa do Ipea,[17] foram capturados para o serviço dessa dívida de origem obscura e secreta. A balela de que as altas taxas de juros servem ao controle da inflação é desmentida pelo fato de que os componentes principais do IPCA têm impacto quase nulo na taxa de juros.

O Brasil, governado pelos lacaios do sistema financeiro, precarizou sua saúde, sua educação, sua capacidade de produção de tecnologia e de pesquisa, em suma, está comprometendo seu futuro e seu presente para engordar uma ínfima elite do dinheiro, esta, sim, verdadeiramente predadora e corrupta. Afinal, para seus mais dedicados estudiosos, como a

---

16 "Lucro do Itaú Unibanco atinge R$ 23,35 bilhões em 2015", *g1*, 2 de fevereiro de 2016; "Itaú Unibanco registra lucro de R$ 35,6 bilhões em 2023, alta de 15,7%", *CNN Brasil*, 6 de fevereiro de 2024.

17 Marcel Gomes, "As distorções de uma carga tributária regressiva", *Desafios do Desenvolvimento*, ano 12, ed. 86, Ipea, 28 de março de 2016,

coordenadora nacional da Auditoria Cidadã da Dívida, a pesquisadora Maria Lucia Fattorelli, a dívida pública é a verdadeira corrupção. O esquema criminoso foi tornado sagrado pela associação entre atravessadores financeiros, como os grandes bancos de investimento aqui e lá fora, e seus sócios menores no aparelho de Estado – as corporações jurídicas mais caras do mundo, que recebem uma espécie de "propina de classe" da elite do dinheiro para defender seus interesses – e na mídia.

Para Fattorelli, que tem participado de auditorias de dívidas públicas em todo o mundo, o próprio início da dívida pública, nos anos 1990, sob o governo do grande amigo dos bancos que foi Fernando Henrique Cardoso, é obscuro, e existe a suspeita bem fundada de que dívidas já prescritas tenham sido o início da bola de neve que hoje nos tira o futuro e o presente. A taxa Selic de 45% ao ano, no governo FHC, turbinou uma dívida de origem suspeita até torná-la impagável como ela é hoje. Todo o orçamento público é usado para pagar juros apenas, sem que a dívida em si seja jamais diminuída. Essa é uma dívida sem contrapartida, imoral, ilegal e que só engorda uma ínfima elite do dinheiro que comprou a política, a justiça e a mídia. Todos nós, que pagamos impostos, trabalhamos para esse esquema criminoso e inconstitucional que se torna invisível, porque fomos feitos de imbecis e olhamos para a corrupção da política. Imbecis somos nós todos, ainda que em medida variável. O esquema se desdobra nos níveis estadual e municipal, com a venda de ativos públicos e da própria arrecadação, muitas vezes sem contrapartida, diretamente para os atravessadores financeiros, como já está acontecendo nas grandes cidades brasileiras.[18] É desse modo que o lucro desse pessoal aumenta enquanto a população fica cada vez mais pobre.

Isso tudo, caro leitor e cara leitora, sem contar os US$ 520 bilhões a mais em paraísos financeiros, fruto da sonegação fiscal dos milionários, em um país em grave crise fiscal. Um dinheiro que resolveria a fabricada crise fiscal

---

18  Maria Lucia Fatorelli, "A dívida pública brasileira", entrevista a Jessé Souza e Florestan Fernandes Júnior, Escola de Gestão e Contas (YouTube), Tribunal de Contas do Município de São Paulo, 10 de agosto de 2017.

# A ELITE DO ATRASO

do Estado brasileiro, que estancaria a catástrofe do estado do Rio de Janeiro – reduzido à miséria pela ação lesiva da Lava Jato e da grande imprensa para poder entregar a Petrobras aos estrangeiros "honestos" –, segundo estudos do Tax Justice Network.[19] E não esqueçamos que isso acontece em um contexto em que esses ricos já pagam muito pouco ou nada de imposto, se comparamos com os países ricos da Organização para a Cooperação e Desenvolvimento Econômico (OCDE).[20]

Finalmente, caro leitor e cara leitora, não nos esqueçamos de que temos a maior taxa de juros do planeta, embutida em tudo o que compramos – quer compremos a crédito ou não. Se separarmos a diferença entre os juros extorsivos praticados aqui, com a média de juros internacionais, quantas centenas de bilhões pagamos para nossos rentistas, ou seja, a elite do atraso, todos os anos, sem qualquer motivo aparente senão a ganância do saque sobre uma população indefesa? Segundo dados do próprio Banco Central para 2017, o montante é cerca de novecentas vezes superior, todos os anos, ao montante orgulhosamente recuperado pelos paladinos da justiça da Lava Jato.[21] Não nos esqueçamos de que esse saque via juros embutidos em todos os preços acontece todos os anos e é a causa real do empobrecimento e do endividamento da maior parte da população brasileira. Essa é a verdadeira "boca de fumo" do nosso capitalismo, que só se separa do narcotráfico por exterioridades. A fonte real do assalto à população, que se torna invisível posto que toda a atenção midiática é voltada aos "aviõezinhos" da política, que ficam com as sobras. Os 3% dos Sérgio Cabral da vida permitem tornar invisíveis a corrupção e o assalto real. É claro que a corrupção política também é recriminável, mas ela não é a causa da pobreza, do desemprego e do desespero da sociedade brasileira, como

---

19  Rodrigo Pinto, "'Super-ricos' têm US$ 21 trilhões escondidos em paraísos fiscais", *BBC Brasil*, 22 de julho de 2012.

20  Marcel Gomes, "As distorções de uma carga tributária regressiva", *op. cit.*

21  Ver Ladislau Dowbor, *A era do capital improdutivo: a nova arquitetura do poder, sob dominação financeira, sequestro da democracia e destruição do planeta*, São Paulo: Autonomia Literária, 2017.

## NORMALIZANDO A EXCEÇÃO...

a imprensa propaga. Ela é, em vez disso, o espantalho perfeito para que a corrupção real possa continuar invisível.

Caro leitor e cara leitora, vocês conhecem outra sociedade que tenha sido feita de imbecil a esse ponto pela nossa corrupção dos tolos? Eu não conheço. O início para a recuperação de nossa inteligência, roubada por um mecanismo de distorção sistemática da realidade pela grande mídia, tem que ser pela admissão de que fomos todos, vocês e eu, feitos de imbecis. Não se aprende nada na vida sem a humildade e a coragem de admitir que não se sabia melhor e que se deixou enganar. Não existe outro caminho para refazer a vida.

O espantalho da criminalização da política só serve para que os donos do mercado deleguem a política ao que há de pior e mais mesquinho do baixo clero político. Já o espantalho da criminalização da esquerda e do princípio da igualdade social só serve para que a justa raiva e o ressentimento da população, que sofre sem entender os reais motivos do sofrimento, percam sua expressão política e racional possível. Foi assim que a mídia irresponsável possibilitou e pavimentou o caminho para a violência fascista do ódio cego dos Bolsonaros da vida. O ódio fomentado todos os dias contra o PT e Lula produziu, inevitavelmente, Bolsonaro e sua violência em estado puro, agressividade burra e covarde. Agora, uma população pobre e à mercê de demagogos religiosos está minando as poucas bases civilizadas que ainda restam à sociedade brasileira. Essa dívida tem que ser cobrada da mídia que cometeu esse crime.

Em relação aos setores conservadores da classe média, também, sua arregimentação pela elite a partir da cantilena do populismo, que é a versão acadêmica do ódio aos negros pobres, apenas a torna agora muito mais explorada pela elite que defende, em troca da pífia manutenção da distância social em relação aos pobres. Que a classe média, assim como a mídia e as corporações de Estado que se envolveram no golpe, nunca deram a mínima para a corrupção fica empiricamente comprovado, agora, por meio de sua passividade total, enquanto a corrupção mostra sua face mais danosa e mais assassina.

Será que valeu a pena tudo isso para pagar salários de fome às empregadas domésticas e não ver mais pobres nos aeroportos, nos shopping centers e, principalmente, nas universidades? Afinal, a educação, a saúde e a previdência, agora sucateadas pelo Estado capturado, abrem caminho para que se tornem o novo negócio dos bancos que já controlam crescentemente essas áreas também. Aliás, já ficou tudo mais caro, não é mesmo, leitor? Quanto seu plano de saúde privado já aumentou nos últimos anos? Alguns chegaram a dobrar. Certamente, vai ficar ainda muito pior. Será que vale a pena tudo isso para manter os escravos no seu lugar?

A esperança de hoje tem que ser uma adaptação contemporânea do velho chamado aos explorados: "Os feitos de imbecis de todo o país: uni-vos!" Recuperemos nossa inteligência, voltemos a praticar a reflexão autônoma, que é a chave de tudo que a raça humana produziu de bonito e de distinto na vida da espécie. Afinal, tudo que foi feito por gente também pode ser refeito por gente.

## Posfácio

## A ascensão da extrema direita no Brasil

Não foi por acaso que a "elite do atraso", que estamos examinando neste livro, entrou de cabeça na atual onda da extrema direita, a qual foi pavimentada pela Lava Jato. Ao tentar acabar com o partido popular hegemônico até então, que era o PT, a Lava Jato terminou por criminalizar toda a política, destruindo também os partidos elitistas tradicionais como o PSDB. Bolsonaro e a extrema direita se aproveitaram do rebaixamento da política tradicional como um todo e posaram de "antipolíticos", permitindo, ao mesmo tempo, que a frustração do povo empobrecido pelos efeitos do golpe de 2016 pudesse ser canalizada para objetivos falsos.

Bolsonaro protagonizou a entrega de empresas estatais a preço de banana, fazendo a festa da "privataria" elitista da fração financeira.[1] O Brasil vive esse pêndulo há cem anos. Os governos populares, que são industrializantes e investem em infraestrutura, formam um patrimônio estatal importante, que os golpes de Estado visam a transferir para os bolsos de uma meia dúzia de especuladores nacionais e, muito especialmente, estrangeiros. O agronegócio também se apaixonou por Bolsonaro ao ver que tinha alguém disposto a tolerar todo tipo de abuso de poder com agrotóxicos e estimular queimadas, grilagem e criminalização dos movimentos populares no campo.

A principal herança do golpe de 2016 foi Bolsonaro e a ascensão da extrema direita.[2] Um golpe realizado, como vimos, por três razões

---

1 Ver também Amaury Ribeiro Jr., *A privataria tucana*, São Paulo: Geração Editorial, 2011.

2 Jessé Souza, *A herança do golpe*, Rio de Janeiro: Civilização Brasileira, 2022.

## A ELITE DO ATRASO

principais: 1) pela pressão dos Estados Unidos de evitar que o Brasil se tornasse uma potência regional importante, de modo a preservar a divisão internacional do trabalho que nos condena à exportação de produtos primários há quinhentos anos; 2) pela necessidade de manter juros altos, que a presidente Dilma tentava combater; 3) e por repassar os 70% de aumento real do salário mínimo dos trabalhadores da era Lula de volta aos especuladores financeiros. Com o primeiro ponto, que explica o apoio americano, temos a destruição do Brasil como potência regional ascendente. Não à toa a Lava Jato se concentrou em destruir empresas como a Petrobras e a Odebrecht, que representavam a expansão do capitalismo brasileiro na região e no mundo.

Para a política brasileira, no entanto, o último ponto foi o mais decisivo. Afinal, o público cativo e segmento social suporte de Bolsonaro foi precisamente o "pobre remediado", que ganha entre dois e cinco salários mínimos e que era chamado erroneamente de "nova classe média". Afinal, a "renda média" num país desigual e pobre reflete o "pobre remediado" e não a classe média, que é uma classe de privilegiados pelo monopólio do capital cultural legítimo. Mas o que realmente importa é que essa classe social empobreceu com o golpe de 2016, e sua ascensão social, simbolizada pelo aumento real de 70% do salário mínimo na era Lula,[3] foi contida pelos mecanismos financeiros que repuseram o nível salarial abaixo dos anteriores e repassaram a massa salarial para os bolsos dos especuladores financeiros.

A antiga "nova classe média", de maioria evangélica, não encontrou na mídia privada, e muito menos nas redes sociais, nenhuma explicação acerca do seu empobrecimento súbito. Ao contrário, "a corrupção do PT", ou os gastos sociais, como o Bolsa Família, foram apresentados como os mais óbvios candidatos para a fábrica de mentiras midiática explicar o que estava acontecendo. Com isso se fecha o horizonte de compreensão da população sobre o que realmente estava acontecendo.

---

3 Juliana Américo Lourenço da Silva, "Reajuste real do mínimo foi de 70,49% desde primeiro ano do governo Lula", *InfoMoney*, 27 de dezembro de 2012.

## POSFÁCIO

Impedida, portanto, de identificar os seus verdadeiros algozes na Faria Lima como causa da sua decadência e pobreza, a antiga classe C se torna presa fácil do combo "pregação evangélica e extrema direita". Sem a possibilidade de transformar sua raiva legitima em indignação contra quem a empobrece , posto que as causas reais e o inimigo real foram invisibilizados pela imprensa venal, o pobre remediado tinha duas alternativas: ou bem ele se culpava como causa do próprio fracasso, já que os pobres são os mais meritocráticos e foram ensinados a pôr a culpa neles próprios; ou ele canalizava essa humilhação, sentida e experenciada sem reflexão, para os grupos estigmatizados, de modo a produzir "bodes expiatórios" para aquilo que, de outro modo, teria que perceber como fracasso individual.

Tanto a pregação evangélica quanto a extrema direita sabem nadar de braçada neste pântano. Ambas têm no pobre remediado seu público mais cativo. Como o caminho para a indignação contra o saque elitista é cuidadosamente evitado, restou ao humilhado transferir o fardo da humilhação aos pobres e marginalizados que ganham entre zero e dois salários mínimos, e que perfazem quase 40% da população brasileira. Culpar bodes expiatórios é a fórmula da extrema direita em todos os casos. O racismo ajudou, como sempre acontece na nossa sociedade, muitíssimo.

Nesse sentido, Bolsonaro, "lixo branco" ele próprio,[4] permitiu que os brancos pobres, especialmente da região Sul e de São Paulo, se sentissem "representados" como se eles próprios, com sua vida obscura e sem perspectivas, estivessem finalmente no poder. Ora, alguém tão raivoso e primitivo como eles chegou à Presidência, e este não é um fato qualquer. Para quem não tem nada e sempre se viu alijado dos processos políticos e decisórios, isso é muito. A identificação do branco pobre com Bolsonaro é muito semelhante à identificação do nordestino pobre com Lula. Eles perfazem o tipo "exemplar" de liderança carismática, no sentido de Max Weber.[5] Dito de outro modo, a identificação popular é garantida pela

---

4 O termo "lixo branco" é popular para designar os brancos do Sul dos Estados Unidos, que possuem menos capital cultural e econômico que os brancos do Norte.

5 Max Weber, *Das antike Judentum*, Frankfurt: Suhrkamp, 1981.

identificação imediata, libidinal e emotiva, com um líder percebido como "um dos nossos".

Isso se casa também com a reflexão freudiana acerca do líder carismático. Para Freud,[6] basta que o líder incorpore de modo exagerado as características dos seus próprios seguidores para ser visto por eles, por um processo de identificação libidinosa e de difícil controle racional, como uma espécie de extensão de si mesmo. É isso que explica a dificuldade de crítica racional e as coisas bizarras que fomos obrigados a testemunhar nos últimos anos.

O racismo é, em todos os casos, a pedra de toque para compreender toda a dinâmica política e social brasileira. Para o branco pobre do Sul e de São Paulo, a culpa do seu empobrecimento relativo é do nordestino fazedor de filhos e recebedor do que é visto como o lanche grátis do Bolsa Família.[7] Mas também aí há racismo racial em jogo, e não apenas "racismo regional", como se imagina comumente. Os nordestinos, afinal, são em quase 80% mestiços e negros, enquanto o Sul e São Paulo são 70% brancos e se consideram ainda hoje "europeus", ou seja, a população sulista e paulista nunca se identificou, como não se identifica até hoje, fazendo parte do "povinho" mestiço e preto. Bolsonaro vai representar e "incorporar" esse racismo, que estava e está apenas adormecido, "performaticamente", ou seja, sendo apenas ele mesmo: raivoso, covarde, racista, misógino e agressivo.

Como ninguém explicou, nem na mídia privada e elitista ela própria, nem nas redes sociais a serviço da desinformação, como os empobrecidos pelo golpe poderiam compreender sua real posição? Afinal, todo conhecimento e toda informação são "midiatizados". Se não chega nada até ele, o empobrecido não tem como saber quem o deixou mais pobre. Ele possui então duas opções: como ele é meritocrata, é necessário então assumir o fracasso como culpa própria; ou canalizar o ressentimento e frustração para alguém ainda mais frágil e sem defesa.

---

6 Sigmund Freud, *Massenpsychologie und ich Analyse*, Berlim: Fischer, 1979.

7 Jessé Souza, *O pobre de direita: a vingança dos bastardos*, Rio de Janeiro: Civilização Brasileira, 2024.

## POSFÁCIO

A pregação evangélica e a extrema direita se especializaram no mesmo trabalho: criam uma guerra entre os pobres remediados e os pobres excluídos e marginalizados, quase todos pretos. As vítimas do racismo racial e de classe são sempre as mesmas, ainda que as máscaras sejam diferentes. O ódio ao nordestino, como vimos, não tem nada de preconceito regional, mas sim de racismo racial pelo elevado número de negros e mestiços naquela região. É isso que explica o ódio do sulista branco pobre contra os nordestinos.

O outro grande grupo popular que vota em Bolsonaro e na extrema direita é o próprio negro evangélico. A situação do negro evangélico é muito distinta do branco pobre do Sul. O branco pobre se sente inferior ao branco mais rico da classe média, mas ele se sabe "gente humana". A polícia não sai matando brancos impunemente. Afinal, seu maior objetivo desde sua criação foi matar preto, serviço este sempre aplaudido pela classe média branca e pela elite.

Já o negro tem sempre que lutar contra a sua desumanização. A polícia pode matá-lo impunemente, e literalmente tudo que o preto faz se torna crime: sua música, sua religião, sua droga recreativa. Criminoso não é o cara da elite que assalta todo mundo e deixa o povo pobre. Criminoso, refletindo a máxima de Michel Foucault de que o crime e o criminoso têm que ser construídos enquanto tais,[8] é o preto que, por falta de opções, tem que vender uma trouxa de maconha na esquina. Se for pego, ganha uma bala na cabeça ou quinze anos de reclusão.

A situação social desesperadora do negro é a parteira do processo social de "branqueamento". Se tornar "branco" entre nós não significa mudar a pigmentação da pele. Significa se identificar, como se fossem os seus, com os valores dos seus algozes. O racismo do preto contra o preto é possibilitado pela transformação do negro em criminoso. Precisamente para escapar dessa condenação, o negro evangélico se entrega de corpo e alma às distinções morais criadas pelo neopentecostalismo e pelo pentecostalismo. Primeiro, se dá a aderência aos valores elitistas que condenam sua própria raça e classe social – racismo transfigurado e renomeado de

---

8   Ver Michel Foucault, *Vigiar e punir: nascimento da prisão*, Petrópolis: Vozes, 2014.

# A ELITE DO ATRASO

"segurança pública" para moralizar o racismo e o assassinato de pretos –, depois o ataque a qualquer ética sexual divergente e, por último, mas não menos importante, a subordinação da figura feminina.

O próprio negro evangélico passa a apoiar o assassinato indiscriminado de pretos pobres de modo a se distinguir destes. Uma nova máscara do racismo que permite que ele diga que defende a "segurança pública" quando apoia o massacre diário de seus irmãos de cor nas cidades brasileiras. Ao se subordinar à moralidade elitista, ele se crê participando do mundo dos brancos e dos ricos: ele "embranquece". E ajuda ainda a eleger prefeitos e governadores, como fez o governador de São Paulo Tarcísio de Freitas, que prometem matança purificadora de pretos e pobres.[9]

A própria religiosidade evangélica, no entanto, é racista no seu núcleo. O neopentecostalismo da Igreja Universal, por exemplo, é a mais perfeita tradução das crenças populares da religiosidade afro, na medida em que o mundo social é percebido como dominado por forças boas e más, religiosidade esta que o neopentecostalismo apenas "renomeia" com uma pátina de judaísmo e cristianismo, precisamente para "embranquecer" o sincretismo religioso afropopular.[10] A perseguição da religiosidade africana é maior aqui precisamente por sua proximidade e similitude quando se trata de eliminar uma concorrência direta.

Bolsonaro e a extrema direita comprovam a tese central deste livro, que não apenas "diz", mas "explica" de que modo a escravidão e o racismo que a acompanha perfazem o núcleo de toda a vida política e social do Brasil. No contexto do "racismo cordial", que se cria nos anos 1930 pela pregação antirracista de Getúlio Vargas, o racismo vai se esconder atrás de nomes e figuras convenientes. Primeiro vem "o povo corrupto eleitor de

---

9 Rodrigo Rodrigues, "'Pode ir na ONU, na Liga da Justiça, no raio que o parta, que não tô nem aí', diz Tarcísio sobre denúncias de irregularidades da PM em operação no litoral de SP", *g1*, 8 de março de 2024.

10 Ver também Célio de Pádua Garcia, *Em terras de sincretismos: apropriações e ressignificações afro-brasileiras na Igreja Universal do Reino de Deus*, tese (doutorado em Ciências Humanas), Goiânia: Pontifícia Universidade Católica de Goiás, 2015.

## POSFÁCIO

corruptos", criado por intelectuais como Sérgio Buarque e Raymundo Faoro, que supostamente dizia respeito a todo o povo brasileiro.

No entanto, como o branco imigrado entre 1880 e 1930 jamais se viu fazendo parte desse povinho mestiço e preto, corrupto e eleitor de corruptos vai ser o preto, o mestiço e o pobre, de modo a criminalizar seu voto e participação popular. Os branquinhos da classe média saem às ruas em todos os golpes de Estado para "moralizar", como se fossem representantes da moralidade pública, e não racistas. Eis o racismo que não pode mais dizer seu nome.

O tema da corrupção entre nós, uma mentira que imbeciliza o povo como um todo, serve para manter as classes pobres e pretas no seu lugar frágil e desprotegido, para poderem ser mais bem exploradas e humilhadas. Como vimos, a classe média branca não tem, na verdade, nada contra a corrupção, se for praticada por ela mesma ou pela elite que ela inveja. O tema da corrupção, que não precisa ser comprovada se toda a imprensa venal decidir criar uma realidade virtual distorcida, serve na realidade para evitar qualquer forma de inclusão popular. Ao impossibilitar qualquer inclusão e ascensão dos pobres e pretos, a classe média branca assegura seu monopólio do capital cultural dos bons empregos, e a elite assegura seu domínio do Estado para o saque elitista. Como fica feio assumir esses objetivos em público, inventou-se a corrupção como bandeira das classes do privilégio contra qualquer forma de inclusão popular. O branco racista agora pode ter a pachorra de dizer que ele é um "penhor da moralidade pública" para enfeitar seu racismo prático com as cores douradas da moralidade.

No final, tudo é racismo e herança escravocrata, mas que reluz como se fosse "alta moralidade", afagando a consciência do racista e legitimando a desigualdade, humilhação e exploração mais abjeta. A construção do preto como bandido e do nordestino como preguiçoso que vive à custa do trabalho de outrem é outra forma de "moralizar" o racismo, uma prática na qual os brasileiros são os verdadeiros campeões mundiais.

*Fevereiro de 2025*

Este livro foi composto na tipografia Adobe Garamond Pro,
em corpo 12/16, e impresso em
papel off-white no Sistema Cameron da
Divisão Gráfica da Distribuidora Record.